• 云南经济发展研究丛书

U0679620

云南发展壮大
"资源经济""口岸经济""园区经济"
典型案例研究

云南园区经济案例研究

谭鑫　张晋豪 ◎ 著

云南人民出版社

图书在版编目（ＣＩＰ）数据

云南发展壮大"资源经济""口岸经济""园区经济"典型案例研究. 云南园区经济案例研究 / 谭鑫，张晋豪著. -- 昆明：云南人民出版社，2024.3
（云南经济发展研究丛书）
ISBN 978-7-222-22543-5

Ⅰ. ①云… Ⅱ. ①谭… ②张… Ⅲ. ①工业园区－经济发展－案例－研究－云南 Ⅳ. ①F127.74

中国国家版本馆CIP数据核字(2024)第017712号

项目统筹：殷筱钊　赵　红
责任编辑：赵　红　燕鹏臣
装帧设计：王冰洁
责任校对：崔同占
责任印制：代隆参

云南经济发展研究丛书
云南发展壮大"资源经济""口岸经济""园区经济"典型案例研究
——云南园区经济案例研究
YUNNAN FAZHAN ZHUANGDA "ZIYUAN JINGJI" "KOU'AN JINGJI" "YUANQU JINGJI" DIANXING ANLI YANJIU
——YUNNAN YUANQU JINGJI ANLI YANJIU

谭鑫　张晋豪　著

出　版　云南人民出版社
发　行　云南人民出版社
社　址　昆明市环城西路609号
邮　编　650034
网　址　www.ynpph.com.cn
E-mail　ynrms@sina.com
开　本　787mm×1092mm　1/16
印　张　13.5
字　数　240千
版　次　2024年3月第1版第1次印刷
印　刷　云南出版印刷集团有限责任公司华印分公司
书　号　ISBN 978-7-222-22543-5
定　价　58.00元

如需购买图书、反馈意见，请与我社联系
总编室：0871-64109126　发行部：0871-64108507
审校部：0871-64164626　印制部：0871-64191534

云南人民出版社微信公众号

目　录

释发展园区经济的艰难险阻；第八部分"对策"，主要阐释发展园区经济的锦囊妙计；第九部分"案例"，主要阐释发展园区经济的典型代表。

通过这9个部分的论述，以期对领导干部、政策研究者、学习者和相关人员有所裨益。

前 言

习近平总书记在党的二十大报告中强调："高质量发展是全面建设社会主义现代化国家的首要任务。"发展壮大资源经济、园区经济、口岸经济是云南认真贯彻落实推动高质量发展战略部署的重要举措。中共云南省委十一届四次全会强调："当前，云南正处于经济转型升级的攻关期，要加快动能转换，大力发展资源经济、加快发展口岸经济、全面振兴园区经济。"中共云南省委十一届五次全会进一步强调："要向开放要潜力，大力发展口岸经济，加快沿边产业园区建设，打造中老铁路沿线承接产业转移发展经济带。"随着云南经济实力整体跃升，发展质量大幅提升，区位优势愈发凸显，开放合作实推进，"三大经济"立形渐稳、相连成势，正成为推动经济转型升级的新引擎。

近年来，云南立足于自身优势和基础，不断推动园区成为对外开放排头兵、群众就业吸纳器、区域发展的增长极、科创资源聚集地、深化改革先行区、产业强省的主引擎，从而促进云南经济社会高质量发展。为了让读者对园区经济有一个全面的了解，本书分为9个部分——绪论、理论、历程、政策、现状、优势、问题、对策以及案例。

每一部分都从做大做强园区经济的角度出发，用以城兴产、以产促城的发展思路，以产业转移和转型升级为主攻方向，推动园区产业高端化、特色化、数字化、精准化发展；以园聚链、以链集群，不断提高园区综合竞争力，激发园区产业活力。同时从增强园区经济对区域发展的辐射带动能力入手，为云南园区在找准发展定位中提供思路。

第一部分"绪论"，主要阐释发展园区经济的背景意义；第二部分"理论"，主要阐释发展园区经济的内在逻辑；第三部分"历程"，主要阐释发展园区经济的探索实践；第四部分"政策"，主要阐释发展园区经济的制度保障；第五部分"现状"，主要阐释发展园区经济的综合概况；第六部分"优势"，主要阐释发展园区经济的独特之处；第七部分"问题"，主要阐发展。

我国产业园区正朝着国际化、区域化的趋势发展，重视人才的引进、科学技术的提升，推动园区智慧化、科技化和可持续发展。方芳[1]（2017）认为人才是园区发展的关键，园区发展与人才相辅相成、相互依托，赵东霞[2]（2018）也强调产业园区的发展需要以科技与人才为依托。我国园区发展形态逐渐多元化，而现阶段产业结构的调整为园区转型、创新性发展提供了有利条件，主要向智慧科技园区发展转型。[3] 徐晨曦[4]（2018）认为，科技园区的建设对于地区经济增长及民众生活水平提升具有积极的影响。蒋雨晨[5]（2019）认为，目前园区发展的主导方向是科技园区，并坚信人才资源才是其持续成长的关键因素，而创新则被视为实现园区长期稳定发展的途径。靳晓彤[6]（2019）、杨英姿[7]（2017）认为，通过智能化方式推动产业园区的可持续发展已成为必然选择，这标志着从传统园区迈向科技园区的重要转折点，强调园区智慧化是产业园区可持续发展的新趋势。鲁璐[8]（2017）认为，园区智慧化发展，能促进园区科学技术的提升，以大数据等技术手段为园区提供技术支撑，盘活园区资源。

总体来说，国内外园区的发展都在追求园区智慧化、科技化和发展可持续化，而人才、科技和创新是园区智慧化、科技化和发展可持续化转型的核心，园区发展必须重视人才的培育和科学技术的提升。此外，园区发展能够提高当地经济社会发展水平，园区发展方向必须结合当地社会经济发展形势。

① 方芳.发达国家大学科技园建设经验及启示[J].中国高校科技,2017(07):61-62.

② 赵东霞,郭书男,周维.国外大学科技园"官产学"协同创新模式比较研究——三螺旋理论的视角[J].中国高教研究,2016(11):89-94.

③ 李存芳.经济开发区向创新型经济转型升级的动力机制研究——以江苏省为例[J].企业经济,2017,36(03):161-167.

④ 徐晨曦.是什么让张江成为创新创业的高地[J].中国战略性新兴产业,2018(41):62-63.

⑤ 蒋雨晨.我国产业园区的创新发展思路[J].广东经济,2019(06):49-52.

⑥ 靳晓彤.优化科技企业金融服务营商环境思考[J].河北金融,2019(06):46-48.

⑦ 杨英姿.城市智慧产业园区设计方法研究[J].智能建筑与城市信息,2017,(12):32-34.

⑧ 鲁璐.智慧园评价体系构建——基于CMM和COBIT框架[J].西南师范大学学报,2017(3):128-135.

益。现阶段，我国园区形式各有千秋，新型园区层出不穷，功能由以前的重工业制造转变为新型智慧产业，更加注重人才作为产业园区集聚发展这个核心因素。[1]

总体看来，国内外园区发展历程大同小异。我国园区发展可以划分为成型期、成长期、成熟期以及后成熟期4个阶段，[2]虽然国外园区起步较早，发展较为成熟，但我国园区发展速度快，区域经济发展质量高。而且，无论是国内还是国外园区发展，都是由发展工业园区起步，以城市区域发展为主，且极为重视园区产业集聚的作用。随着时代的发展，园区功能也逐渐多样化。

二、关于园区发展趋势的研究

随着数字化变革和绿色低碳经济社会发展的需要，产业园区朝着智慧化和可持续化趋势发展。Ariyan[3]（2018）认为随着数字化变革，产业园区内部环境也随之改变，而信息技术将成为园区企业发展的有效手段。Kansal[4]（2017）认为产业园区智慧化是当前一个新的发展趋势，同时Strunk[5]（2016）强调产业园区智慧化发展是其当前发展战略的主要途径，园区智慧化应用能够提高资源利用效率，满足园区用户需求。Bernards[6]（2019）认为，园区发展与社会经济发展呈正比关系，因此园区发展趋势要结合当前社会经济发展形势，而Roberts[7]（2019）指出，可持续发展和"产城融合"是园区发展的一种趋势，园区发展要做到经济的绿色可持续

① 梁学成.产城融合视域下文化产业园区与城市建设互动发展影响因素研究[J].中国软科学,2017(1):93-102.

② 王慧.开发区与城市相互关系的内在肌理及空间效应[J].城市规划,2003(03):20-25.

③ AriyanFazlollahi,UirikFranke.MeasuringtheimpactofenterpriseintegrationonfirmanProductionEconomics,2018(200):119-129.

④ KansalA-Clouds:ManagingPerformanceInterferenceEffectsforQos-AwareClouds[C].EuropeanConferecnceonComputerSystems,ProceedingsofTheEuropeanConferenceonComputerSystems,Paris,France,April.DBLP,2017:237-250.

⑤ Strun.Qos-AwareServiceComposition:ASurvey[C].WebServices,EuropeanConferenceonIEEE,2016:67-74.

⑥ NickBernards.ThePovertyofFintechPsychometrics,CreditInfrastructuresandTheIimitsofFinancialization[J].ReviewofNternationalPoliticalEconomy,2019,25(5):126-128.

⑦ Roberts.TransformingAgribusinessinDevelopingCountries:SDGSandTheRoleofFintech[J].CurrentOpinioninEnvironmentalSustainability,2019,41:89-91.

营模式。Porter[1]（1998）认为产业集聚对于地区产业竞争力的影响作用大。同时，Mohamed[2]（2019）表明产业集聚对于提高经济社会发展质量有一定的重要作用。西方发达国家将产业园区解释为一种产业地产，将其作为城市经济发展理念进行研究。在城市经济发展中，Rosanna[3]（2020）认为产业园区在市场运作中是不断变化和不断竞争的，而不是一成不变的，园区经济的发展要以生产能力突出、地区龙头企业去带动区域的产业发展，进而实现经济社会区域整体协调发展。同时，园区经济发展需要公司与行业的发展建立相互的联系。

中国的产业园区起步较晚，始于1978年改革开放之初。各级政府主导的产业园区成为改革开放的试验田，而沿海地区如深圳、珠海、厦门等经济特区的建设则标志着园区发展的起步。何丹、徐鑫[4]（2022）按照不同的管理方法对当时的园区发展进行了分类：第一种是通过现存于行政区域内的政府及人民代表大会履行包括经济发展和社会进步等多项职责的方式；第二种是由独立企业负责的管理策略；第三种则是建立开发区管理机构的方法。之后，大部分的国家级经济开发地区和国家级高科技工业园都采用了这种管委会制度。随着改革的进一步深化，各城市对产业园区的需求逐渐增大，园区发展由沿海地区扩大到中西部地区，"产城融合"发展成了当时园区的发展趋势。[5]产业园区快速发展，出现了各种创新型发展形式的园区，如经济开发区、高新技术产业园区、工业园区、出口加工区、保税区等不同功能的产业园区。随着国家经济和产业政策的全面调整，土地的集约利用已成为重要议题。唐承丽等人在2018年《地理科学》杂志的文章中探讨了城市群、开发区和产业集群之间的互动关系，并提出了相关的理论思考。他们认为城市规模、土地集约化利用、人才密度等对产业集聚都有相关影响。同时，赵军[6]（2019）认为产业集聚加速"产城融合"发展，同时产业集聚的正外部性能够给产业带来竞争优势和经济收

　　① PorterM.ClusterandNewEconomicsofCompetition[J].HarvardBusinessReview,1998.
　　② MohamedAmara,KhaledThabet.Firmandregionalfactorsofproductivity:amultilevelanalysisofTunisianmanufacturing[J].TheAnnalsofRegionalScience,2019,63(1).
　　③ Rosanna.OpportunitiesforTenantsinLightofWeakerDemandFollowingcovid[N].CollliersInternational,2020:78-85.
　　④ 何丹,徐鑫.园区经济四十年[J].中国中小企业,2022(04):9-13.
　　⑤ 鲁倩.YSG产业园区发展战略研究[D].山东财经大学,2021.
　　⑥ 赵军.高科技产业园区未来的发展趋势[J].住宅与房地产,2019(18):285-287.

集聚政策提供理论支持。

最后，研究园区经济有助于推动经济结构优化和产业升级。园区通常集聚了一批具有创新能力和竞争优势的企业和产业，通过技术创新、产品创新和服务创新等方式，推动经济结构优化和产业升级。通过对园区经济的研究，我们可以深入了解这些企业和产业的发展动态和创新模式，为政府和企业制定更加精准的经济结构和产业升级政策提供科学依据。

二、实践意义

云南作为中国重要的边疆地区，是沿边开放前沿，具有发展园区经济的基础、条件和前景，研究其园区经济发展情况，一是有利于加快推进边境地区经济发展，改善偏远边境地区群众的生产生活环境，促进双边各民族的团结互信，从而减少矛盾冲突，实现边疆和谐稳定。二是有利于提供充足的劳动力、便捷的交通、充裕的资源、广阔的市场空间，为国内外企业入园发展壮大创造机遇和条件。三是研究云南园区经济发展，能够给其他边境各省提供发展思路，推动边境地区园区经济发展。四是云南作为发展不平衡不充分的省份之一，对其园区经济进行深入研究，将有效地推动园区经济发展。通过这项研究，我们可以获得诸如结论、模式和路径等成果，这些都将极大地促进云南已有或规划中的园区建设，并产生显著的经济影响。此外，在加快实现碳达峰，碳中和的背景下，加快云南园区经济发展有利于低碳经济的发展，推进云南成为生态文明排头兵的建设。

第三节 国内外园区经济研究情况

一、关于园区发展历程的研究

产业园区的发展，最早可以追溯到二战后。为了推动国家经济恢复、优化国家空间布局，发达国家提出了建设和开发工业园区的政策。英国的曼彻斯特工业区、德国的鲁尔工业区等是最早建立的一批工业园区。早期产业园区多数因产业集聚而初见规模，出租物业和孵化小企业成了其初期典型的运过程当中，也出现了一些问题，例如某些园区的产业构造过于相似，资源消耗过量；对于土地的管理存在漏洞，产业规模较小且技术水平较低；过度依靠优惠措施，而忽略了环保的重要性等。此外，大部分的开发区域仍然停留在粗犷式的扩展状态，这使得外资企业稳定性不足。所以，如何让园区能够更有效地实行集约化发展，如何吸引更多的外部投资从而加速园区的产业发展，以及如何构建范围经济以便于提高经济集约发展，这些都是园区建设需要解决的关键问题。

云南位于中国西南边陲，西接缅甸，南邻老挝、越南，土地高低参差，纵横起伏，民族构成复杂。过去，由于云南地理位置特殊，既无沿海便利，又无国家战略支撑，再加上交通不便，造成经济整体发展水平较低。2023年，云南人均生产总值仅为64107元，远低于全国人均水平（89358元）。但随着经济全球化和区域一体化发展潮流的推行和"一带一路"倡议的实施，边疆地区的对外开放优势正逐步显现。本书以推动云南园区经济发展为目标，以立足于云南区位特点和当前园区经济发展面临问题为研究切入点，通过深入分析云南典型园区发展案例，探究如何高质高效推进云南园区经济发展。

第二节　研究意义

一、理论意义

首先，研究园区经济有助于深入探索经济地理学的实践应用。经济地理学关注经济活动在空间上的分布与互动，而园区作为经济活动的重要空间载体，其形成、发展与地理条件、资源分布、交通网络等密切相关。通过园区经济研究，我们可以更好地理解经济地理学理论在实践中的应用，进一步揭示经济活动空间布局的规律。

其次，研究园区经济有助于深化对产业集聚和集群效应的理解。园区作为产业集聚的空间载体，通过吸引和集聚相关产业和企业，形成了具有竞争优势的产业集群。通过对园区经济的研究，我们可以更加深入地理解产业集聚的动因、机制和集群效应的形成过程，为政府和企业制定更加精准的产业

第一章 绪 论

第一节 研究背景

改革开放40余年来，我国的国民经济取得快速增长，成为推动全球经济发展的主要驱动力。国内生产总值从1978年的3678.7亿元增长到2021年的1133239.8亿元，增长了约308倍；2021年二、三产业总产值1060584.2亿元，较1978年增长约397倍；2021年财政收入202554.64亿元，较1978年增长约178倍；2021年出口总额33630.2亿美元，较1978年增长约344倍；2021年进口总额26871.4亿美元，较1978年增长约246倍。我国已成为世界第二大经济体，国民经济总量仅低于美国。40余年以来，园区发展由最初的沿海地区，到后面的内陆地区，再到沿边地区，由一种发展模式演变成了多种发展形式，成为世人瞩目的"中国发展模式"，带动着地区经济的快速发展。中国园区经济蓬勃兴起，在改革开放过程中不断发展壮大，成为全球园区发展浪潮的重要推动力量。

自1979年7月我国设立第一个外向型经济开发区——蛇口工业区以来，园区已逐渐成为我国经济发展的有效增长极。截至2022年6月，我国共有173个国家级高新区、230个国家级经济技术开发、2107个省级经济技术开发区、660家国家级产业园区、15000多家各类产业园区。从区域分布来看，经济发达区域产业园区分布密集，主要呈现出"东强西弱"态势。相对来说，越发达的地区，园区数量越多，园区发展实力也越强。

在中国经济的发展进程中，园区发挥了关键性作用，引进了大量国内外的先进技术和资金，提供了丰富的职业岗位，汇聚了许多高级技术人员，并为推进中国技术的提升及经济的发展做出了巨大努力。然而，在其发展的

三、关于园区发展的动力机制的研究

园区发展与园区内企业发展之间存在非常紧密的联系，园区也主要由各种企业构成，因此园区发展的动力机制可以通过园区内企业成长动力机制来反映。园区企业成长动力因素有很多，包括需求刺激、其他相关产业竞争、人力资本累积、政府政策、企业战略结构与机遇等。[1]不同学者通过研究不同地区园区企业情况总结了园区企业主要成长的动力机制。Baptista[2]（1998）认为企业成长的动力机制源于知识所带来的创新，Longhi[3]（1998）认为企业的合作、学习与衍生是园区企业成长的主要动力机制，CapelloR[4]（1999）认为园区企业成长主要动力机制是学习机制、文化交流以及创新，因此对于园区企业成长的主要动力机制可以总结为知识的外溢、技术的多元化发展、技能的专业化、交流与合作。

我国也有大量学者对园区企业成长的动力机制做了相关研究，于树江[5]（2010）认为，园区企业成长的动力因素可以概括为外部经济、产业集聚、政府作用、社会资本、市场作用和网络技术创新等。刘恒江、陈继祥[6]（2005）将园区企业成长的动力机制归纳为两种：一是内源动力机制，即经济规模、技术网络创新、知识共享等；二是激发动力机制，即园区政策、地方品牌发展等。杨红燕、邓朝晖[7]（2009）将园区企业成长的动力机制划分为生成、发展动力两种，企业家精神、市场变化趋势和孵化器等构成生成动

① ThomasBrenner,NielsWeigelt.TheEvolutionofIndustrialClusters-SimulatingSpatialDynamics[J].AdvancesinComplexSystem,2001,4(1):127-147.
② RuiBaptista,PeterSwann.Dofirmsinclustersinnovatemore[J].ResearchPolicy,1998(27):525-540.
③ ChristianLonghi.Networkscollectivelearningandtechnologydevelopmentininnovativehightechnologyregions:thecaseofSophia-Antipolice[J].RegionalStudies,1998,32(4):333-342.
④ CapelloR.Spatialtransferofknowledgeinhightechnologymilieu:learningversuscollectivelearningprocess[J].RegionalStudies,1999,33(4),353-365.
⑤ 于树江,刘静霞,李艳双.产业集群的动力机制与竞争优势分析[J].商业时代,2010(25):116-117.
⑥ 刘恒江,陈继祥.基于动力机制的我国产业集群发展研究[J].经济地理,2005(05):607-611.
⑦ 杨红燕,邓朝晖.高技术产业集群动力机制研究[J].西北农林科技大学学报(社会科学版),2009,9(04):53-57.

力；创新力、集聚经济和区位指向力构成发展动力。陈建明[1]（2010）从企业内部、企业之间以及社会3个方面分析了园区企业成长的动力机制，外部经济、技术创新、合作效率、区域分工等构成了园区企业成长的动力机制。

综上所述，国内外园区企业成长的动力机制大同小异，因此根据园区企业成长的动力机制可以将园区发展的动力机制总结为两类：一是园区内部发展动力机制，主要包括园区内部文化氛围、园区服务体系、园区各企业合作学习和交流能力、园区科技创新能力；二是园区外部发展动力机制，主要包括地方园区政策、地方政府投入、市场经济发展趋势、外部经济。

四、关于园区经济发展的研究

国外对园区经济的研究较为丰富。一种是许多学者运用各种理论框架来解析园区的发展进程。比如一些学者引用了美国的区域规划专家弗里德曼的"核心—边缘"理论，把园区视为核心区域，而周边则被定义为相对落后的区域。他们强调核心区应集中各类资源并有效配置以逐渐向外扩展至边界地区。也有一些学者采用了佩鲁的"增长极"观点，主张园区作为增长的核心点，能吸引周围地区的协同合作和互动。另一种是研究园区经济对区域经济发展的作用。Malecki[2]（1988）利用指标对美国科技园区进行评价，认为科技园区经济发展可以让区域经济发展多样化。Bernstein[3]（1998）通过对美国和日本科技园区的研究，提出园区经济发展对于区域经济发展有带动辐射作用。Scott[4]（1994）认为园区是一个系统，其自身经济的发展不仅能改变自身竞争力，还能提高周边区域的发展竞争力。Ratinho[5]（2010）认为，发展科技园区能够给发展中国家创造更多的就业岗位和提高地区经济财富。

国内学者对园区经济发展进行了深入研究。一是关于园区经济发展的相

① 陈建明.中小企业集群成长的动力机制研究综述[J].经济纵横,2010(12):131-134.

② MaleckiEJNijkampP.Technologyandregionaldevelopment:somethoughtsonpolicy[J].EnvironmentandPlanningC,1988,6(4):383-399.

③ BernsteinJIMohnenP.InternationalR&DspilloversbetweenUSandJapaneseR&Dintensivesectors[J].Journalofinternationaleconomics,1998,44(2):315-338.

④ ScottA.J.Regionaladvantage-cultureandcompetitioninSiliconValleyandRoute,128-Saxenian,A[J].1994.

⑤ RatinhoT,HenriquesE.Theroleofscienceparksandbusinessincubatorsinconvergingcountries:EvidencefromPortugal[J].Technovation,2010,30(4):278-290.

关研究。马文军①（2003）通过对国家级杨凌农业高新技术产业示范区的实证研究，针对农业科技示范园区可持续发展的四大制约因素提出政策建议。王丽娟、王树进②（2012）分析了江苏省现代农业产业园不同运行模式的绩效差异，认为园区发展公司主体型园区应在产权制度上创新。翟文华、周志太③（2014）提出，农业生态科技园区应以集聚高层次人才、完善创新体系、提高创新资源以及协同创新网络为发展路径。二是关于园区经济存在的问题。程工、李捷④（2004）认为工业园区融资难，但可以通过开展金融创新、完善投融资服务体系、采取市场化资本营运等方式，构建园区融资平台来解决融资问题。范晓屏⑤（2007）从我国工业园区创新能力和市场导向不足的角度出发，提出运用网络治理的思想，并构建园区持续发展网络要素体系。李露露⑥（2011）针对园区产业集聚效应不强、创新能力薄弱的问题，提出发展节能型园区和园区循环经济。田新豹⑦（2013）通过梳理我国高新区的形成和发展，并对园区经济发展的主要影响因素进行研究，提出投入资本较科技投入而言，对高新区经济发展具有更大的贡献值。

综合以上分析，国内外关于园区经济发展的研究各有差异，不同地区的园区经济发展要结合当地实际发展情况。我国关于园区经济发展的研究视角主要集中在集聚集约、创新推动、循环发展上，尚未形成一个统一且严密的逻辑结构与阐释架构，目前呈现"百花齐放、百家争鸣"的态势。

① 马文军.中国农业科技示范园区可持续发展研究[D].西北农林科技大学,2003.

② 王丽娟,王树进.现代农业产业园区运行模式与绩效关系的分析[J].科学管理研究,2012,30(01):117-120.

③ 翟文华,周志太.农业生态科技园区发展路径分析[J].廊坊师范学院学报(自然科学版),2014,14(06):76-80.

④ 程工,李捷.工业科技园区融资平台的构建[J].理论学刊,2004(04):40-42.

⑤ 范晓屏.社会资本、资源筹措能力与工业园区发展——以浙江工业园区为实证[J].科学学与科学技术管理,2007(03):108-111.

⑥ 李露露.我国园区经济发展存在的问题及对策研究[J].企业研究,2011(14):158-159.

⑦ 田新豹.我国高新区经济发展影响因素的实证分析[J].宏观经济研究,2013(06):72-76+103.

第二章 园区经济发展的相关理论阐述

第一节 园区经济发展的基本概念

一、园区的定义

园区最早于19世纪末作为一种促进、规划和管理工业发展的手段在工业化国家出现。然而，真正具有现代化意义的园区，是在第二次世界大战之后才出现的。在此期间，众多发达国家为了提升他们的国内生产总值和优化国家的城镇结构，设计了一系列工业区域开发策略与措施。同时，还设立了多个特殊商业区域，包括自由贸易区、免税区、出口加工区、保税区、工业园区、工业村、科技创新园等。所有这一切都旨在创造出有利于各类企业的入驻及其持续成长的环境因素，以期能够招引国内外的投资者们前来参与项目，从而减轻大都市对于周边地区的负担，同时也减少由于大规模生产带来的生态环境破坏问题，进而加速城乡一体化进程的步伐。所以，园区是一种被广泛采用并且效果显著的地方发展策略工具，它为企业提供了一种外部环境条件。

园区作为一种社会经济形态，通常是指某个国家或者地区为了吸纳外部的资源并推动其经济发展所设定的特定的地理空间，同时实施特殊的政策和管控手段。它的主要特点包括：规模庞大且多样化的建设用地；存在多个厂房、商业区和其他公共场所；对于企业的入驻及土地使用有着严格的规定；遵循详尽的区域规划以满足环保要求和设定约束条件；为实现合约签订、控制与适应公司的进驻，制订园区的长远战略和计划等方面提供了必要的基础支持。

二、产业园区的内涵

产业园区是指以促进某一产业发展为目标而创立的特殊区位环境，是区域经济发展、产业调整升级的重要空间聚集形式，担负着聚集创新资源、培育新兴产业、推动城市化建设等一系列的重要使命。此外，产业园区在培养新技术领域及汇聚创意元素上发挥了重大影响力，从而有助于形成产业集聚。

根据不同规划准则，可以对园区类型做出区分。例如，基于产业特性，我们可以将其分为工业型、农业型、复合型和其他关联类别；从行业的角度，可以把它们分为经济技术开发区、保税区、出口加工区、高新技术产业开发区、综合开发区等；以地理位置作为标准来衡量，主要有远郊型（如福州、大连、广州等经济技术开发区）、近郊型（如汕头、厦门、秦皇岛、烟台等经济技术开发区或加工区）、独立型（如宁波、青岛、温州、连云港等经济技术开发区）、市区型（如北海、湛江等经济技术开发区）。此外，还可以通过主导经济活动的属性进一步细分，包括科技型、贸易型、综合型及工贸结合型等。

三、园区经济的内涵

园区经济是指一个区域的政府根据自身经济发展要求，通过行政和市场等多种手段，集聚各种生产要素，在一定的空间范围内进行科学整合，使之成为功能布局优化、结构层次合理、产业特色鲜明的企业集聚发展模式。本质是最大限度实现资源的优化配置，发挥生产要素的聚集效应，进而带动地区经济加快增长，推进城市化进程，实现企业集聚、产业升级、经济发展等多重效应。

园区经济具备两大核心经济属性：一是内生经济，指的是由园区各个元素投入产生的经济效益；二是外溢经济，是由空间聚集的各种因素和行业所引发的额外的经济收益。基于这两大核心的特性，可以总结出园区经济包括如下几个要件。

一是特定的地域空间。园区经济是在特定的地理区域内聚集众多企业、吸纳生产要素进行集中投入形成的经济模式。它属于地理空间经济，有明确的边界划分，其政策、产业规划和管理等都只适用于特定的地域范围。

二是特殊的经济功能。经济园区（除自然形成的经济区域外）是政府为达到特定的经济目标而设立的独特、超越常规发展的功能性经济区，是由政策引导或行政驱动产生的结果。

三是有一定的创新源。这是园区经济的基本要素。正是因为园区内部聚集了大量领先的技术创新成果，才使得其具备了极大的竞争力。这些技术创新成果经过市场的转化后成为实际的生产能力。

四是拥有中试、孵化和展示、示范中心。拥有与科研创新紧密相关的、在地理上与园区创新源紧密相连的一批中试基地和孵化中心，能够为科技发展提供较为宽裕的空间环境，使得园区内的创新成果可以在这一小范围的环境里先期测试并展示，之后再向园区之外的其他地方推广和示范。

五是能够获得产业组织和区位等外部经济。园区作为一种特殊的经济组织，一方面可以向入驻公司供应无偿或者低价的基础设施服务，从而降低该区位的经济活动成本，形成区位优势，带来区位外部经济；另一方面，园区作为跳跃式企业集聚的空间形式，拥有主导的核心企业组成的产业链条，这打破了传统单一化的产业发展格局，增强了地区的产业关联程度，进而实现了由产业结构带来的额外利益。

六是受"政府"与"市场"双重支配。绝大多数园区经济是一种政策性经济（也有企业自发集聚而形成的园区经济，如硅谷），因此必然会受到政府的影响。同时，园区经济作为一种经济形态，又受经济规律和市场机制的支配。

园区经济的定义应充分反映这两个基本经济内涵，涵盖六大要件。在本书中，我们将园区经济定义为特定地域内所有经济行动的总和。

四、园区经济发展的概念

有学者认为，聚集经济就是园区经济最基础的概念，园区经济主要是由市场自发调节形成的。对于园区经济发展，可以理解为园区内企业为寻求更高的外部经济效应和聚集经济效应自发进行集聚，从而推动园区经济发展。如Scott[①]（1994）指出，经济危机的出现让很多学者更关注集聚理论对园区

① Scott AJ.Regionaladvantage-cultureandcompetitioninSiliconValleyandRoute128-Saxenian[J].A，1994,(2).

经济产生的重要作用。但这种观点与许多发展中国家经济迅猛发展的过程有差异，其忽视了政府在园区经济形成过程中的助推作用，因此存在许多局限性。园区经济能够带给发展中国家诸多利好，尤其在中国开始表现出强大竞争力后，很多学者开始重新审视园区经济发展的内涵。

彭致圭[①]（2004）指出，园区经济发展以优质的区位优势为依托，通过政府采取各种政策帮扶，来吸引更多资金进入园区使产业发展更加完善。尽管经济园区呈现出不同的类型和特点，但其最终目的都是为了实现政府划定的经济标准，在某一确定的物理空间中开展政策帮扶，最终根据生产要素、地理区位优势和组合方式的不同，建立功能和种类不同的经济园区，而园区经济发展主要围绕产业发展和改善营商环境。

本书认为，园区经济发展是一个国家或地区为推动当地经济发展，借助自己的宏观调控来使各种生产要素进行集聚生产，从而在有限的地理空间内进行科学的产业布局，使生产要素的结合能够发挥其最大作用。

第二节　园区经济发展理论基础

一、可持续发展理论

1983年，联合国世界环境与发展委员会发布了《我们共同的未来》，其中对"可持续发展"进行了明确的定义。1987年，由布伦特兰夫人主持的世界环境与发展委员会对可持续发展做出了解释："可持续发展是指既满足当代人的需要，又不损害后代人满足需要的能力的发展。"这一定义至今仍广泛应用。可持续发展理论主要包含两个关键概念，一个是需求概念，特别是弱势群体的需求应当优先考虑，不能被其他因素所置换；另一个是制约概念，发展必须在一定范围内进行，否则会直接影响环境的承载能力和未来发展。当前，不同学者对可持续发展的研究角度各异，尤其在将其运用于社会科学、经济学等领域时，由于领域差异和理论来源，对于可持续发展的理解和定义也存在差异。在研究可持续发展理论时，常从经济、伦理、自然、科

---

① 彭致圭.论加速发展区域经济[J].中国集体工业(04):9-11.

技和社会等属性出发。综上所述，"可持续发展理论"的基本观点包括多个层面。

一是经济核心。即将可持续发展的最终目的视为较好的发展经济，将利益增加至最大水平。二是生态保护。实现资源的合理利用和物质的可持续性，以及保护生态环境是推动可持续发展的基础需求。三是三位一体。即可持续发展不单是生态环境的问题，同时也是经济发展、社会协调的问题，三者的统筹兼顾式发展是可持续发展的核心所在。四是以人为本。即无论是经济的发展还是社会的发展，最终可归为实现人的发展，使人们享受各种资源带来的利益。不仅满足当代人，也需要为后代留下充足的资源。

综上所述，对于园区来说，可持续发展是其经济发展的必然方向，园区经济发展是持续长久地带动区域经济发展，合理利用自然资源，以及经济、社会、自然相协调的发展。

二、产业集聚理论

对于产业集聚的研究，可以追溯到新古典经济学代表人物马歇尔，其在《经济学原理》一书中提到外部规模经济概念时指出，特定区域内由于某种产业的集聚发展引起该区域生产企业整体成本下降，且进一步指出外部规模经济是许多性质相似的小型企业集中在工业区而产生的。他认为形成"产业区"的微观基础在于单个厂商倾向于选择集中在能够获得外部规模经济的地区。马歇尔也是最早对于集聚进行分类的人，他认为产业聚集分为"群聚"和"杂聚"，即相同类型的产业聚集于一个区域称为"群聚"，不同类型的产业聚集于某一区域称为"杂聚"。在此之后，产业集聚理论出现了各种流派，不同流派产生不同理论，如区位集聚论、创新产业聚集论、产业聚集最佳规模论等。

1909年，阿尔弗雷德·韦伯在《工业区位理论》一书中详细论述了聚集经济的形成、分类及其生产优势，提出集聚因素作为位置因素之一，是影响工业企业区位选择中的重要因素。熊彼特在《经济发展理论》中解释道，创新集群和增长非周期要素是经济波动的主要原因，也是创新产业聚集论的主要含义。1975年，埃德加·M·胡佛在《区位理论与制鞋、制革工业》中讨论了不同产业间集聚的3种依存关系：横向、纵向、互补。认为这3种依存关系带来了规模与集聚经济，并构成了最佳集聚区。1990年，波特在《国家优势竞争》中提出了"钻石模型",并在该模型基础上提出了集群理论,认为提高国家竞争力的产业会出现集聚现象。

对于园区经济发展来说,产业集聚是园区经济发展的必然方式,在园区内,存在一定联系的产业相互融合,能够提高园区的市场竞争力。不同产业之间资源共享,信息相互流通,有利于形成成本节约效应、技术创新效应、分工协作效应等,形成社会生产力发展的集聚地。

三、不平衡增长理论

1958年,美国经济学家阿尔伯特赫希曼在他的著作《经济发展战略》中提出了不平衡增长理论。他认为长期发展将推动发达地区带动落后地区的经济增长。发达地区的经济增长速度受限于交通拥堵和环境污染,而落后地区的整体经济发展速度也会逐渐受到影响,因此政府需要持续加大干预力度。在资源短缺的发展中国家,为了优化资源配置,实现经济的快速增长,不可能将有限资源投入到所有地区的所有经济部门,应将有限资源集中投入到特定部门。因此,该理论认为,发展中国家应该有选择地在一些部门进行投资,从而通过外部经济的帮助逐步发展其他部门。

发展道路是一条"不均衡的链条",一个国家或一个地区不可能实现全面均衡协调的发展,发展应从主导部门通向其他部门,通过主导部门的发展,带动其他部门的发展。园区便可以看作一个区域的主导部门,通过资源的大量投入,实现其经济的快速增长,再通过园区带动其周边地区经济发展。

四、区位理论

区位理论是研究人类如何选择活动空间的理论,是研究人类社会活动最适宜位置的基础理论。这一理论的发展可以分为古典区位论、近代区位论和现代区位论3个阶段。

1826年,德国著名的古典经济学家冯·杜能在他的著作《孤立国对于农业及国民经济的关系》中首次提出了区位理论,开创了农业区位研究的先河,引领了经济学空间分析和研究的新方向。随后,韦伯于1909年系统化工业区位思想,首次明确提出了"区位因素"及其相关法则,并详细分析了"集聚效应"。这一贡献不仅对于当时意义重大，而且也为后世提供了丰富的理论启示和实践指导。这两大理论奠定了工业区位研究的基础，重点探讨了运输费用、劳动力和聚集效应等因素对第一、二产业区位选择的影响，主要关注静态微观层面的区位研究。

近代区位论在经济界和地理界较为系统的发展，形成了近代地理学的区位理论体系。1933年，克里斯泰勒提出的中心地理论和1943年德国人廖什提出的市场区位论思想是这一时期区位理论的重要发展。理论着重从城市等级与规模的空间关系、市场区与市场网的内部联系出发，探索企业如何获取最大利润，因此其实质是"利润决定论"。同时，通过对市场区位发展阶段的分析，探索整个区域的最佳经济效益。

在第二次世界大战之后，区位理论对消费行为、居住环境、办公设施等领域进行了深度探讨。同时，开始重视对这些领域的微观区位分析和实际应用。西方产业布局理论进入了多样化发展时期。现代的区位理论在全球快速工业化和城市化的历史环境中诞生，它基于经济发展，其核心特点是空间产业经济学研究，强调的是对地区和城市的经济活动的高效管理，并且注重宏观层面的动态均衡的、崭新的产业布局理论。

区位论的尺度观、时序观、环境观、行为观和结构观在现代城市的经营建设中具有至关重要的作用。我们可以在有限的空间里，有效地利用周边的环境条件来降低生产的成本，同时减少对自然的负面效应。此外，微观区域研究方法的持续发展，也为我们理解城市用地的高效管理和提升其内在质量提供了一种实用的理论指导。

五、新经济地理学理论

由于世界经济间的紧密关联与区域一体化的持续深入发展，现有的主流经济学理论在解析当今的经济状况上遇到了许多挑战。基于此，由克鲁格曼领导的一批西方学者从经济地理学的视角切入，结合边际收益递增、不完全竞争及路径依赖的理论，扩展了对于经济活动的集聚和全球化等经济问题的研究，并构建了一个名为"新经济地理学"的新理论体系。这个新经济地理学更注重于特定的地域环境中所产生的经济活动的聚集效应，及其影响到区域经济发展趋势变化的情况。

空间聚集的主要内容是空间聚集、路径依赖和报酬递增。新经济地理学深入研究报酬递增，并结合在园区经济运行过程中出现的路径依赖，研究空间聚集效应。空间聚集报酬递增是指由于有经济联系的经济活动和企业聚集，使得各企业间产生经济联系的成本下降，规模经济效应不断增加，使得企业报酬递增。空间聚集是指在聚集能够产生成本节约的背景下，企业和经济活动在某一特定空间内集中。由于规模报酬递增和集聚现象的出现，"路径依赖"和"历史事件"出现，即集聚通过不断的循环积累和因果效应得到调整和强化，这就是集聚的原始优势由"路径依赖"而被放大的过程。

根据新经济地理学理论，交通运输成本、劳动力迁徙率和资本规模将影响该地区的资源配置与整合，决定在空间内是否能实现财富增长。一方面，在区域整合过程中如果产生了劳动力迁移和资本外部性，产业空间聚集的规模将继续扩大，城市核心区域与边缘地带的距离将持续扩大，进而引发更广泛的经济影响，这是一个现实问题。该推断也得到了实际情况的验证。另一方面，如果各地区之间劳动力和资本流动性较弱，城市中心区雇用劳动力和交通拥堵产生的成本上升，这将削弱集聚效应，经济活动扩展的领域更为广泛。

第三章 国内外园区经济发展历程概述

第一节 世界园区经济发展历程

从20世纪下半叶开始，园区经济这一具有特殊功能的地理单元的不断发展演变，持续引发专家学者、国际机构及政府部门的关注和研究热情。随着商品经济、国际贸易、科学技术与国际分工的发展，园区成为人类从事经济活动的一种区域载体。从园区发展的视角出发，园区经济发展历史大概可以划分为4个阶段，即萌芽时期、发展初期、快速发展时期、稳定时期。

一、萌芽时期

园区的产生可以追溯到早期自由资本主义时代，是对当时刚刚兴起的自由贸易原则的一种实验或实践。公认的人类历史上第一个园区，是1574年建立于意大利热那亚湾的雷格亨自由港区，此港区的创建标志着近代意义上园区的诞生。从那时起，自由港、自由贸易区等多种形式的园区在世界各地时有出现。17—18世纪，意大利的威尼斯（1661年）、法国的马赛（1669年）、西班牙的直布罗陀（1705年）等自由港或自由贸易区建立。19世纪，丹麦的哥本哈根、葡萄牙的波尔图、德国的不来梅和汉堡（1882年）等城市先后被宣布为自由港或划出一部分地方为自由贸易区。

20世纪初，瑞士、希腊、瑞典等国相继设立自由港或自由贸易区。美国从1934年开始在沿海地区建立自由贸易区和具有自由港特征的对外贸易区。1948年，巴拿马辟建了科隆自由贸易区。自由港和自由贸易区的设立对当地经济贸易发展具有明显的促进作用。据有关资料统计，截至20世纪中叶，有26个国家和地区设立了75个自由港和自由贸易区。[①]

二、发展初期

第二次世界大战后，随着国际贸易的迅速发展、科学技术的突飞猛进和经济活动国际化的日趋增强，园区呈现了加速发展的趋势，并涌现了许多不同的类型，园区的名目也因各自发展主题不同而被分别称之为特区、开发区、试验区、工业区、科学城、技术城、出口加工区、农业园、投资区、港区（自由港）科技园、创业园（孵化器）、保税区、旅游度假区等。[②]

1951年，在美国斯坦福大学校园内设立了全球第一个专门从事科学研究的园区——斯坦福研究园区，为全球最大的电子工业基地"硅谷"的形成奠定了基础。当前，"硅谷"已成为世界园区典范，为各国创建工业园区、推动高新技术产业发展提供了借鉴和思路。后来，马萨诸塞州沿波士顿128公路两侧也涌现了许多高技术企业。自1957年起，苏联启动了对西伯利亚科学院总分院的建设工作，从而形成并逐步壮大了新西伯利亚科学城。到1966年时，该区域已基本完成了其建设任务，成为世界上第一个采用"科学城"命名的产业园区，同时也被视为全球最大且最全面的多功能研究中心之一。此外，包括全球市场的国际化进程、经济发展策略的变化、对外投资模式的调整、海港设施的发展进步以及科技创新的影响等诸多因素，都在促进着各类新兴产业园如自由港区、出口加工区及自由贸易区的持续成长与发展。不过在此期间，园区发展在美国和其他国家的企业界和政府部门中并没有得到足够的重视。

三、快速发展时期

自20世纪80年代起，全球各国的经济发展逐步复苏，这段时间里，各类产业园区在美国及全球各地都呈现出繁荣景象。其中最先建立起来的产业园，例如硅谷、128公路区域与北卡罗来纳州的研究三角区等，已成功走过30多年历程，为世人提供了可借鉴的经验。它们不仅在科技领域大有作为，在

---

① 贺大龙.安徽省园区经济快速发展的对策研究[D].合肥工业大学,2008.

② 代明.论园区开发的产业化[J].特区经济,2004,(07):7-9.

别的领域同样也是百花齐放，给美国其他州带来刺激和挑战的同时，也给世界其他国家和地区带来了不小的挑战。

截至1989年底，美国在全国范围内设立的各类园区已达141个，数量在国际上遥遥领先。加拿大在其重点发展区域创建了9个园区。日本加速修建技术城，直至1990年，在全国选定了18个地方修建技术城。

20世纪70年代初，西欧地区园区发展更加迅速，西欧工业生产开始主要向微电子、宇航、原子能等知识和技术密集部门转移。到80年代，这些产业园蓬勃兴起。法国、意大利、西班牙、荷兰、比利时、爱尔兰、瑞典、苏格兰等国家也相继建立了各种不同形式的园区。

20世纪80年代以来，面对世界性兴建园区的热潮，一些发展中国家及地区不甘落后，相继创建了一批园区，如我国和新加坡、印度尼西亚、印度等国家以及我国台湾地区。在这个时期，主要的特点就是产业园的发展速度惊人，短短10年的时间里就增加了500多个产业园，使全球的产业园数量达到641家。此外，其他各类园区也在迅速扩张，比如工业园、经开区等。这些园区对于各个国家的经济增长和产业发展起到了关键性的推动作用。

四、稳定时期

自20世纪90年代开始，世界各地的发展中国家及区域纷纷建立并积极推动科技园区的发展。在中国大陆，从20世纪80年代末期开始，我们陆续创建了超过53个国家级的高新区、32个经济技术开发区，同时还有大量的地域性的高科技产业园与经济技术开发区出现，其中一些如北京的中关村和苏州市的工业区已经有一定的名气。如今，全球各类型的科技园区正以稳定且持续增加的速度发展，其数量逐年攀升，覆盖的地域也在逐步扩展。

第二节　中国园区经济发展历程

自1951年美国斯坦福大学在其校园内创办了世界上第一个专门的科学研究园区——斯坦福研究园区以来，园区发展在世界各个国家开始兴起，发展中国家也逐渐开始发展园区。20世纪70年代，在改革开放政策和技术革命的推动下，中国开始逐步建立各种不同类型、不同层次的园区，例如经济技术开发区、高新技术产业开发区、出口加工区、保税区、旅游度假区等。由于园区与制度的天然联系，中国园区经济一直是国家战略研究、经济社会中长期规划和官方决策咨询研究所关心的重要选题。我国园区经济发展是与改革开放进程相伴而行的，依据改革开放的推进以及园区发展相关政策的实施，可以将园区经济发展划分为4个时期，即孕育探索时期、快速发展时期、稳定发展时期、创新发展时期。

一、孕育探索时期（1979—1991年）

该时期园区建设和管理方面还在不断探索，遇到的困难和阻碍较多，园区经济发展较为缓慢。1978年，党的十一届三中全会确立了对外开放的基本国策，为产业园区的建立奠定了思想基础。1979年，蛇口工业区作为中国第一个外向型经济开发区被国务院批准创建。同年，我国首次兴办了4个园区即出口特区，并在1980年将深圳、珠海、汕头和厦门这4个出口特区改称为经济特区。蛇口工业区和经济特区的发展经验，对沿海各类开发区的成立起到了助推作用。1984年5月，国家决定开放天津、上海、大连、秦皇岛、烟台、青岛等14个沿海港口城市，在每个沿海开放城市批准建立"经济技术开发区"，大连经济技术开发区便是第一个正式批准设立的经开区。1985年，国务院批准建立北京新技术产业开发试验区，这是我国第一个国家级高新区，也是中关村科技园的前身。1989年，国家为了促进园区经济的快速发展，在上海召开了全国经济技术开发区工作会议，并提出了"以利用外资为主，以发展工业为主，以出口创汇为主"的发展方针，这也成了园区经济发展的宗旨。

孕育探索时期，园区经济发展缓慢，园区内企业间产业关联度不强，交流合作较少，园区内基本没有或只有少量生活配备设施，且园区一般地处市郊，位置偏僻，离市区较远。因此，园区发展相关政策在税收、土地、人才等方面予以倾斜，实行各项优惠，以吸引外来资本，加快园区产业发展和技术水平的提高。

二、快速发展时期（1992—2002年）

该时期中国园区经济快速发展，无论是在园区数量还是类型上都有较大提升，园区格局不断扩大和完善。1992年，邓小平同志的南方谈话掀起了对外开放和引进外资的新一轮高潮，园区经济发展也随之进入快速发展阶段。1996年，最早创办的14个经济技术开发区工业产值达到了1360亿元，较1991年增长了858.2%。在此时期，新增国家级经开区39家、高新区26家、保税区20家、边境经济合作区14家、其他国家级开发区17家。截至2002年末，中国园区已由国家层面迅速扩展到各省、市、县及部分乡镇地区，基本形成了多层次、全方位的开放格局。

快速发展时期，园区产业结构得到明显优化，发展领域也逐渐扩张，由生产领域扩张到服务和高新技术领域。园区内产业间关联性逐渐增强，逐步发展出各种链条较长的特色产业，企业间开始共享信息、市场等资源要素。园区更重视人才的引进，更好地优化员工的居住环境和完善公共服务设施，推进园区功能向"多元化"方向发展。该时期，园区发展在坚持"以利用外资为主，以发展工业为主，以出口创汇为主"的发展方针下，重视园区国际化、工业化、进出口发展。虽然园区在管理制度、产业集聚、结构优化等方面有了快速提升，但是由于园区经济发展过多重视工业建设，导致园区建设结构呈现以产业空间建设为主、生活空间建设为辅的特征。

三、稳定发展时期（2003—2008年）

该时期中国园区经济稳定发展，由量和类的增加转向质的提升，园区产业特色更加鲜明，园区内管理体制更加完善。在党的十六大提出"走新型工业化道路，改善经济增长质量和效益"的背景下，2003年国务院连续下发了《关于暂停审批各类开发区的紧急通知》《关于清理整顿各类开发区加强建设用地管理的通知》《清理整顿现有各类开发区的具体标准和政策界限》等文件，旨在提高园区经济发展质量。[①]截至2003年，国务院共批准建立国家级经济技术开发区49个，国家级高新技术开发区53个，国家级保税区13个。另外还有很多省级、地市级等园区，如山东青岛在香港举行的"青岛日"活动中，推出了包括4个国家级园区和8个省级园区在内的96个省级、地市级园区。这个时期，除了宁波高新区晋升为国家级园区外，其他两类国家级产业园区都没有增加。

---

① 雷霞.我国开发区管理体制问题研究[D].山东大学,2009.

稳定发展时期，国家为了促进园区经济稳定发展和提高其发展质量，对产业园区科学发展的指导思想做出了调整，提出了"以提高吸收外资质量为主，以发展现代制造业为主，以优化结构为主，致力于发展高新技术产业，致力于发展高附加值服务业，促进园区向多功能综合性产业区转变"的"三为主，二致力，一促进"的发展方针。园区内管理体制逐渐国际化，行政管理队伍素质逐渐提升，园区逐渐发展成为依托主导产业与核心企业的具有鲜明特色的产业功能区。此外，园区经济发展逐渐重视产业、社会、自然三者关系，逐步重视园区内生活空间建设与环境保护，向着人与自然和谐共处的方向发展。但该时期园区创新和发展过程面临着"两难选择"，一是园区的创新发展进程在很大程度上受到阻碍和制约，科研与市场脱节，技术战略与经济战略脱节，技术力量与资金力量投入脱节。二是园区开拓国际市场工作成绩不佳，开拓力度明显减弱；征地问题有增无减，招商工作面临两难境地；投入不足且分散，造成行业雷同、重复建设，同时也出现了机构各自为政、结构性失衡等问题。

四、创新发展时期（2009年至今）

该时期园区经济不断"膨胀"，步入新一轮的升级发展阶段。2008年，美国金融危机后的中国经济整体进入中高速增长阶段，以制造业和出口导向为典型特点的中国园区经济发展开始转型。在国际金融危机蔓延迅速、全球经济严重衰退、中国经济遭受严重冲击的情况下，新增国家级经开区175家、高新区116家、保税区76家、经济合作区4家、其他国家级开发区3家。在沿海首批经济开发区设立30周年之际的2014年，我国提出经济开发区"由追求速度向追求质量转变，由政府主导向市场主导转变，由同质竞争向差异化发展转变，由硬环境见长向软环境取胜转变"，以及"加强现有开发区城市功能改造，推动单一生产功能向城市综合功能转型，为促进人口集聚、发展服务经济拓展空间"。2019年，商务部开始通过考核评价将连续两年落后的国家级经开区摘牌。

创新发展时期，国家深入贯彻落实科学发展观，按照"先进制造业与现代服务业并重，利用境外投资与境内投资并重，经济发展与社会和谐并重，致力于提高发展质量和水平，致力于增强体制机制活力，促进国家级开发区向以产业为主导的多功能综合性区域转变"的"三并重、二致力、一促进"

的发展要求，努力开创园区经济发展新局面。①园区内形成了鼓励创新创业社会发展环境，更加重视经济增长的质量与效益，同时不断引进高新技术与环保产业，并且园区的政策导向也日益全面和多元化，逐步从以经济建设为主，形成经济发展、创新发展、产业合作、公共服务、社会发展等多维度发展的可持续发展格局。

第三节　云南园区经济发展历程

1992年，随着昆明国家高新技术产业开发区、昆明经济技术开发区、曲靖市经济技术开发区、嵩明杨林经济技术开发区在新一轮改革开放步伐中相继落地，云南工业园区建设正式扬帆起航。经历了将近30年，云南各类开发区（园区）发展实现从无到有、从小到大，在全省经济增长、产业集聚、创新发展、对外开放中发挥重要作用。截至2021年末，云南省产业园区全年工业总产值同比增长22.8%。其中，规上工业总产值同比增长21.0%。全省百亿元园区达42家，1000亿元以上园区达7家（如表3-1所示）。园区主要经济指标呈现较快增长态势，整体经济运行平稳，全省园区工业企业营业收入同比增长20.8%。

表3-1　云南千亿级园区主营业务收入情况表

园区	主营业务收入（2022年）	主营业务收入（2021年）	突破千亿元时间
昆明经济技术开发区	3184亿元	2550亿元	2013年
昆明高新技术产业开发区	3039.6亿元	2665亿元	2011年
昆明滇池国家旅游度假区	2000多亿元	—	2019年
安宁产业园区	1700多亿元	1327.7亿元	2018年
五华科技产业园区	1442亿元	1400亿元	2017年
玉溪高新技术产业开发区	1120亿元	1053.22亿元	2021年
曲靖经济技术开发区	—	1000.8亿元	2021年

---

① 刘兴邦.治理理论框架下经济开发区治理模式研究[D].西南政法大学,2013.

一、快速发展阶段（1992—2012年）

1992—2012年，随着改革开放的不断深入，云南高新产业园区、经济开发区等得到蓬勃发展，呈现出从无到有、由弱变强的局面。1992—2002年，各类经济园区发展到106个，泰国正大集团等外资和省内外实力企业纷纷落地昆明高新区和昆明经开区。为了提高园区经济的发展质量并加快其发展步伐，2003年云南对已发展10余年的工业园区进行了重新规划整顿，清理了全省上百个园区，撤销了74个开发区，并建议保留32个开发区，这项工作由当时的云南省发改委牵头和省内相关部门配合。2007年，在国家3部委公告中，云南共有22个开发区通过核准。同年，云南省委、省政府审时度势，做出"走新型工业化道路、实施工业强省"的重大战略决策，明确提出要在全省范围内规划建设30个工业园区。此外，云南在"十五"和"十一五"期间发布了《云南省"十一五"新型工业化发展纲要》《云南省人民政府关于发展工业园区的实施意见》《云南省人民政府关于加快工业园区标准化厂房建设的意见》等一系列文件，为云南加快发展工业园区建设奠定了良好的基础。随后，云南国家级产业园区、省级工业园区和州市产业园区、特色产业园区经过"十一五"调结构和创新驱动，在2008—2012年呈现出规模化、规范化的发展态势。2012年，云南全省入园企业达6225个，规模以上工业增加值占全省的71.25%，其中在建并纳入统计的118个工业园区完成工业总产值7182.49亿元。经过20年的发展，园区经历了从无到有、从有到快、从快到强的发展历程，园区内引进企业、投资总额、就业人数等指标也快速增长，工业园区经济逐渐成为引领云南经济社会发展的重要"引擎"和新型工业化的有力助推器。

二、优化提升阶段（2012年至今）

党的十八大以来，云南积极将园区建设成为全省新兴产业的集结地、科技创新的关键区域、对外开放的新舞台和经济增长的新动力。全省园区发展势头日益强劲，创新能力持续提升，质量效果不断优化。

园区经济蓬勃发展，规模体量迈上新台阶。2021年，全省各级各类园区实现营业收入超过2.5万亿元，规模以上工业总产值逾1.2万亿元，为税收贡献超过1500亿元。全省营业收入超过500亿元的园区达到11个，其中昆明经开区、昆明高新区、滇池旅游度假区3个园区营业收入超过2000亿元。

园区产业结构和布局更加优化，产业集聚取得新成效。优势产业向重点园区集聚趋势日渐明显，初步形成优势互补、产业联动、区域协同、错位发展的格局。绿色能源与绿色先进制造业深度融合发展，绿色铝谷、光伏之都建设日新月异；烟草、绿色能源、文旅康养、现代物流等产业转型升级步伐加快，发展优势持续巩固；先进制造、新材料、生物医药、数字经济、出口导向型产业等发展取得积极进展，发展基础不断夯实。其中，以曲靖、楚雄、保山为重点的硅光伏产业集群渐成气候，以文山、红河为重点的绿色铝产业集群渐成规模，以曲靖、昆明、玉溪为重点的新能源电池产业集群初具雏形，以昆明、玉溪为重点的数字经济产业不断壮大，以昆明、玉溪、楚雄为重点的生物医药产业集群加快形成。"十三五"期间，云南省委、省政府提出的"五个万亿级、八个千亿级"的产业目标基本实现。

园区基础设施建设发生显著变化，呈现新面貌。其间，各个部门积极增加对基础建设的投资，加速水、电力、道路、燃气、通信和供暖等基础设施的构建，总覆盖范围已超1000平方公里。地区内的交通系统得到了明显的优化，标准化的工厂建筑也得以快速建立，通信设备已经完全更新换代，公共服务质量也有了显著提高。各地政府始终秉持着以产带城、以产兴城的原则，使得园区的城市化进程不断加快，环境保护意识日益增强，其中包括昆明经济技术开发区、玉溪高新技术产业开发区等8家企业被认定为国家级绿色园区，而牟定县则成了全国大型固体废弃物的综合处理中心。此外，玉溪市和普洱市也被纳入国家产城融合示范区中。

园区发展质量不断提升。各类市场主体快速增长，龙头企业、"链主"企业规模不断壮大。园区企业创新能力不断提升，全省园区高新技术企业数约占全省企业的60%。投入产出效益明显改善，全省园区平均投资强度每亩250万元，国家级园区亩均营业收入500万元左右、省级园区亩均营业收入280万元左右。园区企业竞争力大大增强，全省获批9个国家新型工业化产业示范基地和33个省级示范基地，培育759户专精特新"小巨人"企业、省级成长型中小企业、单项冠军企业。

园区全面深化改革步伐加快，实现新突破。在体制机制方面，昆明、曲靖、玉溪等地正在积极尝试"管委会+公司"扁平化管理模式。在激励机制方面，昆明经开区、大理经开区等地正在积极探索兼职兼薪、年薪制、协议工资制等不同的分配方式，并实行了竞争性选拔和任期目标制管理。在人才引进方面，云南省委组织部于2023年5月向社会公开招聘了30名聘任制公务员，以强化园区对高层次专业人才的需求。在合作共建方面，昆明市全面托管西双版纳州磨憨镇，打造磨憨国际口岸城市，成为全国唯一一个拥有"边境线和边境口岸"的省会城市；昆明经开区与上海临港集团共同合作建设昆明科技城；楚雄与上海嘉定、瑞丽与江苏扬州、临沧与南京江宁等地进行结对共建，积极探索"飞地经济"，并积极接收东部产业转移；保山市集中各县市区的资源要素打造"园中园"。

园区营商环境明显优化，实现新改善。昆明、楚雄、曲靖等地采取了"多证合一""多批合一""多图联审"等创新审批方式。为了提高办事效率，昆明、大理、红河、玉溪等地推行了"一件事一次办""一窗办""一网办""自助办"等集成套餐服务。同时，西双版纳、德宏、临沧等地推行了"单一窗口""一地两检"等新的通关模式，以促进通关流程的无纸化和电子化。在投资审批改革方面，昆明、楚雄、曲靖等地执行商事登记确认制，产业项目先建后验，并采取重点产业项目拿地即开工等措施。随着"放管服"改革的不断深入，市场化、法治化、国际化的优质营商环境正在逐步建立。

园区外向型经济发展亮点纷呈，呈现新气象。中国（云南）自由贸易试验区建设成效明显，159项改革试点任务全面落实，探索形成276项制度创新成果，全国首创46项。边（跨）境经济合作区成为新一轮对外开放的重要平台，2021年全省边（跨）境经济合作区经济总量占全国边合区的比重超过25%；河口边合区经济总量在西部地区排名第1位，在全国排名第2位。红河、昆明综保区在全国综保区综合考评中实现进位。

在30多年的时间里，云南园区发展实现了"四个转变"。一是发展导向从单纯追求速度向更加注重质量转变，二是发展方式从粗放型向集约式转变，三是发展理念从同质化竞争向差异化发展转变，四是发展模式从政府主导向市场引领转变。特别是党的十八大以来，云南园区发展活力不断增强，创新能力不断加强，质量效益不断提升，在7个方面取得了不同的新成就。一是在规模体量方面迈上新台阶，二是在产业集聚方面取得新成效，三是在发展质量方面得到新提升，四是在园区建设方面呈现新面貌，五是在深化改革方面实现新突破，六是在营商环境方面实现新改善，七是在对外开放方面呈现新气象。云南园区经济逐渐发展壮大，园区成为云南极具活力的"增长极"。

第四节　园区的类型划分

根据我国园区的发展情况，其类别可根据园区的功能特征、经营活动特征、社会劳动地域分工区划理论以及开发模式进行划分。

一、按照园区的功能特征划分

根据园区的功能特征，可以将园区划分为经济特区、经济技术开发区、高新技术产业开发区、沿海开放经济区、保税区等。

一是经济特区。经济特区是指在一国或者地区的指定地域内实施特殊的经济策略与经济管理体制。在对外经济活动里，这些特定的区域会采用更具开放性的特殊政策，通过提供如免除关税等优惠措施来吸引外国投资及引入国外先进的技术装备，以此推动经济发展。全球范围内的经济特区形态各异，通常涵盖了诸如自由港口、自由贸易区、出口加工区以及保税区等。1979年，我国在深圳、珠海、汕头和厦门4座城市试行出口特区政策，继而于1980年将这4个出口特区更名为经济特区。1988年，自广东省划分出海南行政区，建立了海南经济特区，此为中国最大且唯一的省级经济特区。2010年，霍尔果斯、喀什两个经济特区的设立，使得我国共有7个经济特区。这两座城市紧邻沿海地区及内地，聚集先进的生产力要素推动了超常规发展。

二是经济技术开发区。经济技术开发区是经国家批准，由开放城市兴办，通过实行特殊政策集中地吸引外资和引进技术的、相对独立的经济技术区域。兴办经济技术开发区的目的，是为了积极引进我国现代化建设急需的先进技术，特别是技术、知识密集型的项目和新兴工业项目；引进科学的管理经验和信息，促进开放城市老企业技术改造和产品的更新换代，开拓新的生产领域和国际市场。[①]1984年，我国在天津、上海、大连、秦皇岛、烟台、青岛等14个沿海港口城市开始开发并着手建立经济技术开发区，大连经济技术开发区便是第一个被正式批准设立的经开区。到1988年，我国首批14个国

---

① 蔚鹏.应用钻石模型理论提升苏州工业园竞争力的战略对策研究[D].东南大学,2005.

家级经济技术开发区设立。在1992—1993年，我国第二批18个经济技术开发区被批准建立。2000—2002年，第三批共17个经济技术开发区被批准建立。随着西部大开发战略的启动，中国的国家级经济技术开发区开始从沿海、沿江城市逐渐向内陆中心城市推进并不断发展壮大。截至2021年底，我国国家级经济技术开发区已有230个，其中东部沿海地区117个，中部地区71个，西部地区42个。

三是高新技术产业开发区。高新技术产业开发区是指从事高新科学技术研究、开发以及高新技术产品生产经营的一定区域，通常是由一系列从事高新技术产业开发的企业组成的。高新技术产业的主要特点，即知识、技术密集度高，投资规模大，工业增长率高，产品附加值高。高新技术产业开发区以各大城市科技密集中心为依托，除了在税收、进出口货物和进出口业务的关税、信贷资金方面享有一定优惠外，在产品定价、企业的商务活动方面也享有一定的优惠。20世纪80年代，我国相关专家提出借鉴美国"硅谷"的发展经验在中国创办科学工业园区的建议，随后北京"中关村电子一条街"的创建为高新技术产业开发区的兴办奠定了重要社会基础。1988年5月，我国第一个国家级高新技术产业开发区——中关村科技园区在"中关村电子一条街"的基础上开始创建，中关村科技园区的创建为我国高新技术产业开发区发展奠定了基础。此外，中关村科技园区还是我国第一个国家自主创新示范区、第一个国家级人才特区，也是京津石高新技术产业带的核心园区。同年8月，"火炬计划"的实施拉开了中国高新技术产业开发区建设的序幕，成为高新技术产业开发区的重要组成部分。自20世纪90年代以来，高新技术产业开发区快速发展壮大，至2019年，我国国家级高新技术产业开发区由最初的27家已经发展到169家。

四是沿海经济开放区。沿海经济开放区与经济特区和经济技术开发区相比，总面积大幅度扩大。在利用外资、引进设备以及传统企业技术改造方面，依然实行沿海开放城市已经实行的政策。沿海经济开放区的市区和县城，以及安排在沿海经济开放区范围内，以发展出口为目标，利用外资的农业技术引进项目，经过批准都可以实行中央给予的优惠政策。1985年1月，中共中央、国务院在北京召开长江三角洲、珠江三角洲和闽南金三角座谈会，提出把上述3个"三角"区开辟为沿海经济开放区的建议，并在同年2月决定将其开辟为沿海经济开放区。1988年，国务院进一步扩大沿海经济开放区范围，把辽东半岛、山东半岛、环渤海地区的一些市、县和沿海开放城市的所辖县列为沿海经济开放区。1992年，国务院批准将韶关、河源、梅州3市列入沿海经济开放区，同时将大亚湾、南沙两地区开辟为经济开发区，至此形成珠江三角洲经济开放区——粤北、粤东北山区的多层次、多类型、多功能的对外开放格局。至今，我国沿海经济开放区包含长江三角洲、珠江三角洲、闽南三角地区、辽东半岛、山东半岛、环渤海等沿海地区。

五是保税区。保税区是指经国务院批准设立、海关实施特殊监管、可以较长时间存储商品的特殊经济区域。保税区的三大功能：保税仓储、出口加工、转口贸易，其享受免证、免税、保税政策。保税区有保税仓库区和综合保税区两种，两者在对外开放层次、政策支持力度、功能完备程度等方面存在差异。1990年，我国建立了第一个"境内关外"保税区——外高桥保税区，园区内允许外商投资经营发展保税仓储、加工出口等业务。保税区作为我国对外开放的门户，是我国国内外经济交通的窗口，对我国贸易经济起到重要作用。随后，我国大力发展保税区。2015年，国务院办公厅印发《加快海关特殊监管区域整合优化方案》，我国开始发展开放层次更高、优惠政策更多、功能更齐全、手续更简化的综合保税区，它整合了原来保税区、保税物流园区、出口加工区等多种外向型功能区。截至2021年1月，我国综合保税区共147个，保税港区2个，保税区9个，出口加工区1个。

二、按照园区的经营活动特征划分

根据园区的经营活动特征，可以将园区划分为工业园区、农业园区、旅游园区、物流园区等专业园区。

一是工业园区。工业园区一般是指以能源、原材料工业为主的工业区，以制造业为主的工业区，原材料和加工工业比较发达的工业区。工业园区内的产业类型通常为早期较为发达的产业，例如制造业、纺织业、运输业、石化业等。工业园区用途较为丰富，除了作为工厂、厂办等一般工业设施之外，亦可提供高科技产业，甚至有研究机构与学术机构进驻。[①]根据工业园区的功能性质，可将工业园区定义为适应当地工业经济发展，缓解工业对城市发展的生态压力，为工业企业提供良好发展的外部环境，提供网络通信、水、电等基础设施，引导工业企业向驻在地经济发展集中的特殊区域。我国

---

① 刘月明.基于区域竞争力分析的工业园区产业规划研究[D].天津大学,2013.

工业园区起源于1979年蛇口工业园区的创建，发展至今，工业园区类型丰富、级别各异。

二是农业园区。农业园区是在土地资源合理利用、农业生产布局和结构调整、因地制宜实行农业技术改造的基础上，在一定时期内，确定开发治理方向和目标，选定重点开发的区域。农业园区既超脱各专业部门，又寓于各专业部门之中，更具有综合、超前，跨区域、跨部门的发展前景。我国首次出现农业园区概念是在20世纪90年代，中国与以色列建立了合作关系并开始建设农业科技园区。这种园区的投资主体涉及国家、地方与企业，利用了现代化的农业设施和技术，也算是现代农业园区的雏形。2021年末，国家发布了《国务院关于印发"十四五"推进农业农村现代化规划的通知》，其中提到要建设现代农业园区。现代农业园区建设需要集聚更多资本、人才、科技等要素，需要将科技研发、营销服务等市场主体集中于园区内，以此推进地区农业现代化。现代农业园区的基本功能包括生产加工、示范、孵化、辐射、研究、教育等，主要特点包括功能多元化、效益最大化、技术集约化等。

三是旅游园区。旅游园区的存在是为了解决风景开发与工农业发展的矛盾。各地旅游资源具有一定相似性，旅游行业的发展现状、发展方向也是大同小异。在地区规划建设一个或多个旅游中心时，要深入了解各地旅游资源特点和发展方向，充分利用主要驱动因素的引导作用，保持行政区域的整体性和区域的连续性。中国旅游园区的发展与文化产业紧密相连，在以旅游业为基础的前提下，聚合发展各类文化产业，有力结合文化与旅游。同时，加快地区旅游转型升级和促进地区文化的发展与传播，例如龙门文化旅游园区、开封宋都古城文化产业园区、禹州市（神垕）钧瓷文化产业园区等。此外，还有与农业相结合的旅游园区，这对我国农业、农村、农民现代化的发展具有重要意义，有利于实现生态、社会、经济效益的统一。

四是物流园区。随着物流行业的快速发展而产生了物流园区这一概念，物流园区是为了集约化、专业化开展物流产业活动，在物流产业较为集中的区域划定的包含物流基础设施、物流相关企业的较大空间的特定区域，具有降低物流成本、提高物流工作效率、形成集聚优势、实现物流产业升级的作用。由于土地、环境等方面的需求，物流园区通常在城市外圈，远离城市中心。物流园的建设优化了城市物流设施和空间布局，同时在推动物流设施集约化和物流联合作业方面发挥着重要的作用。1998年，我国第一个物流园区——深圳平湖物流基地建立，这时对物流园区仅定义为从事专门物流产业和具有公益公共性质的集中独立区域。2006年，《物流术语（GB/T18354）》对物流园区的定义进行新解释，指出物流园区是未来实现物流设施集约化和物流运作共同化的区域。[①]2009年，何黎明在《中国物流园区》一书中对物流园区功能和意义进行了阐述，物流园区通过产业集聚、资源整合、物流服务模式的优化提高城市物流的组织化水平和集约化程度，对于促进区域经济发展和空间规划有重要意义。

三、按照社会劳动地域分工区划理论分

按照社会劳动地域分工区划理论分，可分为国家级园区、省（市）级园区、省内（地市）园区、县（市）园区等。

一是国家级园区。国家级园区以经济特区、部分经济技术开发区、部分高新技术产业开发区、部分旅游园区为代表。

二是省（市）级园区。省（市）级园区以沿海经济开放区、部分经济技术开发区、部分高新技术产业开发区、部分旅游园区、边境贸易区为代表。

三是省内（地方）园区。省内（地市）级园区是国家的基层园区，以部分经济技术开发区、部分高新技术产业开发区、部分旅游园区、部分工业园区、部分农业园区、边境贸易区为代表。这类园区同中、小城市的联系特别密切，是国家级园区和省（市）级园区经济发展布局的平衡区域。省内（地市）级园区更多地接近农村和城乡集体与个体经济，民间的、城乡的、传统的经济联系也反映在园区内。中心城市的经济水平、科学技术水平、文化教育水平、社会组织管理水平的高低直接影响到省内（地市）级园区的发展。

四是县（市）园区。县（市）园区的基础是县（市）行政区，因为每个县（市）都有传统的社会经济联系，各县（市）都有自己的政治、经济、文化中心，各县（市）区在经济结构上也各有特色。另外，县（市）行政区在我国是设置计划经济委员会和对外经济贸易委员会的基层地区，并负责编制和实施经济一体化较理想的地域单元，也是贯彻国家宏观政策和实施调控的基层单元。县（市）园区就是在此条件下创建的，具有国家给予的吸引外资和引进先进技术的最基本权限。

---

① 骁峰.山东盖世国际物流集团企业发展战略研究[D].山东师范大学,2012.

四、按照园区的开发模式划分

按照园区的开发模式进行划分，可以分为政府主导园区、企业主导园区以及政企主导园区等。

一是政府主导园区。政府主导园区是由地方政府出面，包办规划设计、土地一级开发以及招商引资，即政府代行开发商的职能，政府和开发商的角色合二为一。以"城市+高新区/经开区"命名的工业园区，大多属于此类。这类园区以政府机构为依托，利用政府资源进行园区建设和管理运营，但可能存在灵活性低、效能差等问题，在规划、招商和运营执行能力较弱的地方园区，烂尾现象极易发生。

二是企业主导园区。企业主导园区是由自带产业的大型企业开发建设的产业园区。这种产业园区，由于运营商本身就自带产业，园区的主导产业一般都与开发企业的产业一脉相承，或者是相关的产业。企业利用自身的产业吸引力，吸引相关产业及产业上下游企业入驻，从而实现对政府的经济效益和社会效益的兑现。企业主导园区运作由企业控制，一般为重资产模式，其经营效率较高、周期短，但可能存在税收优惠政策低等问题。

三是政企主导园区。政企主导园区是指以城市发展时间为建设周期，企业与政府自愿合作，同时参与园区规划、建设、运营的全过程，通过一种或多种产业为驱动力带动城市新型发展，形成具备生产、住宅、公共设施等完整城市功能的区域。这种园区政企联营，一般以PPP模式或者特许经营模式为主，能有效调动政企资源，在以人为核心的新型城镇化背景下，产业新城是该园区的主要形式。

第四章 园区经济发展政策环境

园区经济作为区域经济发展的重要引擎，对于促进产业集聚、优化资源配置、提升区域竞争力具有重要意义。政策环境作为园区经济发展的关键因素，其重要性不言而喻。本章通过深入梳理分析园区经济发展的政策环境，以期为各地制定和实施园区经济发展政策提供有益参考。

第一节 中国园区经济发展政策

中国特色的高新技术产业化道路是支撑引领高质量发展的重要力量，经过30多年的发展，国家高新技术产业开发区已经成为我国高新技术产业发展的一面旗帜，相较其他园区而言，高新技术产业开发区具有经济持续稳定增长，更加注重区域生态环境的建设，在区域经济发展中起着关键的支撑作用，推动行业新业态和产业高端化等特点，对我国经济、社会、科技、生态等各方面的发展具有极其重要的推动作用。因此，有关园区经济发展的政策以高新技术产业开发区为例来进行说明。

一、《关于推进农业高新技术产业示范区建设发展的指导意见》政策

提高农业产业技术是实现农业现代化发展的核心，是保障粮食安全的基础，是推进农业现代化强国建设的关键。与发达国家相比，我国农业是弱势产业，农业技术还存在一定差距。然而，建立农业高新技术产业区，不仅可

以助力我们领先全球农业科技创新领域、推动中国农业走向现代化，还能提高我国农业在国际上的竞争力和综合效益。此外，农业高新技术产业示范区将通过体制机制的创新，全面提升我国农业科技园区的建设水平。

（一）出台背景

1997年和2015年，国务院分别批准建立杨凌、黄河三角洲农业高新技术产业示范区，虽然农业高新技术产业示范区的建设取得了一定成效，农业科技有效提升，农业现代化加快推进，新型农业经营主体规模培育，但是我国农业还面临发展不平衡不充分、农业技术还有待提高等问题。为了加快我国农业现代化发展进程，深入推进农业供给侧结构性改革，以服务农业增效、农民增收、农村增绿为主攻方向，加快推进农业高新技术产业示范区发展，国务院办公厅于2018年印发并实施了《关于推进农业高新技术产业示范区建设发展的指导意见》（以下简称《指导意见》）文件，《指导意见》对于我国各类农业园区各方面的发展具有重要积极的推动作用。

（二）出台目的

一是通过大力发展农业高新技术产业，提升农业产业的竞争力。园区通过高端人才的引进和培育、先进技术的推广应用、农业高新技术企业的培养，发展农业高新技术产业，从而大幅度提升中国农业的劳动生产率、土地产出率和绿色发展水平，提高农业产业的国内外竞争力。二是通过"一区一主题，一省一示范"的设计，解决制约中国农业发展的若干重大瓶颈问题。示范园区坚持"一区一主题"的原则，围绕重大瓶颈问题，集聚创新资源，协调各类主体，调动地方政府的责任心和积极性，推动政产学研深度融合，为其他同类地区的园区发展提供发展标杆。三是通过体制机制的创新，全面提升中国农业科技园的建设水平。农业科技的研发，技术转移转化和推广应用，都需要技术推广应用的试点示范，而示范区就是农业科技园区的一种高级形态，农业科技园区又是农业科技成果转移转化成功的实践。因此，通过示范区建设在国家层面进行顶层设计来理顺体制机制，能为农业科技园区的建设发展提供现实样板。

（三）制定实施意义

首先，该《指导意见》是首次以农业高新技术产业为主题，从国家层面系统指导农业高新技术产业示范区建设发展的重要文件，对于深入实施乡村振兴战略，推动农业全面升级、农村全面进步、农民全面发展具有重大战略意义。其次，该《指导意见》是以习近平新时代中国特色社会主义思想为指导，以实施创新驱动发展战略和乡村振兴战略为引领，以深入推进农业供给侧结构性改革为主线，以坚持创新驱动、深化体制改革、突出问题导向、推动融合发展为基本原则，以服务农业增效、农民增收、农村增绿为主攻方向，集聚各类要素资源，着力打造农业创新驱动发展的先行区和农业供给侧结构性改革的试验区。因此，《指导意见》的实施，对于带领我国各类农业园区国际化发展和发展质量的提升具有重要意义。

（四）主要内容及意义

一是培育创新主体。孵化一批研发投入大、技术水平高、综合效益好的农业创新型企业，不仅为园区内部添加了发展新活力，还能够提高园区科技创新能力，促进园区高质量发展。

二是做强主导产业。因地制宜发展主导产业，充分推广、应用和研发农业高新技术，提升主导产业的技术创新水平，为园区农业特色主导产业发展提供动力的同时，也增加了园区产业经济收益。

三是集聚科教资源。引导高等学校、科研院所的科技资源和人才向示范区集聚，不仅为农业产业发展注入新生动力，壮大园区人才队伍，还为园区科技创新和高质量发展奠定基础。

四是培训职业农民和促进融合共享。提升农民职业技能，优化农业从业者结构，推进一、二、三产业融合发展，推动城乡融合发展，充分提升了园区的区域发展带动能力，农民质量和产业结构的优化为园区周边农业现代化提供了良好发展条件，为园区周边农业经济快速发展提供了基础。

五是推动绿色发展和强化信息服务。发展循环生态农业，推进农业资源高效利用，发展智慧农业，加强信息技术与农业农村全面深度融合，推动园区农业产业绿色发展转型，是实现园区可持续发展的必要途径，也是降低园区生产成本、提高经济收益的重要手段。

六是加强国际合作。结合"一带一路"建设和农业"走出去"战略，统筹利用国内国际两个市场、两种资源，不仅能带动园区国际化发展，还能提高园区农业产品在国际上的竞争力。

（五）四大政策措施

一是财政支持政策。即以中央财政现有资金和政策渠道为基础，通过支持公共服务平台建设、农业高新技术企业孵化、成果转移转化等手段，不断完善财政支持政策，推动农业高新技术产业发展。

二是金融扶持政策。即综合采取多种方式引导社会资本和地方政府在现行政策框架下设立现代农业领域创业投资基金，通过政府和社会资本合作（PPP）等模式，不断创新金融扶持政策，支持农业科技成果在示范区转化落地和不断推动示范区的基础设施建设。

三是土地利用政策。即坚持依法供地，在示范区内严禁房地产开发，合理、集约、高效利用土地资源，落实好土地利用政策，将示范区建设成为节约集约用地的典范。

四是科技管理政策。即在落实好国家高新技术产业开发区支持政策、高新技术企业税收优惠政策等现有政策的基础上，进一步优化科技管理政策，推动农业企业提升创新能力。

二、《关于促进国家高新技术产业开发区高质量发展的若干意见》政策

国家高新技术产业开发区经过30多年发展，已经成为我国实施创新驱动发展战略的重要载体，在转变发展方式、优化产业结构、增强国际竞争力等方面发挥了重要作用，走出了一条具有中国特色的高新技术产业化道路。高新技术产业虽然存在开发难度大、研发经费高、劳动力技术素质需求高等问题，但其具有较高的经济效益和社会效益，是国家发展经济、军事、医疗、航空航天等领域的关键。因此，我国必须大力发展高新技术产业，建设国家高新技术产业开发区，走中国特色的高新技术产业化道路，来提升我国的综合国力。

（一）出台背景

1991年，国务院发出《关于批准国家高新技术产业开发区和有关政策规定的通知》，在各地已建立的高新技术产业开发区中，再选定武汉东湖新技术开发区等26个开发区作为国家高新技术产业开发区，随后国家高新技术

产业开发区数量逐渐增加。2020年，为了促进国家高新技术产业开发区高质量发展，发挥好其示范引领和辐射带动作用，国务院印发了《关于促进国家高新技术产业开发区高质量发展的若干意见》（以下简称《意见》）文件，《意见》对国家高新技术产业开发区的发展要求、方向等方面提出了建议，对我国高新区的高质量发展具有重要的引导意义。

（二）出台目的

一是通过高新技术成果产出、转化和产业化机制，推进园区产业全球价值链中高端化。通过抢占未来科技和产业发展制高点，构建开放创新、高端产业集聚、宜创宜业宜居的增长极，是提高园区产业发展质量的必要手段；通过高新技术与实体经济深度融合发展新兴产业，立足区域资源禀赋和本地基础条件做强特色产业，是推动园区产业中高端化的必要途径。二是通过创新体制机制，改善创新创业环境，加快园区治理体系和治理能力现代化。良好的园区治理体系和治理能力是园区发展的助推剂，不断探索园区治理模式，严格园区组织管理，优化园区内部发展环境，激发创新主体活力，才能更高效地推动园区发展。三是通过优化园区布局，提升自主创新能力等，提升高科技园区的全球影响力。国家高新技术产业开发区要不断加强顶层设计，优化整体布局，强化园区示范带动和推动区域协调可持续发展作用，吸引国内外投资合作，才能不断提高扩大园区自身影响力，推动园区国际化发展。

（三）制定实施意义

该《意见》牢固树立新发展理念，以坚持"发展高科技、实现产业化"为方向，坚持创新驱动、内生增长的发展路径，不断集聚创新资源和创新要素，完善创新创业生态，推进科技成果转化和专业化，注重发展的质量和效益同步提升，努力将国家高新技术产业开发区打造成创新驱动发展示范区和高质量发展先行区，对于园区内创新创业氛围的营造、企业和产业国际竞争力的提高、科技自主创新能力的提升具有重要的意义。

（四）主要内容及意义

一是着力提升自主创新能力。通过大力集聚高端创新资源，吸引培育一流创新人才，加强关键核心技术创新和成果转移转化，来提高国家高新技产业开发区的创新能力以及推动园区内技术创新、标准化、知识产权和产业化深度融合，对于园区科技化和产业化发展具有重要意义。

二是激发企业创新发展活力。通过支持高新技术企业发展壮大，积极培育科技型中小企业，同时加强对园区内各主体科技创新创业的服务支持，来壮大园区内各主体发展实力，激发国家高新技术产业开发区的发展潜力。

三是推进产业迈向中高端。通过大力培育发展新兴产业，做大做强特色主导产业，推进园区产业向高端化、智能化、绿色化发展，同时利用产业关键产品和技术推动园区特色主导产业形成集聚效应和品牌优势，以实现园区产业高质量发展。

四是加大开放创新力度。通过推动区域协同发展，打造区域创新增长极，让国家高新技术产业开发区融入全球创新体系，在更好地发挥园区的扩散带动效应的同时，拓宽园区海外新兴市场，推动园区与国际创新产业高地联动发展。

五是营造高质量发展环境与加强分类指导和组织管理。通过优化营商环境、深化管理体制机制改革、加强组织领导、强化动态管理等，从园区质量发展和政治管理两个方面优化园区的发展环境，推进园区高质量发展。

（五）五大发展方向

一是坚持创新驱动，引领发展。以创新驱动发展为根本路径，优化创新生态，集聚创新资源，提升自主创新能力，引领高质量发展。二是坚持高新定位，打造高地。牢牢把握"高"和"新"发展定位，抢占未来科技和产业发展制高点，构建开放创新、高端产业集聚、宜创宜业宜居的增长极。三是坚持深化改革，激发活力。以转型升级为目标，完善竞争机制，加强制度创新，营造公开、公正、透明和有利于促进优胜劣汰的发展环境，充分释放各类创新主体活力。四是坚持合理布局，示范带动。加强顶层设计，优化整体布局，强化示范带动作用，推动区域协调可持续发展。五是坚持突出特色，分类指导。根据地区资源禀赋与发展水平，探索各具特色的高质量发展模式，建立分类评价机制，实行动态管理。

三、《"十四五"国家高新技术产业开发区发展规划》政策

国家高新技术产业开发区是带动区域经济发展的关键，为了更好地推动全国各省各地区域经济的发展，国家高新技术产业开发区的建设地点应该更加广泛，由东部向西部延伸扩展，做到东部大部分地级市和中西部重要地级市基本覆盖。此外，还要鼓励有条件的高新技术产业开发区建设国家自主创新示范区，在更高层次探索创新驱动发展新路径，以提高高新技术产业开发区的发展质量，强化其创新功能，推动我国东、中、西部协调发展。

（一）出台背景

"十三五"期间，国家高新技术产业开发区在创新体制机制、转变发展方式、优化产业结构、增强国际竞争力等方面取得显著成效，为推动高质量发展发挥了重要示范引领和辐射带动作用。截至2020年底，国家高新技术产业开发区总数达169家，其中东部70家、中部44家、西部39家、东北16家，建设了21家国家自主创新示范区，成为实施创新驱动发展战略的重要载体，但总体而言，中西部地区与东部地区差距较大。为了协调东、中、西部地区经济发展，推动高新技术产业开发区高质量发展，推进国家自主创新示范区建设发展，2022年11月，科技部印发关于《"十四五"国家高新技术产业开发区发展规划》（以下简称《规划》）的通知，《规划》在《国务院关于促进国家高新技术产业开发区高质量发展的若干意见》的基础上，根据我国的新发展阶段和国际更趋复杂严峻的形势，对高新区"十四五"时期的发展提出了更高的要求。

（二）出台目的

一是突出优化国家高新区和自创区的发展布局。通过提升产业链供应链安全，落实国家重大区域战略和有效发挥地方资源禀赋，完善东部地区布局，加大在中部、西部、东北以及特殊类型地区布局力度，鼓励有条件的地方整合国家高新区资源打造国家自创区，对国家重大战略的全方位支撑引领作用具有重要推动意义。二是率先建成"五大高地"的发展目标。率先成为支撑科技自立自强的创新高地、更具有吸引力的人才高地、具有国际竞争力

的产业高地、服务新发展格局的开放高地以及制度与政策创新的改革高地的发展要求，对国家高新区的发展具有重要战略导向作用，在强化发展质量与效益、产业结构优化、创新能力提升、创新创业活力、绿色低碳发展等方面具有重要引导意义。

（三）制定实施意义

一方面，面对百年未有之大变局的加速，该《规划》继续坚持以"发展高科技、实现产业化"为方向，坚持科技创新和体制机制创新双轮驱动，以推动高质量发展为主题，以强化创新功能、支撑高水平科技自立自强为主线，以培育具有国际竞争力的企业和产业为重点，以营造良好创新创业生态为抓手，全面建设创新驱动发展示范区和高质量发展先行区，以此要求国家高新技术产业开发区为创新型国家建设做出新的更大贡献；另一方面，该《规划》是"十四五"国家科技创新规划体系的重要组成部分，《规划》提出到"十四五"末，国家高新区数量达到220家左右，实现东部大部分地级市和中西部重要地级市基本覆盖，以国家高新技术产业开发区为载体，推动东中西部经济协调发展，优化国家高新区发展布局以解决发展不平衡不充分问题。

（四）主要内容及意义

一是增强科技创新策源能力。通过支持国家高新区集聚高端科教资源，提升基础研究和应用基础研究水平，加强园区关键核心技术研发，来壮大国家战略科技力量以及优化国家高新区布局。

二是汇聚国家战略人才力量。通过支持国家高新区建立完善各类人才支持培养政策，培养高水平人才队伍；鼓励国家高新区探索市场评价人才机制，创新人才发展机制；支持国家高新区坚持以人为本，强化综合保障与公共服务，优化人才服务保障，以此来集聚多层次创新人才，壮大国家高新区人才队伍，提高园区科技人才转化科技成果水平。

三是建设世界级产业集群。通过鼓励国家高新区着力发展特色主导产业，壮大战略性新兴产业，引导数字技术和制造业、服务业深度融合，培育未来产业，以此来深挖国家高新区发展潜能，推动园区产业高质量国际化发展。

四是壮大创新型企业群体。通过鼓励国家高新区持续扩大高新技术企业数量，提升高新技术企业核心竞争力，支持高成长企业发展，培育科技型中小企业，以此来建设科技领军和世界一流企业，提高国家高新区发展内生动力。

五是促进绿色化智能化融合发展。通过在国家高新区强化对绿色低碳技术的研究和应用，规划并建立低碳产业专业园，培育绿色产业集群，布置数字化和智能化的绿色低碳设施和平台，以此来促进园区内的绿色低碳产业的发展。

六是强化区域协同与辐射带动和深化园区开放合作。鼓励国家级高新技术开发区成为所在地区的科技创新引擎，并推动其形成"一区多园"的发展模式。同时，指导各地利用国家级自主创新示范区构建起"中心区—扩散区—扩散点"的发展框架，探索开展跨地域性的国际科学研究园区建设，共同创建"一带一路"科技产业园合作机制，以这种方式助力国家实施重要区域战略，充分发挥国家级高新技术开发区在全国范围内的协调发展功能。

（五）五大率先高地

一是率先成为支撑科技自立自强的创新高地。具体是指国家战略科技力量不断聚集壮大，关键核心技术、前沿引领技术和颠覆性创新取得重要突破，涌现出一批具有世界影响力的重大原创成果，在更多战略领域构建先发优势。

二是率先成为更具有吸引力的人才高地。具体是指在关键领域集聚一大批战略科技人才、一流科技领军人才和创新团队，青年科技人才、企业家队伍和高水平创业群体加快成长，形成具有国际竞争力的人才制度体系。

三是率先成为具有国际竞争力的产业高地。具体是指产生一批具有强大国际竞争力的科技领军企业和世界一流企业，高新技术企业、瞪羚企业、独角兽企业、科技型中小企业群体持续壮大，科技、产业、金融循环更加顺畅，成果转化效能显著提升，形成若干世界级创新型产业集群，培育一批未来产业。

四是率先成为服务新发展格局的开放高地。具体是指东西合作、南北互动等跨区域园区合作取得显著成效，"一带一路"科技园区合作取得重大进展，全球创新资源集聚辐射能力显著增强，创新环境的国际化程度大幅提升，开放合作水平明显提高。

五是率先成为制度与政策创新的改革高地。具体是指管理体制改革深入推进，突破性、首创性、引领性改革持续探索，形成一批可复制可推广的先行先试政策，专业化、市场化服务能力持续增强，适应新产业、新业态发展的制度环境不断完善。

（六）九大发展行动

一是科教资源集聚区建设行动。该行动是指通过规划建设专门功能区、集聚高端科教资源以及完善科技服务网络的方式，来提升国家高新区创新能级，推动一批有条件的园区率先建设科教资源集聚区，夯实特色产业和重点领域创新能力。

二是应用场景建设行动。该行动是指通过明确场景建设方向、发布场景机会清单以及完善场景促进机制的方式，围绕前沿科技和未来产业发展、消费升级、园区治理等需求，促进新技术新产品落地应用。

三是未来产业培育行动。该行动是指通过建设未来产业科技园、未来产业技术研究院和完善未来产业培育机制的方式，充分发挥高等院校、科研院所、大学科技园等优势，促进基础研究和前沿科技成果转化。

四是高水平科技创业促进行动。该行动是指通过建设高质量孵化载体、汇聚高水平创业人才以及完善专业化精准服务的方式，推进创新创业纵深发展，培育一批具有标杆效应和高成长潜力的创新型企业。

五是科技与金融深度融合行动。该行动是指通过建设科技金融创新服务中心、发展积分贷等新型科技信贷以及精准开展科技企业上市融资服务的方式，强化金融对科技产业的支撑作用，实现金融、科技和产业良性循环。

六是园区绿色发展行动。该行动是指通过制定绿色技术目录、培育绿色领军企业以及建设低碳产业专业园的方式，推动国家高新区绿色发展，促进科技创新引领绿色高质量发展路径的形成。

七是数字园区建设行动。该行动是指通过推进园区基础设施数字化、加快培育数字产业、推动产业数字化转型和建设园区大数据平台的方式，全面深化国家高新区数字化转型，提升园区发展质量和服务能力。

八是跨区域园区合作行动。该行动是指通过开展多种形式结对子合作、建立完善利益共享机制以及探索跨区域合作政策创新的方式，支撑东西合作、南北互动，促进发达地区与特殊类型地区的跨区域合作。

九是"一带一路"园区国际合作行动。该行动是指通过共建国际科技合作园区、支持企业高水平"走出去"和探索国际开放政策的方式，推动园区深度融入共建"一带一路"大格局，实现互利共赢。

第二节　云南园区经济发展政策

一、《云南省工业园区产业布局规划（2016—2025年）》政策

云南省地处祖国西南边疆，毗邻东南亚和南亚地区，自然人文资源丰富，少数民族聚居，区位条件极为独特，战略地位十分重要。工业园区是产业集聚发展的重要载体，是对外开放的窗口，是经济发展和城市化进程的推进器，因此，大力发展工业园区经济，不仅利用好了云南的区位优势，且对云南整体经济发展极为重要。

（一）出台背景

2015年，云南全省共有132个工业园区，全省工业园区全部主营业务收入达12488亿元，工业总产值达到9750亿元，规模以上工业增加值2930亿元，园区内共拥有高新技术企业659户，园区经济发展水平日益提高，科技创新水平逐步提升。为了提高工业园区内产业间的集聚度、发展主导特色产业、合理布局产业分布、保护社会和环境的可持续发展等，云南明确园区功能定位和主导产业，优化产业和空间布局，发布了《云南省工业园区产业布局规划（2016—2025年）》（以下简称《规划》）文件，以推进工业园区经济的发展。

（二）出台目的

《规划》以"统筹、集群、创新、协调、开放、绿色"为发展原则，以规模总量、产业集聚、科技创新、绿色集约、配套建设为发展方向，推动工业园区高质量发展。一是优化工业园区产业布局。通过园区产业功能区划和产业定位，使得园区产业分工明确、规模和特色类型分工多样，工业园区产业布局体系集群化发展。二是促进产业绿色转型和提高园区科技创新能力。

根据工业园区现有的产业基础和未来发展导向，实施园区建设五大工程，促进工业园区产业创新水平、体制机制改革、产业发展转型、营商环境优化和资源有效分配，实现园区碳排放总量和强度下降，实现绿色发展进一步协调。

（三）制定实施意义

一方面，国家出台了"一带一路"、沿边金融综合改革试验区、滇中新区等一批重大发展规划，而《规划》在该一系列国家重大战略密集叠加的背景下，指明了工业园区的发展方向和思路，对云南拓展工业对外开放的深度和广度，推动全省工业园区转型升级具有重要意义；另一方面，在产能过剩严重、市场竞争加剧、邻省园区发展政策不断完善以及面对南亚东南亚国家低成本生产优势的形势下，给云南工业园区的发展造成了巨大的压力，实施《规划》有利于将云南工业园区打造成为全省经济重要载体和主力军、创新驱动先导区和引领区以及东南亚的辐射源。

（四）主要内容及意义

一是提出了产业功能区划和明确了重点园区的产业定位。通过结合区域资源及比较优势，将园区划分为"创新驱动引领区""产业提速增效区""沿边开放与绿色发展区"三大功能区；按照"2+2"产业和"1+2"的产业原则，明确了"10+50"及省级园区的主导产业和辅助产业，对于形成差别竞争、有序发展的工业园区发展新格局和解决园区产业同质同构、主导不明问题具有重要意义。

二是确定了产业集群化培育方向和重点产业布局。通过园区产业功能区划和定位，按照"园区承载产业、产业支撑园区"的发展理念，根据园区现有的产业基础和未来发展导向，《规划》明确重点布局信息、新材料、先进装备制造等11类产业，对于培育和打造产业集群作为提升园区产业竞争力有重要作用。

三是实施园区建设五大工程。围绕工业园区转型升级建设需求，全面实施基础设施配套支撑、园区整合优化、产业创新驱动、园区体制机制创新、园区营商环境优化五大工程建设，以提升园区发展质量，实现园区可持续发展。

四是优化园区产业保障措施。从规划组织领导、体制机制保障、财政资金引导、政策配套、考核评价等方面提出了保障措施，为园区发展提供了资金、政策的全面保障。

（五）三大功能分区

"创新驱动引领区"是指围绕昆明市、曲靖市、玉溪市、楚雄州，打造全省工业发展创新驱动引领区。以昆明为全省工业创新核心区，推动曲靖、玉溪、楚雄围绕产业上下游协调联动发展，以资本和技术密集型产业布局为导向，重点布局和发展先进装备制造、生物医药、电子信息、节能环保、新能源和新材料、生产性服务业等产业，巩固提升烟草、化工、冶金等传统产业优势，推动工业创新发展，提升产业综合竞争力和辐射带动能力，促进全省产业转型升级。

"产业提速增效区"是指围绕工业基础相对较好的大理州、保山市、红河州、文山州、昭通市，打造云南省工业产业提速增效区。以生态环保型、清洁载能型、劳动密集型和外向型产业布局为导向，重点布局和发展生物医药、汽车、化工、清洁能源、冶金（黑色金属、有色金属加工）、电子产品等产业，加快与创新引领区互动发展，促进工业跨越式发展，成为"云南速度"的重要支撑。

"沿边开放与绿色发展区"是指围绕德宏州、临沧市、普洱市、西双版纳州、丽江市、迪庆州和怒江州，依托区域特色和资源优势导向，重点布局和发展生物医药、旅游产品加工、食品和消费品制造（茶加工、农特产品深加工、林加工）、清洁能源、出口商品加工等生态型、外向型特色产业，打造沿边开放合作前沿阵地和绿色产业基地。

（六）重点园区定位及作用

一是国家级园区。国家级园区是云南各类开发区的领跑者，是带动区域经济发展的重要引擎和增长极，对云南整体经济发展起示范带头作用。国家级园区在明确园区主导产业基础上，着力提升要素利用水平，促进园区产业结构的调整与升级。二是省级园区。省级园区是支撑全省工业跨越式发展的主力军，肩负做大全省工业规模总量的重任。省级园区产业定位要依托现有产业基础和资源禀赋，着力提升冶金、烟草、建材等传统优势产业，加快发展先进装备制造业和延伸产业链，加大运用高新技术和先进适用技术改造传统产业的力度。支持资源优势明显和产业基础较好的省级园区培育发展新兴产业，形成更多新的经济增长点。三是其他重点园区。与国家级和省级园区相比，其他园区发展基础相对薄弱。依托产业现状和资源条件，重在充分挖掘潜力和立足长远发展，形成国家级、省级园区的重要补充。

（七）重点产业

一是信息产业。具体包括新一代信息技术产业和电子信息制造业。二是生物医药和大健康产业。具体包括中药（民族药）产业、生物技术药产业、化学药产业以及大健康产业。三是新材料产业。具体包括稀贵金属新材料、高端金属结构材料以及前沿新材料。四是先进装备制造业。具体包括智能制造装备、汽车制造及零部件、新能源汽车、轨道交通装备、电力和新能源装备、节能环保装备、农业机械装备以及五金机电加工业。五是特色食品制造业。具体包括大健康食品、野生菌加工、螺旋藻加工、核桃加工、茶加工、咖啡加工、芳香产品以及石斛加工。六是特色消费品制造业。具体包括纺丝产业、木雕及红木家具、珠宝玉石加工、旅游工艺品制造、日化产品制造以及林产品加工业。七是冶金产业。具体包括有色金属精深加工业以及钢铁行业。八是化工产业。具体包括石油化工产业、磷化工产业以及现代煤化工。九是烟草配套产业。具体包括烟用辅料、烟草机械、包装材料等烟草配套产业。十是建材产业。具体包括特色石材、建材陶瓷以及水泥行业。十一是生产性服务业。具体包括信息服务业、现代物流产业以及科技服务业。

（八）五大工程建设目的

一是基础设施配套支撑工程的目的。为了达到省级重点工业园区基础设施建设全部达到"七通一平"，州市级特色工业园区全部达到"五通一平"（给水、排水、电力、道路、通信、产地平整）的要求，提高园区绿色发展水平，建成一批绿色生态型园区和产城（镇）融合发展的工业园区。二是园区整合优化提升工程的目的。为了形成以国家级工业园区为引导，省级工业园区为支撑，产业集中度逐步增加，空间布局体系不断优化的园区产业发展体系。同时构建与异地园区合作共建的利益共享机制，探索园区跨区域管理模式。三是园区产业创新驱动工程的目的。为了提高工业园区企业创新能力，推进一批重大关键技术突破，实现一批重大创新成果产业化，组织一批重大应用示范工程。四是园区体制机制创新工程的目的。为了优化全省园区体制机制，构建起政府主导与市场运行相结合，管理体制突破创新、运营机制规范高效的新局面。五是园区营商环境优化工程的目的。为了形成园区大、中、小企业协作、协调发展，中介服务及商务配套功能更加完善的园区营商环境。

二、《云南省推动重点产业园区高质量发展若干政策措施》政策

重点产业园区是为各类园区做发展示范试点，引领各园区高质量发展的特殊园区，对带动区域产业园区整体发展有重要作用，同时能为区域高质量跨越式发展提供更强支撑。在对产业国际化、绿色低碳化、数字智慧化等发展要求的时代下，云南迫切需要发展各类重点产业带动云南产业高质量发展，并对重点产业园区发展要求做出新的引导，以更好地发挥重点产业园区的引领作用。

（一）出台背景

2021年，云南全省园区营业收入达1.9万亿元，园区完成工业总产值（预计数）11000多亿元，约占全省工业总产值的65%以上；形成了绿色铝、绿色硅、生物医药、新能源电池材料等特色产业集群，其中全省产值超千亿元的产业达到9个；全省5家国家级经济技术开发区实现主营业务收入达到6451亿元、地区生产总值1745亿元、外贸进出口639亿元人民币，分别比上年增长11%、9.7%、17%，均高于全省同类指标增速；河口边境经济合作区经济总量在全国17家边合区中跃居第二位、西部地区第一位，云南园区经济发展质量稳步提升。为了进一步加快云南产业园区的高质量发展，2022年1月24日，云南省人民政府印发了《云南省推动重点产业园区高质量发展若干政策措施》（以下简称《措施》）文件，发布了第一批重点产业园区名单，以带动云南全省产业园区经济高质量发展。

（二）出台目的

《措施》出台目的是以集群化、低碳化、数字化、高端化为方向，聚焦产业升级、机制创新、服务优化，将重点园区打造成为全省制造业、高新技术产业和生产性服务业集聚发展平台、全省经济增长极和高质量发展先行区，并充分发挥重点产业园区在改革创新、开放合作、集群集约、绿色低

碳、数字智慧等方面的示范引领作用，以带动全省产业园区整体提升，为全省高质量跨越式发展提供更强支撑。针对云南全省产业园区发展水平不一、层次差别较大的实际，为将有限资源聚焦重点、形成示范，《措施》通过打造多元化、现代化、绿色化的重点园区，推动云南重点产业园区高质量发展，做好其带动示范作用，对云南全省产业园区整体提升具有重要意义。

（三）制定实施意义

随着时代发展要求的变化，产业园区发展对用地问题、资金问题、人才引进以及科技创新等需求更加严格，而集群化、低碳化、数字化、高端化也逐渐成了园区经济高质量发展的关键词，云南园区急需高质量发展转型。《措施》的制定和实施，有利于将园区打造成为全省制造业、高新技术产业和生产性服务业集聚发展平台、全省经济增长极和高质量发展先行区，对云南全省产业园区经济高质量发展具有重要意义。

（四）主要内容及意义

一是促进重点园区集群化低碳化数字化高端化发展。《措施》提出以优化园区空间布局为目的，以打造标准化现代园区为标准，聚焦打造数字化智慧园区、集群化高端园区、低碳化绿色园区、科研型创新园区，推动重点园区多元化、现代化高质量发展，为全省园区起到更好的示范带动作用。

二是强化资源要素配置保障。以用地、资金、人才、创新四要素为重点方向，通过加强重点园区用地保障，加大财税扶持力度和重点园区融资服务，加强创新人才培引，以保障重点园区各要素配置的完善，保障重点园区良好的发展基础。

三是优化提升营商环境和深化体制机制改革。通过创新审批方式、提高办事效率、提升通关便利等打造云南信用、服务、效率品牌；通过建立健全激励机制，优化重点园区机构职能，强化经济功能定位，以此助推重点园区内企业的发展，以更大力度激发重点园区产业延链、补链、强链动力。

（五）打造标准化现代园区措施

一是支持标准厂房建设。鼓励按照引进产业需求，配套建设高标准厂房。支持两层以上、统规统建的工业标准厂房建设，由园区所在地州、市人民政府根据实际情况给予支持。二是完善现代物流设施。支持园区建设大宗物资运输场站、智能立体仓库、货物配载中心等设施，支持园区发展冷链物流智能监控与追溯平台。根据发展需要，支持连通园区铁路专用线建设。三是加强公共服务配套。高标准推进园区"七通一平"等基础设施建设，根据发展需要，支持园区教育、医疗、文化、社区服务等设施建设，实施园区净化、绿化、美化工程，打造宜居宜业园区。

（六）打造数字化智慧园区措施

一是全面实施数字化改造提升。将园区新型基础设施建设纳入全省数字经济建设统筹推进，对园区企业创建数字产业创新中心、智能工厂、智能车间等予以重点支持。统筹工业和信息化、新型基础设施方面资金对园区企业数字化改造予以奖补。到2025年，力争园区规模以上制造业企业数字化应用水平实现较大突破。二是加快新一代信息技术推广应用。支持园区科学布局建设公共信息、技术物流等服务平台，推动大数据、云计算、区块链、人工智能、物联网等新一代信息技术与园区深度融合。

（七）打造低碳化绿色园区措施

一是推动园区全绿电供应。优先保障园区使用绿色能源，支持园区企业通过电力市场化交易等方式，逐步实现园区全绿电供应。对参与绿电交易的企业，提供绿色用电凭证，打造零碳品牌。二是推进园区节能降碳。强化"三线一单"管控要求，建立园区生态环境准入清单和高耗低效整治企业清单，依法处置不符合要求的"两高"项目。对园区内"腾笼换鸟"和企业技术改造，不新增能耗指标、建设用地指标的，在符合国家法律法规前提下，简化审批流程，积极推行告知承诺制。三是推进园区循环化改造。按照"一园一策"原则，编制园区循环化改造方案。统筹各级节能降耗资金，实施环境优化改造项目。对列入园区循环化改造清单项目，优先推荐争取中央预算内资金支持。四是支持示范园区建设。统筹各类要素保障示范园区建设，对成功创建为国家生态工业示范园区、循环化改造示范试点园区、绿色低碳示范园区、低碳工业园区、绿色工业园区的，省级有关专项资金给予重点支持。

三、《云南省"十四五"产业园区发展规划》政策

产业园区是以产业集聚为核心的创新创业平台，是产业集聚发展的重要载体，是推动工业化、城镇化发展和对外开放的重要平台，在改善区域投资环境、引进外资、促进产业结构调整和发展经济等方面发挥着积极的辐射、示范和带动作用，对提升我国城镇化质量和促进区域经济发展具有十分重要的战略意义。《云南省"十四五"产业园区发展规划》（以下简称《规划》）对产业园区"十四五"时期的发展指明了方向，提出了明确的要求，对于云南推动产业强省建设、加快园区高质量发展意义重大。

（一）出台背景

"十三五"以来，云南全省各级各类园区坚持"两型三化"产业发展方向，不断培育主导产业、优化空间布局、完善基础设施、健全体制机制，产业园区总体水平不断提高。"十三五"期间，建成营业收入超500亿元园区11个，其中超1000亿元园区5个，昆明高新技术产业开发区和昆明经济技术开发区2个园区营业收入超2000亿元。创建国家企业技术中心3个，累计认定国家小型微型企业创业创新示范基地14个、国家级中小企业公共服务示范平台9个、国家技术创新示范企业3个。楚雄高新技术产业开发区升格为国家级高新技术产业开发区，云南腾冲经济技术开发区被列为国家重点支持的县城产业转型升级示范园区。为了进一步提高云南全省产业园区发展质量，解决要素配置问题，完善园区管理机制，2022年8月30日，云南省人民政府办公厅印发了《云南省"十四五"产业园区发展规划》文件，以促进云南产业园区高质量发展。

（二）出台目的

《规划》立足新发展阶段，分析研判"十四五"时期云南省产业园区发展面临的形势，以坚持规划引领、统筹发展，坚持创新驱动、高端发展，坚持节约集约、绿色发展，坚持深化改革、开放发展，坚持聚焦重点、集群发展为基本原则，从优化发展布局、经济规模显著提高、质量效益全面提升、创新能力不断增强、绿色发展全面加强、开放水平显著提升、管理机制不断健全等7个方面提出了具体目标，以解决产业园区发展质量有待提高、要素配

置有待加强、管理机制有待完善等困难和问题。该规划的出台对于云南各级各类园区体制改革的推进、投资环境的改善、产业集聚的引导、开放型经济的发展等发挥了重要作用。

（三）制定实施意义

一是在国家加快构建以国内大循环为主体、国内国际双循环相互促进的新发展格局下，需要加快建设更高水平开放型经济新体制，培育完整内需体系、挖掘消费潜力，优化升级产业链供应链，推动服务贸易高质量发展等，《规划》的制定和实施，能让云南产业园区更好发挥区位、原材料等优势，参与国内国际产业分工，助力"大循环、双循环"新发展格局的加快构建。二是在碳达峰碳中和目标背景下，需要加快能源结构调整、产业转型升级，推动绿色低碳生产生活方式的形成。《规划》的制定和实施，能进一步发挥云南清洁能源优势，推动云南绿色能源和绿色制造深度融合，同时对园区绿色低碳转型提出更高要求。三是在新一轮科技革命和产业变革下，人工智能、智能制造、大数据、云计算等新技术催生了新的经济模式和生产组织关系，《规划》的制定和实施，对云南产业园区在创新能力提升、高端人才引进、战略性新兴产业培育方面有更高的要求，推动产业园区紧跟时代发展步伐。

（四）主要内容及意义

一是优化园区空间布局。一方面，围绕"滇中崛起、沿边开放、滇东北开发、滇西一体化"区域协调发展格局，构建与全省区域经济相协调的"一核、一带、多点"园区发展空间布局；另一方面，结合云南省参与全球、全国产业链现状，立足产业基础，围绕资源能源优势和市场需求，坚持全省"一盘棋"统筹布局，明确了以新材料产业、生物医药产业、先进装备制造产业、绿色食品加工产业、电子信息产业、化工产业、卷烟及配套产业为主的七大重点产业布局，对云南产业园区多元化、现代化和布局合理化发展具有重要意义。

二是理顺园区管理机制。通过坚持规划引领，创新运营模式，完善监测评价体系，理顺管理机制，为产业园区高质量发展提供坚实的制度保障。

三是完善园区功能配套。按照统筹规划、合理布局、适度超前的原则，统筹园区与周边区域基础设施建设，加快基础设施"七通一平"和公共服务配套，对于加快产业园区数字化建设和产城融合性发展起到重要推动作用。

四是增强园区创新能力。通过围绕产业链部署创新链，完善科技创新平台和创新创业服务体系建设，加快科技成果转化，着力提升园区集聚创新要素能力，加强创新人才培养，来打造创新驱动的引领区，不仅实现了重点园区的高质量发展，还能带动云南全省产业园区的创新发展氛围和能力。

五是加快园区绿色发展。通过强化"三线一单"约束，完善绿色发展机制，推动园区向绿色化、低碳化、循环化转型，为全省绿色低碳循环工业体系的构建提供支撑，为全省产业园区资源的综合利用、产业的绿色化改造、土地的集约利用以及环境的污染防治提供技术支撑。

六是推动园区开放发展。通过将服务融入新发展格局，强化跨境、跨区域、跨园区协同发展，打造一流营商环境，推动园区与自贸试验区联动发展，来提升园区开放发展水平，促进园区产业优势互补、协调联动、错位发展，吸引更多生产要素到园区集聚，并提升园区内产业链供应链发展水平，推动园区积极参与国内分工和国际合作。

七是强化园区招商引资。通过放大云南资源、市场、生态等优势，围绕重点产业，优化引资结构，突出重点招商，加强招商队伍建设，努力把园区打造成为全省招商引资的重要平台，对全省经济发展起到关键推动作用。

（五）"一核、一带、多点"具体内容

"一核"是指以滇中城市群（昆明市、曲靖市、玉溪市、楚雄州以及红河州北部7县市）园区为载体，发挥人才、科技、市场、资本等要素集聚优势，以昆明市为龙头，以战略性新兴产业为导向，围绕把新材料产业打造为千亿级新兴支柱产业目标，大力发展有色金属新材料、化工新材料、稀贵金属新材料、光电子微电子及半导体新材料、新能源材料，统筹布局生物医药、先进装备制造、绿色食品加工、卷烟及配套、电子信息等产业，培育发展未来产业，推动产业向精深加工发展，强化科技创新，大力发展总部经济、数字经济，壮大生产性服务业，推动先进制造业和现代服务业深度融合，着力打造创业创新高地、战略性新兴产业高地，成为全省工业发展核心增长极，助推滇中崛起。

"一带"是指依托沿边州、市（保山市、普洱市、临沧市、红河州南部6县、文山州、西双版纳州、德宏州、怒江州）园区，推动产业集聚发展，构建全省开发开放发展带。主动融入新发展格局，利用好国内国际两个市场、

两种资源，强化招商引资和对外开放，积极发展进出口贸易加工、消费品制造、商贸物流、跨境电商等外向型产业，推动园区绿色发展，打造沿边开放的重要平台和面向南亚东南亚辐射中心建设的重要支撑，助推沿边开放。

"多点"是指以昭通、大理、丽江、迪庆等州、市园区为支撑，结合地区特色，充分发挥比较优势，围绕以绿色硅、绿色铝为重点的新材料产业以及生物医药、化工、绿色食品加工、电子信息等产业，推动产业集群化、规模化发展，打造特色产业集群，建设全省工业发展重要支撑点。

（六）七大重点产业

一是新材料产业。具体包括绿色硅产业、绿色铝产业、钛产业、铜产业、铅锌产业、钢铁产业、稀贵金属新材料产业以及新能源电池材料产业。二是生物医药产业。具体包括现代中药产业、生物制药产业、化学制药产业、医疗器械产业以及工业大麻产业。三是先进装备制造产业。具体包括智能装备、新能源汽车、节能环保装备以及重化矿冶及农机装备。四是绿色食品加工产业。具体包括制糖工业、肉制品加工业、乳制品加工业、精制茶制造业、果蔬加工业、坚果（核桃）加工业、野生菌加工业、咖啡加工业以及其他农副食品加工业。五是电子信息产业。具体包括电子信息制造业、软件和信息服务业、新一代电子信息产业。六是化工产业。具体包括石油化工、磷化工、煤化工、硅化工、盐化工以及精细化工。七是卷烟及配套产业。具体包括香精香料、印刷包装等卷烟配套产业。

四、《2023年推动经济稳进提质政策措施》政策

该政策内容涉及资源经济、口岸经济、园区经济等方面的发展，本书在分析《2023年推动经济稳进提质政策措施》（以下简称《措施》）内容时，只选取涉及园区经济部分的内容。

2023年是贯彻党的二十大精神的开局之年，做好经济工作意义重大。云南省人民政府连续多年出台了保持经济平稳健康发展的政策措施，为更好推动全省经济发展、确保目标任务顺利实现发挥了重要作用。为推动2023年全省经济平稳发展，云南省人民政府早安排、早部署，在认真学习中央、省系列会议精神，分析研判2023年经济形势的基础上，结合2022年稳经济系列政策评估情况，聚焦云南省经济发展的薄弱环节和重点方向制定有针对性的政

策，引导社会预期、提振市场信心，推动经济运行整体好转，形成了《2023年推动经济稳进提质政策措施》。

（一）出台目的

2023年是实施"十四五"规划承上启下的关键之年，做好经济工作意义重大。该措施以激发市场主体活力，推动经济运行整体好转为目的，以培育市场主体、培育壮大"三个经济"、推进重点产业发展等为方向，来激发云南经济发展潜力，充分发挥云南比较优势和增长潜力，不断创造经济增长新优势，推动云南经济发展稳中求进、进中提质，对云南经济稳定发展具有重要意义。从大力发展园区经济的角度来讲，该措施将园区经济作为推动全省经济高质量发展的重要抓手之一，聚焦云南经济和产业发展的短板和瓶颈，通过政策引领、资金支持、产业强化等方面不断深挖园区建设的潜力，努力将园区发展成为产业强省的主引擎、区域发展的增长极、深化改革的先行区，以加快云南经济的发展步伐。

（二）制定实施意义

在"加快形成以国内大循环为主体、国内国际双循环相互促进的新发展格局"背景下，园区作为经济双循环的重要载体，发展壮大园区经济，是云南主动融入国家发展战略、实现高质量跨越式发展的关键一招。2023年云南省人民政府工作报告中强调要"全面振兴园区经济"，随后印发的《措施》中再次提出要"大力发展园区经济"。因此，全面振兴园区经济，是云南经济工作的重要任务之一，《措施》的制定和实施对推进云南经济高质量发展具有重要意义。

（三）主要内容及意义

一是沿边产业园区经济发展。通过全面落实国家税收优惠政策支持沿边产业园区发展，支持在享受西部大开发企业所得税优惠税率的基础上，按规定实行民族自治地方企业所得税优惠政策，支持磨憨、瑞丽、河口等沿边产业园区基础设施、公共服务配套设施建设。云南沿边地区是其对外开放的门户，是对外交往和经贸合作的桥梁，推动沿边地区产业园区经济发展是云南经济发展重要动力，对云南对外贸易起到重要的支撑作用。二是推进全省园区经济发展。首先是完善园区基本建设，通过资金支持，不断完善园区基础设施和公共服务配套设施建设；其次是利用政策倾斜，对开发区内符合条件的重大技术改造项目给予支持，鼓励引进生产性服务业企业落户开发区；最后是通过有关部门以"一对一"的方式，支持各地依托独有资源优势和市场竞争力的特色产业，打造一批"小而特""小而精""小而高"特色园区。

（四）特色园区的重点打造行业

特色优势园区重在打造云南独有资源的特色产业。特色园区主要针对的行业有：一是特色资源优势突出，在全国具有标志性或不可替代性，如部分中药材。二是相关产品在所属领域市场上占有较大份额，质量标准较高，具有较强竞争力，如草果、橡胶。三是特色产业基础较好、产业链条完善，具有较好发展前景，在全国乃至全球有较强影响力，具有云南特色品牌效应，如咖啡。

（五）特色园区优势

一是特色优势园区不局限于在省级开发区范围内，不规定特色优势园区数量，可采用"园中园"形式建设，也支持没有省级开发区的县（市、区）设立特色优势园区，对发展成效好的特色优势园区可设立为省级开发区。二是特色优势园区规划面积小，建设用地需求少，产量产值高，有利于提高土地利用率和投入产出效益。三是特色优势园区主要涉及云南省高原特色农产品，可叠加享受发改、工信、农业、林草等多个领域的政策、资金支持。

（六）企业入驻特色园区的条件

一是符合园区特色产业领域，有相关的特色产品，能够进行产业化生产，特别是产品精深加工；二是具有稳定的生产资金和完善的生产经营体系，综合效益较高，有较强的发展潜力，发展前景广阔；三是有良好经济效益、社会效益和生态效益，可保证企业自身增速稳定、效益提升，促进农民就业增收、带动产业提质增效，合理充分利用资源、保护生态环境。

（七）民族自治地方企业所得税优惠政策

民族自治地方企业所得税优惠政策是指根据企业所得税法第二十九条"民族自治地方的自治机关对本民族自治地方的企业应缴纳的企业所得税中属于地方分享的部分，可以决定减征或者免征。自治州、自治县决定减征或者免征的，须报省、自治区、直辖市人民政府批准"的规定，云南省河口、磨憨、瑞丽、临沧等地民族自治地方企业应缴纳的企业所得税地方分享部分按规定分别享受"五免五减半""三免四减半"优惠。

五、《云南省开发区振兴三年行动（2023—2025年）》政策

开发区是项目落地的重要载体，是产业强省的主引擎、区域发展的增长极、深化改革的先行区、科创资源的聚集地、对外开放的排头兵、群众就业的吸纳器，也是经济高质量发展的主阵地。开发区的能级和水平，是一个地方经济发展水平的集中展示，能级和水平越高，对经济拉动作用就越大。开发区建设与打造现代化产业体系一脉相承，因此创新开发区体制机制，以全产业链打造特色产业集群，着力引进和培育市场主体，建设一流的营商环境，全面提升开发区的承载力、吸引力、竞争力，全面提升开发区能级和水平，对全省经济社会高质量发展具有重要意义。

（一）出台目的

《云南省开发区振兴三年行动（2023—2025年）》（以下简称《三年行动》）的出台，将引导开发区创新体制机制，做强做大主导产业，引进培育市场主体，改善软硬件环境，全面提升承载力、吸引力、竞争力，做实做大做强园区经济，把园区经济增长"发动机"作用真正发挥出来，推动全省经济实现质的有效提升和量的合理增长，为实现云南"3815"战略发展目标打下坚实基础。《三年行动》的出台，从各开发区角度来讲，对园区营商环境的优化、主导产业的发展培育、园区党建质量的提升等有重要的意义；从云南省园区经济角度来讲，对于全省开发区营业收入的提高、超千亿元开发区的发展培育、工业总产值的提升具有重要推动意义。

（二）制定和实施意义

云南省开发区振兴三年行动旗帜鲜明地做出大抓产业、主攻工业的部署，明确提出做大做强园区经济的目标和路径，体现了推动开发区高质量发展的决心。纵观全省，开发区大抓招商、大抓项目的氛围日渐浓厚，延链补链强链、做强产业配套的思路越发清晰，主动作为、靠前服务的意识逐渐增

强。《三年行动》通过优化园区运营管理体制机制，升级园区公共基础设施，提高园区创新能力等，提高园区的发展水平，《三年行动》的实施对于园区经济发展水平的提高和推动云南经济社会高质量发展具有重要意义。

（三）主要内容及意义

《三年行动》针对全省开发区党的建设有待加强、体制机制不够顺畅、主导产业还不突出、软硬件环境不够优化等问题，制定了7个有针对性的行动任务，对于开发区能级和水平的提升，加快形成新的聚集效应和增长动力，推动全省高质量跨越式发展提供了强有力支撑，具有重要作用。

一是党建质量提升行动。全面加强党的领导，压实各级党组织主体责任。建立强有力的组织体系，常态化开展党支部规范化建设。统筹全省干部资源选优配强开发区领导班子，打造高素质干部队伍。二是体制机制创新行动。优化管理体制，理顺开发区内外之间、条块之间权责关系。创新运营模式，实行市场化运作。建立考核评价机制，开展全省开发区高质量发展综合评价。三是主导产业提升行动。选准培育壮大主导产业，围绕主导产业招大引强，提升招商引资质效，建立合作招商、飞地招商机制。四是软硬件设施提升行动。加快补齐园区基础设施短板，适度超前建设水、电、气等基础性生产配套设施。提升配套服务水平，合理布局生产性、生活性服务业配套设施。五是创新能力提升行动。加大研发经费投入，引导企业设立各类研发机构，开展重大技术攻关。加强科技创新平台建设。引进培育创新型企业和创新人才。六是开放水平提升行动。充分发挥国家级经开区、边（跨）境经济合作区、综合保税区开放平台作用；放宽外商设立投资性公司条件，积极吸引利用外资；支持申报建设外贸转型升级基地，积极扩大对外贸易；积极开展园区结对共建。七是要素保障提升行动。强化土地、用能保障，加大存量土地盘活处置，优化新增用地供给，优先保障度电增加值高的工业项目用电。创新项目审批监管和投融资模式，探索开展"容缺+承诺"审批改革试点，设立市场化运作的产业投资基金。强化债务风险防控防范，逐步消化解决园区债务负担，严控新增债务风险。

（四）解决创新能力不足和特色产业比较优势不明显问题的措施

一是推动实施重大科技项目。支持开发区龙头企业牵头打造创新联合体，组织上下游企业、高校、科研院所，围绕主导产业关键核心技术需求开展协同创新。省科技厅与高新区所在州（市）人民政府、高新区管委会共同出资设立科技创新联合资金，灵活采用"揭榜制""军令状制"等方式吸引高水平科研团队解决开发区产业发展核心技术难题，支持高新区提升创新能力，发展高新技术产业。

二是支持布局建设产业技术创新平台。鼓励工业园区内的公司与国内外的顶尖高校及研究组织合作建立国家级或省部级的工程研究所、关键实验室、科技创新中心、制造业创新中心、企业研发部门，并为新建的国家级别或者省市级别的创新研发设施提供资金援助。

三是支持各类企业开展研发活动。引导有研发活动的规上企业设立各类研发机构，力争实现国有规上工业企业研发机构全覆盖。各州（市）在分配省级财政研发经费投入奖补资金时，对建立研发准备金制度并有效运行的企业适当提高奖补比例。优先支持研发经费投入数额较大的开发区建设各类省级创新平台。同时，推行企业科技特派员制度。

四是加快培育一批科技型骨干企业。支持开发区加快培育、引进高新技术企业。加快培育提升科技企业孵化器和众创空间，支持有条件的企业建设离岸孵化器、飞地科研成果育成平台和科研飞地，推动科技成果、科技型企业研发环节在外地、成果产业在云南，对开发区内建设科研飞地的单位按照实际投入的30%给予研发经费补助，最高500万元。启动企业创新积分制试点，发展企业创新积分贷。支持省内外高校、科研院所、国家大学科技园和各类创新平台在开发区设立市场化运行的分支机构。

（五）提升节约集约用地水平措施

一是着力盘活存量土地。持续推进《云南省加强批而未供和闲置土地处置三年行动方案（2022—2024年）》，坚持存量土地处置与计划指标配置、成片开发方案审查、建设用地审批等相挂钩，严格落实"增存挂钩"机制。在《云南省开发区振兴三年行动（2023—2025年）》中明确提出到2023年底，全省开发区批而未供土地、闲置土地处置率分别不低于25%、30%，倒逼开发区加大存量土地盘活力度。同时，省自然资源厅正在研究拟制《云南省开发区土地出让和利用专项整治行动方案》，重点对全省开发区范围内批而未供土地、闲置土地、违法违规出让土地、违法用地等问题开展专项整治，进一步强化开发区用地管理，全面提升土地利用效率。

二是优化土地要素配置。鼓励支持开发区实行弹性年期出让、长期租赁、先租后让、租让结合等供地模式，积极引导工业企业根据实际需求缩短占地年期，避免因产业发展周期和用地时间不匹配造成土地低效利用。2022年，全省通过弹性年期出让、长期租赁、先租后让、租让结合方式供应土地20宗、869.19亩。同时，加快土地二级市场建设，上线运行云南省土地二级市场交易服务系统，促进二级市场交易规范化和便利化。推进土地预告登记转让，未完成开发投资总额25%的，允许先行签订建设用地使用权转让合同，依法办理预告登记，促进存量土地以转让方式进入市场流通，实现盘活利用。

三是建立健全激励机制。将开发区土地集约利用评价纳入开发区综合考评，评价考评成果与开发区扩区、调区、升级挂钩，逐步实现"有升有退"的动态管理。完善开发区土地利用机制，对批而未供和闲置土地处置率排名靠前的开发区，在土地要素保障方面予以倾斜支持；对排名靠后的将暂停除省级及以上重大项目、民生项目外的新增建设用地报批及补充耕地指标交易。坚持典型示范，推广宣传开发区节约集约利用案例，形成全社会广泛参与和大力支持节约集约用地的良好氛围，促进开发区高质量跨越式发展。

第五章　云南园区经济发展现状

云南位于中国西南边陲，得天独厚的地理位置和丰富的自然资源为其经济发展提供了坚实的基础。近年来，随着国家对西部大开发战略的深入推进，云南园区经济也迎来了前所未有的发展机遇。云南园区经济在产业结构调整、创新驱动发展、对外开放合作等方面取得了显著成绩，成为推动云南经济高质量发展的重要引擎。

第一节　云南园区产业发展情况

园区是产业集聚的重要平台和对外开放的重要载体，园区经济正成为承接产业转移的主引擎、产业强省的增长极。云南省聚焦重点产业打造全产业链，形成"15+7+N"全方面多层次格局，即充分发挥15个国家级开发区引领作用，打造安宁、昭阳、沾益、禄丰、泸西、砚山、祥云7个高质量发展千亿级省级重点开发区，制定"一园一策"支持政策，在西双版纳、普洱、怒江等州（市）选择橡胶、咖啡、草果等产业，建设一批"小而特""小而精""小而高"的特色优势园区。云南着力把园区作为经济发展的"主战场"，大力实施开发区振兴三年行动，全面提升开发区能级和水平，推动园区经济迈出坚实步伐。

体制机制改革持续深化。印发开发区管理办法，推动开发区规范化管理。制定深化开发区管理制度改革的措施，加快理顺开发区与所在地政府的权责关系，80%以上的开发区制定并公布了权责清单。出台全省开发区和滇中新区赋权指导目录，委托、下放74项省级行政职权。制定开发区高质量发展评价办法，引导开发区形成你追我赶、争先进位、竞相发展的良好格局。

产业集群建设加快推进。印发开发区主导产业指引，引导开发区结合产业基础、资源禀赋等因地制宜明确主导产业。推动绿色铝、绿色硅、新能源电池、生物医药、新材料、先进制造等重点产业加快向重点园区集聚，延链补链强链。2023年1—11月，6条重点产业链规上工业增加值增长13.32%。

软硬件设施逐步完善。安排省预算内投资约15亿元、申报发行地方政府专项债券约260亿元，支持园区必要紧迫的基础设施项目建设，国家级及省级重点开发区配套基础设施基本完备，全省89个开发区均实现5G网络和千兆光网有效覆盖。推动智慧园区、零碳园区建设，认定17个绿美园区、10个绿色低碳示范产业园区。

科技创新能力明显增强。"一企一策"培育指导创新型企业，开发区高新技术企业数量占全省的比重达到60%。加强科技创新平台建设，7个高新区累计建成国家级研发平台17家，占全省的比重接近50%。围绕产业链布局创新链，推动组建了云南省锡铟、铜铅锌、新能源材料、绿色铝材产业等4个产业创新联合体，2023年立项支持创新联合体攻关项目10个。

开放发展水平稳步提高。国家级及省级重点开发区实际利用外资占全省的比重达到30%左右。用好沪滇合作平台，推动上海6个国家级经开区与云南省5个国家级经开区、安宁产业园区以及上海金桥综保区与昆明综保区签订合作协议，沪滇临港昆明科技城开园运行，沪滇园区、产业项目合作深度推进。

要素保障能力持续加强。建立园区经济土地要素保障协调推进工作机制，有序推进工业项目"标准地"出让改革，83个工业项目"标准地"落地开发区。成立金融服务园区发展专班，搭建"政银企担"对接平台，加大对园区项目建设的支持力度。2023年1—11月，开发区规上工业增加值同比增长8.3%，高于全省2.8个百分点；开发区固定资产投资增长31.9%，高于全省42.2个百分点；开发区工业投资增长37.9%，高于全省17.3个百分点。开发区保持良好发展势头，园区经济作为经济增长"发动机"作用进一步凸显。

随着《云南省开发区振兴三年行动(2023—2025年)》的实施，一批经济体量大、主导产业强、示范带动作用明显的千亿级园区成为深化改革的先锋区。昆明经开区(自贸试验区昆明片区)积极推动培育5个主导产业提升计划，努力打造现代装备制造、生物医药及大健康、现代物流等主导产业，将云南打造成"绿色铝谷"样板；泸西绿色低碳示范产业园力争成为国内铝产业绿色低碳的典范；曲靖经开区、曲靖高新区全力推进新能源电池、绿色硅光伏、绿色铝深加工等千亿级产业群发展；临沧围绕边合区加快发展进出口加工和跨境商贸物流，同时加快发展高新区的绿色食品加工等，不断壮大主导产业；大理白族自治州已基本搭建完善硅光伏产业链，新能源电池产业链基本建立，绿色铝产业链也取得明显进展。

第二节　云南园区数量及分布情况

近30年的发展时间里，云南各级各类园区对促进体制改革、改善投资环境、引导产业集聚、发展开放型经济发挥了重要作用，园区从无到有，园区数量逐渐上升，园区质量也逐步提高。

2020年，云南为了提高园区经济的发展质量，对省级和国家级经济技术开发区、高新技术产业开发区、产业园区、边境经济合作区4类园区进行优化调整，全省共保留了64个开发区。其中，按照层级分类共有国家级开发区16个、省级开发区48个；按照类型分类，共有产业园区36个、经济技术开发区10个、高新技术产业开发区6个、边境经济合作区4个、综合保税区2个、重点开发开放试验区2个、其他类别开发区4个（如图5-1所示）。

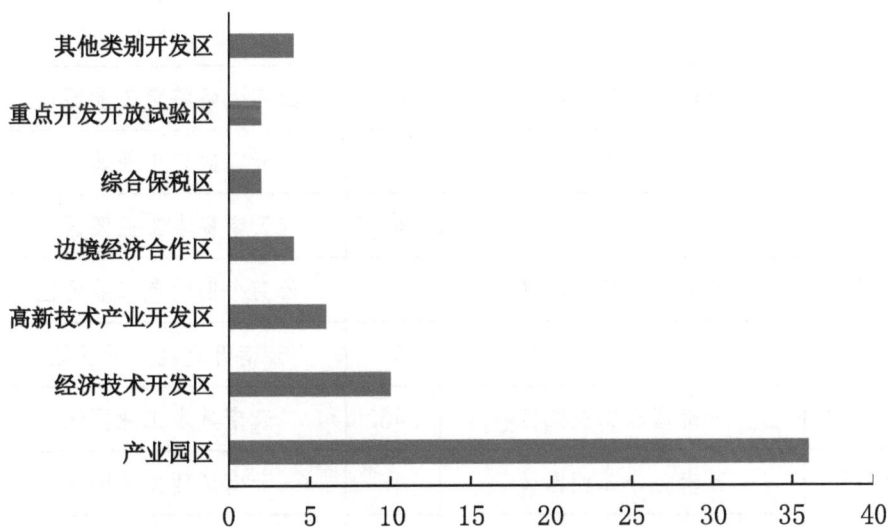

图5-1　云南各类国家级和省级开发区数量情况

工业兴则百业兴，工业强则经济强。云南坚持"工业兴省、工业富省"的发展原则，大力发展工业园区，工业园区经济现已成为引领云南经济社会发展的重要"引擎"和新型工业化的有力助推器。随着工业园区的发展，园区内催生了一批有影响力的创新型产业集群，成为云南工业发展、科技创新的重要载体。到2022年，云南共建设发展了63个省级工业园区，具体名单如表5-1所示。

表5-1 云南省级工业园区名单

序号	产业园区名称	序号	产业园区名称
1	云南五华科技产业园	33	云南普洱工业园区
2	云南省东川再就业特色产业园	34	景谷林产工业园区
3	云南呈贡信息产业园区	35	云南景东工业园区
4	云南晋宁工业园区	36	孟连勐阿边境经济合作区
5	云南富民工业园区	37	云南临沧工业园区
6	石林生态工业集中区	38	凤庆县滇红生态产业园区
7	云南禄劝工业园区	39	云县新材料光伏产业园区
8	云南寻甸特色产业园区	40	云南楚雄经济开发区
9	云南安宁工业园区	41	云南大姚特色工业园区
10	云南沾益工业园区	42	云南武定工业园区
11	云南马龙工业园区	43	云南禄丰工业园区
12	云南师宗工业园区	44	云南个旧特色工业园区
13	云南罗平工业园区	45	云南开远经济开发区
14	云南富源工业园区	46	云南建水工业园区
15	云南会泽工业园区	47	云南泸西工业园区
16	云南宣威经济开发区	48	云南文山三七药物产业园区

续表

序号	产业园区名称	序号	产业园区名称
17	云南玉溪经济开发区	49	云南砚山工业园区
18	云南江工业园区	50	麻栗坡天保边境经济合作区
19	云南澄江工业园区	51	马关县边境贸易加工区
20	云南通海五金产业园区	52	云南丘北工业园区
21	云南新平矿业循环经济特色工业园区	53	富宁边境贸易加工园区
22	元江工业园区	54	云南勐海工业园区
23	云南腾冲经济开发区	55	云南祥云财富工业园区
24	云南昭阳工业园区	56	云南南涧工业园区
25	云南盐津工业园区	57	云南巍山工业园区
26	云南大关工业园区	58	云南云龙工业园区
27	云南镇雄工业园区	59	云南洱源邓川工业园区
28	云南彝良工业园区	60	云南鹤庆兴鹤工业园区
29	云南水富工业园区	61	云南芒市工业园区
30	金山高新技术产业经济区	62	云南陇川工业园区
31	云南永胜工业园区	63	云南迪庆经济开发区
32	华坪经济开发区		

截至2022年，云南共有以发展工业为主的经济技术开发区、高新技术产业开发区、产业园区、综合保税区、边（跨）境经济合作区、海关特殊监管区域、开发开放试验区等各级各类园区（含产业集聚区）788个，全省具体产业园区分布具体情况如表5-2所示。由表可知，产业园区主要集中分布在昆明、玉溪、曲靖、红河、大理，其中昆明数量最高有391个产业园区，占比49.62%，位列全省第一。

表5-2　云南省产业园区分布统计表

序号	地州市名称	县区名称	园区数量/个	合计/个	占比
1	昆明市	官渡区	123	391	49.62%
		呈贡区	75		
		五华区	48		
		西山区	26		
		安宁市	21		
		晋宁区	19		
		嵩明县	18		
		盘龙区	15		
		富民县	9		
		禄劝彝族苗族自治县	9		
		宜良县	8		
		石林彝族自治县	7		
		寻甸回族彝族自治县	7		
		东川区	6		
2	玉溪市	红塔区	31	59	7.49%
		江川区	6		
		通海县	5		
		易门县	4		
		华宁县	3		
		澄江市	4		
		峨山彝族自治县	2		
		元江哈尼族彝族傣族自治县	2		
		新平彝族傣族自治县	2		

序号	地州市名称	县区名称	园区数量/个	合计/个	占比
3	曲靖市	麒麟区	28	55	6.98%
		宣威市	6		
		陆良县	6		
		会泽县	5		
		师宗县	3		
		沾益区	3		
		罗平县	2		
		富源县	1		
		马龙区	1		
4	红河哈尼族彝族自治州	蒙自市	14	47	5.96%
		弥勒市	9		
		建水县	8		
		个旧市	5		
		开远市	3		
		河口瑶族自治县	2		
		泸西县	2		
		石屏县	2		
		金平苗族瑶族傣族自治县	1		
		绿春县	1		
5	大理白族自治州	大理市	20	40	5.08%
		祥云县	6		
		鹤庆县	3		
		南涧彝族自治县	3		
		宾川县	2		
		洱源县	2		
		云龙县	1		
		巍山彝族回族自治县	1		
		弥渡县	1		
		剑川县	1		

续表

序号	地州市名称	县区名称	园区数量/个	合计/个	占比
6	楚雄彝族自治州	楚雄市	17	33	4.19%
		禄丰县	4		
		大姚县	4		
		南华县	2		
		元谋县	2		
		双柏县	1		
		禄丰市	1		
		姚安县	1		
		武定县	1		
7	昭通市	昭阳区	11	31	3.93%
		镇雄县	7		
		水富市	5		
		鲁甸县	4		
		彝良县	2		
		大关县	1		
		盐津县	1		
8	文山壮族苗族自治州	文山市	11	24	3.05%
		砚山县	5		
		丘北县	2		
		广南县	2		
		富宁县	2		
		马关县	1		
		麻栗坡县	1		

续表

序号	地州市名称	县区名称	园区数量/个	合计/个	占比
9	普洱市	思茅区	14	22	2.79%
		孟连傣族拉祜族佤族自治县	2		
		景谷傣族彝族自治县	1		
		江城哈尼族彝族自治县	1		
		澜沧江拉祜族自治县	1		
		宁洱哈尼族彝族自治县	1		
		景东彝族自治县	1		
		墨江哈尼族自治县	1		
10	德宏傣族景颇族自治州	瑞丽市	14	19	2.41%
		芒市	5		
11	保山市	隆阳区	14	19	2.41%
		腾冲市	3		
		施甸县	1		
		昌宁县	1		
12	丽江市	古城区	7	14	1.78%
		玉龙纳西族自治县	5		
		永胜县	2		
13	临沧市	临翔区	6	13	1.65%
		云县	4		
		凤庆县	2		
		镇康县	1		
14	西双版纳傣族自治州	景洪市	6	11	1.40%
		勐海县	4		
		勐腊县	1		
15	迪庆藏族自治州	香格里拉市	9	9	1.14%
16	怒江傈僳族自治州	兰坪白族普米族自治县	1	1	0.12%
合计				788	100%

第三节　园区经济对云南经济发展的贡献

近年来，云南将园区经济摆上了重要议事日程，将其作为推动云南全省经济高质量发展的重要抓手之一，不断壮大园区经济，在带动云南全省经济发展、提高就业率、增加人均收入等方面做出了巨大贡献。云南牢记"工业兴则百业兴，工业强则经济强"的发展理念，立足于云南省特色资源和产业基础，借助园区平台，打造具备比较优势的制造业、生产性服务业等产业集群，建设工业发展、科技创新的重要载体，并不断招商引资和接受发达地区产业转移。当前，云南全省园区经济已经进入快速发展的新时期，园区经济在推动全省社会、经济、生态发展上发挥了重要作用，其具体表现在以下几个方面。

一是推动城镇化进程。云南各地园区大部分建设在城市边缘，通过大力发展工业园区，以工业建设为重要载体进一步推动城镇化发展，再以城镇化为重要手段促进地区工业化发展，以此将园区不断发展为新城区，提高各地区城镇化水平。工业园区的建设不仅扩大了城市面积，完善了城市功能，还更有力地推进了云南城市化的发展进程。如昆明经济技术开发区，地处昆明主城区、呈贡区和长水国际机场区域中心，现已成为云南省最大的新型工业化基地、招商引资和对外贸易的重要平台、推动城市化进程的重要力量和体制机制创新的试验示范区，在云南省和昆明市的经济发展、工业化和城镇化进程中发挥着越来越重要的作用。云南嵩明杨林工业园区在2013年成功升级为嵩明杨林经济技术开发区，位于昆明规划的东北发展轴带——昆曲工业走廊。该园区大力发展高端装备制造、新型材料、食品饮料、国家战略性新兴产业等特色产业，在吸引人才、招商引资、产业集聚、区域带动等方面起到重要作用。所以，园区经济的发展对云南城镇化进程的推进起到至关重要的作用。截至2023年，云南全省城镇化率已达到52.92%，与2013年40.48%的城镇化率相比，提高了约1.3倍，云南城镇化水平提升明显，其他各州市2023年城镇化率如图5-2所示。

（单位：%）

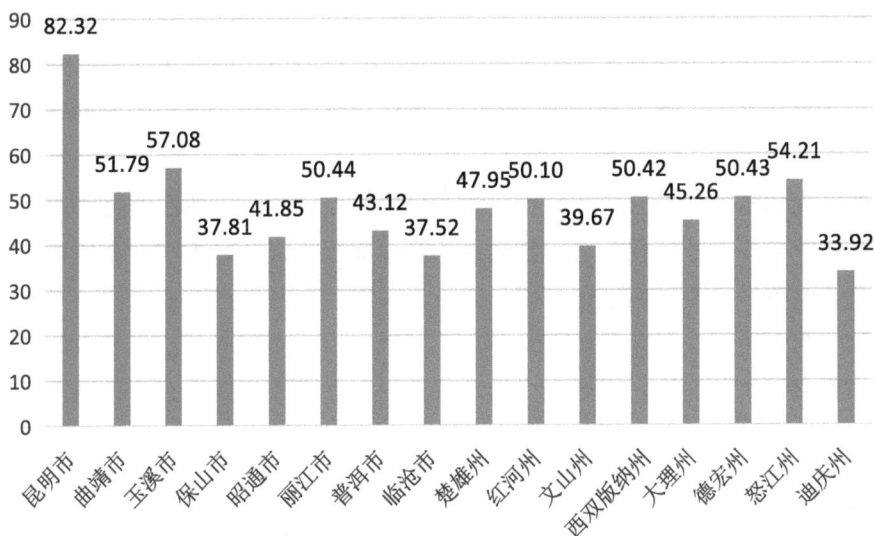

图5-2　云南省2023年各地（州、市）城镇化率

　　二是推动对外经济贸易的发展。云南地处中国边境区域，边（跨）境经济合作区的建设极大地带动了云南沿边地区发展，园区利用国内外两种资源和两个市场，通过发展特色产业、完善境内外合作机制、优化升级园区内基础设施等方式，为云南沿边开放创造良好条件，带动口岸经济的快速发展。临沧边境经济合作区作为云南国家级边境经济合作区之一，利用其优越的地理位置，打造以孟定为核心，南伞、永和互联互补的一区多园发展模式，大力培育优质农产品、生态文化旅游、商贸物流等特色产业，不断招商引资，优化园区基础设施建设，积极探寻国内外合作机会，发挥其平台、基地、载体作用，全力推动对缅开放，以带动当地区域经济发展。"十三五"期间，孟定清水河口岸边民互市贸易额增长了16倍，居全省对缅口岸互市贸易额第一位，外贸进出口总额增长了8倍，进出口货运总量增长了11倍，出入境人流量增长了5倍，孟定清水河口岸已成为全省第二大对缅贸易口岸。

　　三是推动产业转型升级。要想实现园区的高质量发展，必须处理好园区产业发展问题。近年来，各地都十分重视园区产业结构优化，在改善园区基础设施、提升园区整体功能的同时，更加重视园区的招商引力和可持续发展。作为曲靖市高新技术产业开发区三大园区之一的沾益工业园区，着力引进龙头企业，全程跟踪服务项目落地，以育链延链补链强链为抓手，促进产业规模扩大，打造有机硅、新型煤化工、绿色铝精深加工、新能源电池、劳动密集型5个百亿级产业集群，推动园区专业化、差异化、特色化发展。曲靖沾益工业园区围绕打造"先进制造基地"目标定位，锁定"两年倍增"跨越式高质量发展计划，全面展开工业园区优化提升工作，已形成有机硅新材料、新型煤化工、绿色铝精深加工、新能源电池、劳动密集型5个百亿级产业集群，为曲靖市建设云南省副中心城市提供重要支撑。玉溪高新技术产业开发区持续优化产业结构，着力推动绿色产业集聚，提升绿色产业竞争力，全力培育绿色产业发展新动能，园区内现已有绿色食品生产企业14户，其中规模以上企业10户，拥有国家级绿色工厂2个。此外，为加快推进玉溪成为"云南绿色钢城"的建设，园区大力推动太标、新兴钢铁等制造企业在钢铁延压加工工艺上的数字化、绿色化、智能化转型，以实现钢铁的绿色生产，推动产业转型升级。

四是推动城乡建设，吸纳就业人口。各园区在建设发展过程中，注重城乡一体化发展，吸纳农村人口就业，是推动农村劳动力转移的重要途径。通过园区的发展建设，将农民转变为工人，乡村改头换面变为城镇，带动当地特色产业发展，推进第三产业建设，同时改善当地交通基础设施建设、人民生活环境和生产条件。例如马龙工业园区有红桥片区、鸡头村片区、小寨片区3个片区，园区坚持"引进大项目"与"完善产业链"并举，锚定"一牛一果一花"持续壮大高原特色产业，建立起"党总支+公司+合作社+生产组+农户"的联产联利机制，推动"资源变资产、资金变股金、农民变股民"工作。园区以花为媒，举办"赏樱花、品美食、赛美装、爱必达"樱花节，发展"樱花经济"，带动旅游、餐饮、娱乐行业发展，2023年接待游客157.28万人次，实现旅游综合收入17.42亿元，休闲康旅目的地建设成效显著；园区通过免费技能培训，大力发展产业经济，以带动当地就业增收，使大部分居民实现在家门口就业，劳动力转移吸纳成效明显，城乡发展更趋协调。

五是推动资源节约绿色低碳发展。园区作为区域发展的带动示范点，其绿色发展模式和技术创新应用对区域绿色低碳发展具有重要的推动作用，园区经济的发展能大大推进区域内有限资源的节约高效利用和生态环境绿色高质量发展。在可持续发展和碳达峰碳中和发展要求的时代背景下，云南大力推进绿色产业发展，吸纳各类企业入园集聚发展，鼓励能源使用技术创新，不断壮大绿色产业规模。七甸产业园区是云南省明确的首批40个重点工业园区之一，2017年成功创建为国家级绿色园区，园区以创建成为云南省绿色低碳示范产业园区为目标，大力发展绿色食品加工、生物医药、新材料、高原特色农业等绿色产业。2023年，园区规模以上工业总产值同比增长1.9%，产值总额在昆明市13个省级产业园区中位居第三；规模以上工业增加值增长15%，增速排名昆明市第二；亩均营收突破800万元，在昆明市13个省级开发区中居前三，绿色产业经济发展成效明显。安宁产业园区是云南省唯一集石油、钢铁、磷化工三大产业于一体的省级重点产业园区，园区坚持"生态优先、绿色低碳"，以电力、钢铁、石油石化、化工、建材等行业和交通运输等领域为重点，加快节能减排共性关键技术研发以及成套装备生产，推进产业绿色低碳发展和资源利用节约。2023年，园区内已有33家高新技术企业。

六是培育大量优秀企业，推动经济快速增长。园区是创新引领经济转型的主要力量之一，为云南产业经济发展探索了成功的经验与模式。全省园区通过培育大量高质量企业，推动园区产业结构优化，构建高质量产业链价值链，引导产业集聚，提高园区创新发展能力，以推动全省经济高质量发展。2023年，昆明高新区综合实力稳步提升，主营业务收入达3223.3亿元，增长6%；"规上"工业总产值1052.2亿元，增长0.7%；固定资产投资63.5亿元；引进产业到位资金123.05亿元，向上争取资金3.9亿元；主导产业总产值达494.3亿元。同时，昆明高新区贵金属新材料产业集群获评"云南省优势型制造业集群"，生物医药、电子信息产业集群获评"云南省成长型制造业集群"，东区获评"云南省 2023 年重点培育数字经济园区"。此外，昆明高新区坚持创新驱动、转型升级，科技赋能园区发展，认定高新技术企业118户，同比增长17.4%；新增省级专精特新中小企业194户，净增117户，同比增长148.7%。昆明高新区深入实施"人才强区"战略，引进高层次人才、产业急需人才160余名；创建云南省知识产权推动高质量发展示范园区，建设国家级专利导航服务基地，入选首批国家知识产权服务业高质量集聚发展试验区。园区经济的其他主要指标也实现大幅度增长，对全省经济起到突出带动作用。

第四节 云南各州市产业园区投入情况

从云南省专项债发行情况来看，产业园区基础设施项目属于发行数量较多、平均单个项目发行金额较大的类型，属于较易发行的热门项目，项目收益来源稳定且有依据。据统计，2020—2022年，全省产业园区专债项目用作项目资本金的金额为"0"，没有用作项目资本金的情况，而资金主要用于园区标准厂房及配套设施建设，其他为配套管网、水电气等设施建设，以及配套设施提升等建设等方面，以完善园区基础设施建设。产业园区基础设施建设专项债券的发行有效缓解了园区融资难和融资成本高等问题，进一步支撑园区基础设施建设，充分发挥了撬动投资、带动发展等作用，为园区招大引强、增强园区发展后劲发挥了关键作用。

2020—2022年，云南共发行产业园区基础设施建设项目专项债638.14亿元（不含市政类项目数据），项目数量251个。曲靖、昆明、文山产业园区发债金额位列全省前3名，分别为146.8亿元、121.71亿元、74.1亿元，占3年发债总额的23%、19.07%和11.61%。从发债项目数量上看，昆明、曲靖、红河州发债数量最多，分别为49个、41个、28个，具体情况如表5-3所示。

表5-3 2020—2022年云南省产业园区
基础设施建设项目专项债发行情况统计表

单位：个、亿元

名称	2020年		2021年		2022年		2020—2022年		
	发债数量	发债金额	发债数量	发债金额	发债数量	发债金额	发债数量	发债金额	占比
曲靖市	11	38.7	13	27.08	17	81.02	41	146.8	23.00%
昆明市	12	27.08	17	50.1	20	44.53	49	121.71	19.07%
文山州	5	30.8	7	17.51	9	25.79	21	74.1	11.61%
红河州	15	15.72	8	14.65	5	39.2	28	69.57	10.90%
楚雄州	3	3.5	7	16.07	7	17.06	17	36.63	5.74%
临沧市	7	5.5	2	3.4	7	18.5	16	27.4	4.29%
玉溪市	3	7.8	3	8.49	3	10.79	9	27.08	4.24%
德宏州	4	7.9	3	3	6	16	13	26.9	4.22%
昭通市	4	7.51	1	0.4	12	18.68	17	26.59	4.17%

名称	2020年		2021年		2022年		2020—2022年		
	发债数量	发债金额	发债数量	发债金额	发债数量	发债金额	发债数量	发债金额	占比
大理州	5	6.8	—	—	8	15.8	13	22.6	3.54%
保山市	4	12.69	1	2	5	6.6	10	21.29	3.34%
普洱市	3	6.24	2	4.3	3	5.7	8	16.24	2.54%
丽江市	4	11.53	1	4	—	—	5	15.53	2.43%
西双版纳	1	0.3	1	1	1	2	3	3.3	0.52%
怒江州	—	—	1	2.4	—	—	1	2.4	0.39%
总计	81	182.07	67	154.4	103	301.67	251	638.14	100%

注：此表不含市政类项目数据。

从专项债投向领域分析，2020—2022年，产业园区基础设施建设项目发债总额占所有领域发债总额的16.66%，仅次于收费公路的项目投入，在投入占比上位列第2，具体情况如表5-4所示。其中，2020年和2021年，产业园区基础设施建设项目发债金额分别为182.07亿元、154.4亿元，在投向领域占比中分别位列第2位和第4位。2022年主要投向产业园区基础设施的金额301.67亿元，占比27.06%，仅次于交通基础设施。

表5-4　2020—2022年云南省专项债各领域投入情况

单位：亿元

项目类别	2020年		2021年		2022年		2020—2022年	
	发债金额	占比	发债金额	占比	发债金额	占比	合计	占比
产业园区基础设施	182.07	12.22%	154.4	12.59%	301.67	27.06%	638.14	16.66%
市政基础设施	147.44	9.90%	37.83	3.09%	36.61	3.28%	221.88	5.79%

续表

项目类别	2020年		2021年		2022年		2020—2022年	
	发债金额	占比	发债金额	占比	发债金额	占比	合计	占比
城乡冷链物流等物流基础设施建设	9.1	0.61%	58.44	4.77%	44.72	4.01%	112.26	2.93%
交通基础设施	74.12	4.97%	67.47	5.50%	318.22	28.54%	459.81	12.00%
保障性安居工程	95.3	6.40%	116.33	9.49%	111.41	9.99%	323.04	8.43%
生态环境保护与治理	4.2	0.28%	16.52	1.35%	19.83	1.78%	40.55	1.06%
收费公路	628.8	42.20%	254.65	20.77%	—	—	883.45	23.06%
农林水利	82.2	5.52%	216.12	17.62%	177.77	15.94%	476.09	12.43%
铁路建设	74.9	5.03%	19.83	1.62%	—	—	94.73	2.47%
文化旅游	35	2.35%	81.61	6.66%	9.51	0.85%	126.12	3.29%
学校教育	44.57	2.99%	37.72	3.08%	—	—	82.29	2.15%
医疗卫生	112.3	7.53%	155.96	12.71%	—	—	268.26	7.00%
养老	—	—	5.59	0.46%	—	—	5.59	0.15%
国家重大战略项目	—	—	2.07	0.17%	—	—	2.07	0.05%
能源	—	—	1.46	0.12%	95.26	8.54%	96.72	2.52%
合计	1490	100%	1226	100%	1115	100%	3831	100%

在国家级园区投入上，2020—2022年，云南省累计在国家级园区投入的专项总额共计100.42亿元，项目数25个，投入总额占3年全省产业园区投入总额的15.74%，具体情况如表5-5所示。其中，曲靖市投入金额及占比最大，金额为43亿元，占比42.82%。其次为昆明市，发债29.34亿元，占比29.22%。

表5-5　2020—2022年云南国家级园区投入专债项目情况表

序号	名称	项目数量（个）	发行金额（亿元）	占比
1	昆明市	8	29.34	29.22%
2	曲靖市	7	43	42.82%
3	玉溪市	5	16.59	16.52%
4	红河州	4	8.15	8.12%
5	楚雄州	1	3.34	3.33%
	合计	25	100.42	100%

第五节　云南园区经济发展前景分析

产业园区是产业集聚发展的重要载体，是推动工业化、城镇化发展和对外开放的重要平台，是区域经济发展的增长极、工业发展的主战场、产业转型升级的主阵地和招商引资的大平台。经济越发达的地区，产业园区越多，园区经济越活跃。截至2022年底，云南已有89个省级以上园区[包含高新技术产业开发区、经济技术开发区、产业园区、综合保税区、边（跨）境经济合作区、旅游度假区等类型]，其中百亿元园区达到42个，千亿元园区达到7个，其中超3000亿元园区2个（昆明高新技术产业开发区、昆明经济技术开发区），累计建成国家级新型工业化产业示范基地9个、省级基地33个。

分析云南园区经济发展前景前，首先要了解云南与其他省份园区发展差距。2021年，云南各级各类园区营业收入突破2.5万亿元。2022年更进一步，营收同比增长13%，历史性接近3万亿元，昆明经开区、昆明高新区双双突破3000亿元。云南园区经济发展水平虽然在逐步提高，但综合实力还不够强，全省园区营业收入还不及河北唐山市——全市20家开发区完成营业收入2.1万亿元。云南与江浙等园区建设头部省份，安徽、江西等"中部"省份4万多亿元的园区营业收入相比，营业收入差距更大。与邻近的四川省相比，云南经济总量仅相当于四川的51%，但云南在《云南省开发区振兴三年行动（2023—

2025年)》中提及，到2025年，全省开发区营业收入较2021年翻一番，将近5万亿元，这和四川目前的发展水平一致，而2022年四川突破千亿元级的园区就有18家，其中营业收入破万亿的园区1家、2000亿元到1万亿元的园区3家。由此可见，云南到2025年实现5万亿元的园区经营收入难度较大。

其次要找好对标省份。从整体园区实力的角度来看，园区实力其本质和县域经济一样，重点看千亿级园区发展情况，特别是全国百强园区的千亿元级园区。云南当前千亿元级园区较少，2021年云南能上榜全国园区百强的园区，只有昆明高新区，且排名相对靠后。云南在经济总量2万亿元到3万亿元板块的竞争对手中，辽宁、陕西各有3家百强园区，江西、重庆、广西、贵州也各有2家百强园区。从数量上来看，云南可以先对标江西、重庆、广西、贵州4个地区。从经济总量来看，云南2021年27146.76亿元，与辽宁、重庆相近，远高于广西、贵州，略低于江西、陕西，因此云南可以对标江西、陕西两省。结合两个角度，云南最合适的对标省份即江西。2021年，江西98个省级以上园区营业收入首次突破4万亿元，达到4.05万亿元，南昌高新区是江西全省唯一园区总收入突破6000亿元、工业营收突破3000亿元的开发区，在全国169家国家级高新区综合排名中排在第24位。虽然2021年云南昆明高新区和昆明经开区实现主营业务收入分别为2665亿元和2550亿元，与南昌高新区差距较大，但2022年昆明高新区、昆明经开区实现主营业务收入3039.6亿元和3184亿元，同时突破3000亿元大关，两园区经济体量稳中有进，按照《云南省推动重点产业园区高质量发展若干政策措施》中提到的，到2025年，培育打造营业收入5000亿元以上园区2个、2000亿元以上园区5个的发展举措，超越江西的目标并不是遥不可及的。此外，2022年云南经济总量已经达到江西的90%，两省之间的差距在逐渐缩小。

对于云南园区经济的发展前景可以从区位优势、政策支持和国际发展形势3方面进行具体分析。

一是云南区位优势明显。云南是资源大省，是沿边开放前沿，发展资源经济、口岸经济、园区经济有基础、有条件、有前景。一方面，云南气候立体，农业、矿产、文旅等资源丰富，为云南产业发展奠定了基础。通过大力发展高原特色农业、文旅康养产业、新材料产业、生物医药产业，深入推进绿色能源和绿色制造融合发展，打造具有比较优势的产业集群，可提高园区要素聚集度和产出效益，在不断提高园区经济的发展质量方面有发展前景。另一方面，云南地处中国西南边陲，具有把云南建设成为面向南亚东南亚辐射中心的地理优势，通过加快口岸园区建设，带动口岸地区产业经济发展，提高沿边物流通道能力，不断拓宽园区境内外区域合作，发展经贸投资、旅游文化、农业发展、人员培训等方面深化互利合作模式，推动云南边境自由贸易试验区持续深化改革，在园区经济国际化建设方面有发展前景。

二是云南园区经济政策支持力度加大。首先，强化政策引领，深入开展园区规模和质量提升行动，印发《云南省开发区主导产业指引》《云南省开发区高质量发展评价办法》和《云南省开发区振兴三年行动（2023—2025年）》等一系列支持园区经济发展的政策文件，为园区发展提供了动力。其次，聚焦重点产业打造全产业链，优化园区发展空间布局。推动15个国家级开发区"一园一业"高质量发展，支持7个重点省级开发区打造千亿级园区，建设一批国内一流的"小而特""小而精""小而高"特色优势园区，努力建设打造"15+7+N"的开发区振兴政策体系和发展格局。此外，提出"一核、一带、多点"的园区发展空间布局，明确了新材料、生物医药、先进装备制造、绿色食品加工业、电子信息、化工、卷烟及配套七大产业在全省的布局，明确园区功能定位，为园区经济发展指明了方向。最后，加大园区建设资金支持力度。2023年，发布提前批次地方政府专项债券112.38亿元，下达省预算内前期工作经费8540万元，支持产业园区基础设施项目建设。在防范地方政府债务风险前提下，单列安排地方政府专项债额度50亿元以上，支持磨憨、瑞丽、河口等沿边产业园区基础设施、公共服务配套设施建设。此外，对符合发行条件的，支持每个开发区按20亿元左右的额度发行地方政府专项债券，有必要可申请扩大额度，为园区经济发展提供保障。

三是国际发展形势严峻，园区经济发展意义重大。在世界百年未有之大变局下，全球供应链和产业链面临大拆解和重构，可能动摇现有的产业内分工体系。同时，在中国"加快形成以国内大循环为主体、国内国际双循环相互促进的新发展格局"的背景下，云南要主动服务和融入国家重大发展战略，以大开放促进大发展，加快同周边国家互联互通国际大通道建设步伐，因此必须大力发展园区经济。云南一方面要立足国内市场实现经济发展，推动国内产业链分工与合作，满足内需，激发区域经济、县域经济活力；另一方面要坚持对外开放，构建高质量产业链价值链，集聚全球资源，交流技术与理念。此外，云南所构建的环印度洋大通道能够同时连接丝绸之路经济带和海上丝绸之路，沟通印度洋、太平洋，并连接东亚、南亚和东南亚三大市场。因此，云南省园区作为经济发展的重要载体，必须大力发展园区经济建设，加强泛亚通道沿线园区建设，依托园区构建高质量产业链价值链，借助园区集成全球资源，生产满足国内大市场消费需求的产品，以云南园区经济助力我国经济国内外循环的发展。

第六节　云南园区经济的发展方向

云南省委十一届四次全会指出，大力发展资源经济、园区经济、口岸经济是云南发挥比较优势、打造综合优势、加快经济转型升级的重要路径，是构建面向南亚东南亚辐射中心现代化产业体系的重要支撑，必须坚持以资源换产业，以园区聚产业，以口岸推动产业融入大循环双循环。云南是资源大省，也是后发展和欠发达地区，发展不平衡不充分问题突出，推动高质量跨越式发展是最鲜明的主题、最重大的任务，因此必须加快园区经济发展，把握好园区经济发展方向。

一是发挥集群效应，促进经济内循环。首先，要培育园区创新驱动力。产业是区域经济、县域经济活力的重要依托。创新能力关乎资源配置能力和产业发展潜力，要提高园区产业自主创新能力，促进提升产业结构和产业效率。有基础有能力的园区应围绕产业链培育创新链，拓展价值链，创造条件引进具有技术影响力、产业话语权和市场辐射力的企业，培育与发展产业集群，让产业发展与结构优化相辅相成，形成知识溢出机制、共享机制，提高园区的创新驱动能力。围绕园区产业发展，创造适宜的制度环境，对土地、税收、项目审批、投融资体制等相关政策进行系统的联动性调整，鼓励制度创新，优化激励机制，促进国内大循环体系发展。其次，要搭建园区服务平台吸纳就业。吸纳外需减少所释放出的劳动力。出口产业是农村劳动力转移的主要方向，外需减少致使原有产业所吸纳的劳动力数量降低。园区通过产业结构调整，以及产业集群效应的发挥，可以创造出更多工作岗位，吸纳农村劳动力，间接推动流动人口的市民化。农村劳动力融入城市生活，将会产生大量消费需求增长，内需扩大将进一步推动经济的国内大循环。最后，要满足国内大市场产品消费需求。立足云南省特色资源和产业基础，借助园区平台，打造具备比较优势的制造业、生产性服务业等产业集群。目前云南省县域内城镇和农村居民的边际消费倾向都较低，生存型消费占比较大，发展型消费和享受型消费不足，其特征表现在家电、电子产品等设备用品的消费支出较少，并且随着乡村振兴及县域经济的发展，城乡居民的消费潜力将会得到释放。因此，园区应加快科技创新，降低生产成本，满足国内大市场的产品消费需求，推动经济内循环。

二是聚焦区位优势，助力经济外循环。首先，要加强泛亚通道沿线园区建设。在通道沿线设立园区能有效降低交易成本，承担更多外向型经济的角色。优化云南省内昆明至瑞丽、清水河通道沿线产业园区的建设，形成相互支撑、共通融合的"园区+通道"经济发展格局。利用现有的保税区、经济合作区、重点开发开放试验区，积极承接国际产业转移，推进产业转型升级，扩大对外贸易。在"引进来"的同时，做到"走出去"。将省内和国内的部分技术和产品向国外转移，促进结构调整和升级，激发经济活力。其次，要依托园区构建高质量产业链价值链。云南经济与环印度洋地区在产业结构、资源优势等方面具备承接梯次性与互补性。环印度洋地区各个国家人均国内生产总值差异大，发展层次不一；各国资源特色互补，对我国资金、技术、工业制成品有较大需求；中国与南亚东南亚、环印度洋地区的产业需求契合度高，能够进行产业结构互补。当下，云南省的产业和制造业产业层次偏低，产业链条短，产品位于价值链中低端，和邻近的中南半岛国家具有较强的相互替代性，因此在国际产业分工和产业链供应链构建中并不具备比较优势。园区是产业链供应链的主要载体，要依托现有的经济合作区、综合开发区等园区，积极发展农产品精深加工、零部件组装加工等产业，延长产业链，提升价值链。最后，要借助园区集成全球资源。第一是吸引外资流入。从微观层面来看，每个企业的比较优势是不同的，要在激烈的竞争中存活发展，需要不断进行资源重组。园区作为一个平台，积极搭建企业与外资的交流桥梁，帮助企业吸收外资投资，不仅是为了资金的流入，更重要的是理念、规则、管理、标准、技术、研发能力等竞争要素的融入。第二是引进先进技术。利用外部技术资源的国家或地区并不意味着自主技术能力的不足，双向高度参与技术的出口与进口，才能加入全球创新链当中。第三是进口自然资源。随着我国经济体量的不断加大，部分自然资源呈现出相对短缺的趋势，可以通过进口的方式补充园区制造业中部分资源的缺口。

三是云南还要努力建设成为我国面向南亚东南亚辐射中心，朝着建成南亚东南亚经济发展和产业影响带动中心方向发展，形成能够影响南亚东南亚的市场经济体系，逐步从经济末梢走向开放前沿。通过昆明托管磨憨的实践证明，借自贸试验区的发展优势，推动沿海发达地区经济技术开发区、自贸试验区与省内各类园区以及中老、中越、中缅大通道沿线合作协同发展，是云南加快构建影响辐射南亚东南亚经济体系和产业体系的必由之路，即通过借助外力来加快落后地区发展是一个可行的办法。因此，可以"飞地工业"的模式来践行合作协同发展。"飞地工业"是不同区域的行政主体，依据一定的行政协议或章程合同，通过建立健全利益协调和共享机制，推进生产要素在地区间重新配置、组合，以促进区域经济协调发展的工业经济发展模式。其发展实质是在政府主导下实现生产要素在空间上的合理配置和产业的有序高效转移。正是由于地区之间经济发展不平衡，所以急需通过合作共赢的制度设计和税收、产值等利益共享，扩大两地合作广度，加深两地合作深度，促进"飞出地"与"飞入地"优势互补和经济共同繁荣。这种发展模式刚好适用于云南当前园区经济的发展，强势的地方园区通过合作共赢的方式带动偏远经济实力较弱的园区发展。不过在探索"飞地工业"发展模式的过程中，要把握好3个原则。第一是利益原则。这是发达地区产业能否转移到欠发达地区的核心。"飞地工业"发展模式中有企业和政府两大行为主体，相应就有两个层面的利益主体。从理论上说，政府所追求的是促进要素资源在全社会的合理优化配置，促进社会经济可持续发展。而企业则是以追求自身经济利益为主。因此，"飞地工业"要能够得到顺利实施，关键是要建立"飞出地"政府与"飞入地"政府的利益协调和共享机制，保障企业自身的利益。第二是合作原则。在"飞地工业"实践中，"飞出地"与"飞入地"政府要发挥各自比较优势，摒弃"零和竞争"思维，通过合作实现两地互利共赢。第三是市场原则。市场是资源配置的重要主体。"飞地工业"的发展，从根本上说要发挥市场配置资源的基础性作用，遵循市场经济的基本规律，通过工业企业的自主决策，实现生产要素和资源在空间上合理配置和布局。只有建立政府主导、市场化运作的区域产业协调发展新模式，将各方利益机制连接起来，才能实现"飞出地"与"飞入地"的双赢。

为了推动园区经济更上一层楼，必须加快东部地区产业向云南边陲地区转移，推动东部沿海发达地区来云南省发展"飞地工业"，真正将云南园区打造成为南亚东南亚产品供给基地。第一是树立合作共赢的施政理念。先发展起来的地区与后发展的地区一定要树立合作共赢的施政理念。对欠发达地区的"飞入地"而言，不求所有，但求所在，是一种思想解放；对发达地区的"飞出地"而言，不求所在，但求所有，更是思想解放的体现。发达地区的"飞出地"要放下傲慢姿态，欠发达地区的"飞入地"也要躬身入局，大家才能一起找到对双方都好的合作路子。第二是完善区域合作的共赢机制。有了合作共赢理念，还要建立共赢机制，保障理念得到贯彻落地。区域协调合作机制主要包括建立高效运作的区域合作协调机构、建立"飞出地"政府与"飞入地"政府共同参加的协商制度和建立信息沟通共享机制。在发展"飞地工业"中，"飞出地"政府与"飞入地"政府可以对包括地区生产总值、税收、财政收入的分成比例等收益分配问题进行协商，并以行政协议、政策文件等方式予以明确。然后，按商定比例在一定时期内进行利益分成，做到互惠互利，实现合作共赢。第三是选择合适的投资模式和运作模式。基于区域经济发展理论，"飞地经济"的载体是开发区、产业园区建设。共建"飞地工业"园区可以运用"飞出地"政府投资、"飞出地"企业投资、"飞入地"政府投资、双方政府共同投资4种合作模式中的一种。究竟采取哪种模式来建设，需要"飞出地"政府和"飞入地"政府根据实际情况来选择。"飞地工业"园区在具体运作细节上也有不同模式。从目前的探索来看，一般有共管、托管、园中园、项目合作、贸易合作、交流合作等模式，各种模式也具有其特定的适应条件，每个"飞地工业"究竟要采取哪种模式，要科学论证、精准测算。第四是营造良好规范的配套环境。"飞地工业"要发展，一定要有规范良好的配套环境来支撑。欠发达地区的"飞入地"必须大力加强基础设施建设，优化投资硬环境。可以通过积极向省、国家争取预算内投资的方式来解决硬件建设的资金来源，也可通过努力向政策性金融机构争取长期低息贷款的方式来解决资金问题，还可以采取发行地方政府专项债、公司债的方式来解决项目资金问题。第五是着力改善投资软环境，出台鼓励"飞地工业"发展的政策措施。各级政府要在财税、金融、投资、土地等方面积极支持"飞地工业"的发展。政府主导性作用是"飞地工业"发展的前提，没有政府主导性作用的发挥，"飞地工业"就不存在了。毕竟，不管是"飞出地"政府与"飞入地"政府直接就企业迁移和产业转移签订行政合作协议，还是在政府层面建立了利益共享和补偿机制，政府的执行力、推动力都是首要的。

第六章　云南园区经济优势分析

第一节　云南园区经济局部优势

从云南省16个州（市）来看，昆明市在园区经济发展方面优势明显。一方面，云南省共有7个千亿元级园区，其中5个千亿元级园区都位于昆明市。一是昆明经济技术开发区，2022年完成主营业务收入3184亿元，在营收方面超越昆明高新技术产业开发区，名列云南园区营收榜首，其现代商贸物流、生物医药、装备制造业三大产业收入占园区营业收入比重达到49%，同时正在加速聚集跨境电商、数字经济等新业态。二是昆明高新技术产业开发区，2022年完成主营业务收入3039.6亿元，其贵金属新材料领域、生物医药领域、数字经济领域三大领域收入占园区营业收入比重达到72.5，其中贵金属新材料领域占比最高，实现主营业务收入1348亿元，占园区总量44.4%。以上两个园区同期设立（1992年），地处昆明，是《云南省"十四五"产业园区发展规划》文件中要求未来营业收入超5000亿元的园区，两者各具特色，但从规模、面积、功能来看，昆明经济技术开发区要略胜一筹。此外，昆明经济技术开发区还有两张"王牌"，一张是自贸试验区昆明片区，另一张是联动中老磨憨—磨丁经济合作区。2022年，这两区合计完成外贸进出口总额881.4亿元，占昆明全市的44%。园区抓住了自贸试验区发展、昆明市全面托管磨憨的重大机遇，对园区经济发展有重大意义。三是安宁产业园区，2022年完成规模以上工业总产值1259.88亿元，同比增长31.31%；完成固定资产投资163.16亿元，同比增长79.05%；规模总量和绝对值在全省开发区中强势领跑。园区正在打造以石化、冶金、绿色新能源电池为主导产业的3个千亿级产业，致力于建设成为昆明现代工业基地。四是滇池旅游度假区，主导产业以服务业为主，2022年营业收入已突破2000亿元。五是五华科技产业园区，2022年实现规模以上工业总产值375.51亿元；亩均效益超500万元，亩均税收超30万元，居昆明市产业园区前列，产业集群效应日益显现。该园区现已成为昆明市乃至云南省科技智力资源最丰富、文化创意资源最集中、创新高端载体最集聚的区域。另一方面，昆明园区经济整体发展呈现出稳步上升的趋势。2022年，全市园区主营业务收入达1.2万亿元，增长14.9%，其中以工业和信息化产业为主的13个园区，在全市3.4%的土地面积上，承载了全市83.5%的工业产值，创造出了全市15.4%的地区生产总值。此外，最接近千亿园区的七甸产业园区，以铜、铝等金属材料精深加工为重点发展方向，提出了2023年园区主营业务收入突破850亿元、规模以上工业总产值突破300亿元、亩均产值突破450亿元的发展目标。综上所述，昆明园区经济整体态势良好，不仅经济规模在不断扩大，而且产业结构也在持续优化，为昆明市的经济社会发展提供了强有力的支撑。

相较昆明市而言，其他州（市）园区经济优势较弱，强势园区较少。但玉溪市与曲靖市园区经济发展相对较好，与除昆明市外的其他州（市）相比有以下优势。玉溪市与曲靖市的园区数量在云南全省位列第二和第三，仅次于昆明市，是除昆明市以外唯一两个拥有千亿元园区的州（市），园区经济发展前景乐观。千亿级园区是当地园区经济整体实力的体现，因此通过分析两个地区的千亿级园区来体现该地区的园区经济优势。一是玉溪高新技术产业开发区，2022年实现营业收入1124亿元，完成地区生产总值591.3亿元，占全市生产总值比重23.5%；完成工业增加值535.4亿元，占全市工业增加值比重54.6%。玉溪开发区立足实施全产业链发展，着力培育壮大卷烟及配套、生物医药和新能源电池三大主导产业，打造全市经济高质量发展新引擎，助力玉溪从"烟"时代迈向"烟+药+锂"时代。二是曲靖经济技术开发区，2022年规模以上工业总产值达到657.15亿元，较2021年实现翻番；规模以上工业企业实现营业收入761.42亿元，比上年增长129.0%，园区经济发展迅速。该园区以发展硅光伏、新能源电池等新兴产业为主，2022年硅光伏产业产值同比增长254%；新能源电池产业实现产值同比增长364%，占经开区规上工业总产值的比重达到68%，首次超越曲靖经济技术开发区的传统优势产业电力供应业产值占比。曲靖经济技术开发区以绿色能源融合先进制造为突破口，围绕着光伏、新能源电池和绿色铝精深加工制造精准招商，不断吸引与之符合的上下游产业，改变了曲靖过度依赖资源的发展情况，推动曲靖经济高质量发展。

相对于昆明市、玉溪市和曲靖市，其他地区的园区经济发展在某些方面可能存在一定的劣势，但这并不意味着它们的发展前景黯淡无光。实际上，每个地区都有其独特的潜力和机遇，只要能够有效利用和充分挖掘，便能够迎来蓬勃的发展。例如，楚雄彝族自治州拥有楚雄高新技术产业开发区，是云南三大国家高新技术产业开发区之一，2022年被认定为国家级绿色园区、国家级知识产权强国建设试点园区、全省首批绿色低碳示范园区。该园区以"2主3辅"（"2主"即生物医药、新材料，"3辅"即绿色食品、绿色化工、现代服务业）主导产业体系为发展思路，充分挖掘自身潜力。园区在生物医药、新材料发展势头强劲，已经涌现多个在相关行业内口碑与效益双优的企业，绿色食品、绿色化工、现代服务业也在蓬勃发展，取得了不错的成绩。园区内各产业发展既在各自领域持续发光发热，又发挥了产业集聚优势，吸引了众多国内外投资者的目光。此外，大理白族自治州与红河哈尼族彝族自治州园区经济发展前景大好。一是大理经济技术开发区，2022年完成地区生产总值172.2亿元，主营业务收入610.89亿元。园区加快推进园区经济绿色低碳发展格局构建，坚持走绿色、低碳、循环、可持续发展的道路，全力推进产业绿色化发展，其产业主要涉及风电装备、太阳能发电装备、储能装备、先进电网装备等领域，绿色工业日渐稳固，园区管理绿色化、创建绿色化、资源能源集约节约利用成效明显，园区经济绿色发展优势逐渐明显。二是红河蒙自经济技术开发区，空间容量大，功能配套齐全，地跨蒙自、个旧、开远3市，是我国面向东盟最近、最大的国家级经开区。2021年，被商务部认定为"国家外贸转型省级基地（有色金属材料）"。2022年，蒙自经济技术开发区与红河综合保税区合并，完成规模以上工业总产值909.7亿元，在云南重点培育的10个千亿元园区之中，最有希望率先成为云南第8个千亿级园区。该园区立足产业基础，围绕有色金属及新材料、新能源电池及储能、电子信息制造3条产业链招大引强，做实做大做强园区经济。此外，蒙自经济技术开发区国家级外贸转型升级基地，成为滇南中心城市构建"原材料进口+滇南研发加工+国内国外销售"产业链循环格局的关键。可见，不同地区各有各的发展方向、产业特色，通过找准自身方向定位、利用地区生产要素优势努力打造自身园区经济优势，能够推动园区经济高质量发展。

第二节　云南园区经济整体优势

云南园区发展方向逐渐明确，主导特色产业逐渐壮大，以绿色铝、绿色硅、光伏、新能源电池等为代表的重点产业加速向重点园区布局，产业聚集效应不断释放。2022年，全省绿色铝、绿色硅、新能源电池产值分别增长36.6%、130.9%、406.5%，绿色铝硅总产值突破1800亿元，产能规模居全国前列，中国铝谷建设成效明显，硅光伏全产业链基本形成，新能源电池产业迅速壮大。云南利用独特的区位优势和绿色资源优势，大力推动绿色产业发展，打好绿色能源牌，绿色产业发展优势明显，园区经济优势突出。

从云南整体发展情况来看，云南积极打造高质量园区经济，增加千亿级园区数量，明确园区发展方向，大力发挥绿色低碳园区经济优势。云南通过选择区位、交通、资源等优势明显，具备较好产业基础、发展潜力大的7个开发区进行重点打造，全产业链发展绿色铝、光伏、新能源电池等重点产业，在基础设施配套、招商引资、要素保障、服务指导等方面给予倾斜支持，并以此为引领带动，推动全省开发区实现高质量发展。一是安宁产业园区。云南将其打造成为国内一流的新能源电池材料生产基地，发展储能电池、动力电池，引领千亿元级新能源电池产业集群。截至2023年2月，园区累计引入产业链项目46个，总投资达1355.08亿元，包括孚能科技、云南友天等7个百亿元项目，实现招商引资到位内资168.6亿元。二是昭阳经济技术开发区。云南着力培育水电硅及下游产业、水电铝及下游配套产业，努力将其打造成为千亿元级园区。2023年1—4月，园区新签约项目5个，新开工项目96个，总投资110.46亿元；完成固定资产投资71.95亿元，增长17.43%。三是禄丰产业园区，瞄准千亿元园区的发展目标，加快发展绿色钛、钒钛、光伏制造、数控装备等产业。截至2023年7月，园区已入园企业98户，其中规模以上企业22户，从业人员2.8万人。2022年，禄丰市实现规模以上工业总产值463.22亿元，同比增长25.84%，增速全州第一、全省第三。四是曲靖高新技术产业开发区，按照"一园三片区"加快布局，大力发展精细化工、绿色铝精深加工、硅光伏和新能源电池等产业集群，全力打造成为先进制造业基地。五是红河州泸西产业园区，打造绿色高端铝产业集群，加快推进绿色低碳示范产业园的建设，努力打造绿色铝千亿元级产业，同时泸西产业园区绿色铝项目全部达产后，云南将承接山东魏桥集团的产能转移，成为全国铝产业链主企业布局产能最大的省份。截至2023年2月，已有10家企业入园注册。六是砚山产业园区，大力培植"工业树"、打造"产业林"，推动绿色铝产业链向集聚化、专业化方向延伸发展。截至2023年3月，园区已入驻企业17家，开工建设项目15个，建成投产6个。2022年实现工业产值183亿元，拉动砚山县规上工业增加值增长125%。七是祥云经济技术开发区，以硅光伏、新材料（新能源电池、金属材料）为主导产业，发展绿色硅、新能源电池材料等为主导的先进制造业。2022年实现工业总产值173.08亿元，工业增加值30.7亿元，营业收入114.96亿元，完成固定资产投资34.35亿元。截至2023年7月，园区已入驻企业84家。可见，云南利用自身区位和能源优势，坚持走生态优先、绿色发展之路，努力打好世界一流"绿色能源牌"，通过源头上突出规划管控、建设上突出护绿为本、产业上突出科技添绿等举措，夯实绿色发展基础，厚植绿色发展底色，彰显园区经济绿色低碳发展的优势特点。

从全国范围来看，云南省凭借其独特的地理位置和资源优势，拥有三大园区经济优势，这些优势为云南的经济发展提供了强有力的支撑。

一是云南产业优势。首先，云南打造世界一流"中国铝谷"目标建设成效明显。2022年，建成电解铝产能570万吨，绿色铝完成产值856亿元，增长36.6%。山东创新、江苏凯隆、云南应顺、云南鑫作等一批绿色铝项目纷纷落地，浙江今飞、广东兴发铝业等精深加工龙头企业加快集聚，云南砚山绿色铝创新产业园、泸西绿色低碳产业园等园区集群发展，绿色铝产业作为绿色能源牌的重要骨干支撑，已经成为云南工业投资和工业经济新的重要增长极。其次，云南光伏制造形成全产业链格局。2022年，全省光伏产业链建成工业硅产能115万吨、多晶硅5.2万吨、单晶硅棒100GW、单晶硅片99GW、电池片5GW、光伏组件5GW。随着云南的保山通威、曲靖阳光、楚雄宇泽、楚雄晶科等项目建成投产，绿色硅产值达到1073亿元，增长130.9%，首次成为千亿元级产业。目前已经形成具有较强协同效应的"工业硅—多晶硅—单晶硅—电池片—组件+配套产业+光伏电站"的光伏全产业链。最后，云南新能源电池产业迅速壮大。2022年，全省新能源电池产业完成产值319亿元，增长406.5%。全省新能源电池项目已涵盖产业链上游正（负）极、铜箔、电解液等电池材料生产，中游动力及储能电池制造、电池模组及PACK线，下游电池应用及回收利用等关键环节，以昆明、曲靖、玉溪为重点，昭通、大理、保山、楚雄等州（市）为支撑的产业集聚发展态势初具雏形。可见，云南园区经济绿色产业优势明显，绿色能源与绿色制造融合步伐不断加快，绿色低碳示范产业园建设不断推进。

二是云南区位优势。云南西接缅甸，南毗邻老挝、越南，和东盟、南亚7个国家相邻，紧靠"两湾"（东南方向的北部湾、西南方向的孟加拉湾），与内陆地区相比对外开放优势明显，园区成为对外开放的主阵地。当前，云南省已初步形成以中国（云南）自由贸易试验区为引领，昆明、曲靖、蒙自、大理、嵩明杨林5个国家级经济技术开发区为带动，中老磨憨—磨丁经济合作区1个跨境经济合作区为重点，昆明、红河2个综合保税区，瑞丽、畹町、河口、临沧、麻栗坡、孟连6个边境经济合作区以及姐告边境贸易区为支撑的全方位、立体化开放平台体系，在云南省发展外向型经济中发挥了引领和带动作用。云南开放型园区外贸发展水平的逐渐提升，真正发挥园区经济增长"发动机"作用。可见，云南外向型经济逐渐发展壮大，园区经济对外开放发展优势明显。

三是云南资源优势。云南抓好资源高效利用，以资源推动产业发展，实现园区经济高质量发展。首先，云南绿色能源资源丰富，有助于绿色低碳产业的发展。在全国面积4%左右的土地上蕴藏了全国约20%的绿色能源，丰富的水能、风能、太阳能等资源开发潜力巨大。绿色是云南能源的底色，全省绿色能源装机占比超过85%，绿色发电量占比90%左右，清洁能源交易电量占比97%，非化石能源占一次能源消费比重的42%以上。依托丰富的绿色能源，使得绿色铝、硅光伏、新能源电池等千亿元级产业集群正在文山、曲靖、昆明、玉溪等地逐渐崛起。其次，云南文旅资源丰富，有助于旅游产业的发展。云南有"植物王国""动物王国""有色金属王国"之称，享有"世界花园""旅游天堂"的美誉，生物多样性、森林覆盖率等位居全国前列，多样的自然风光、民族风情吸引着世界目光。2023年第一季度，云南全省接待游客2.85亿人次，实现旅游总收入3374.25亿元，同比分别增长61.1%、70.4%，分别是2019年同期的1.4倍和1.3倍。最后，云南生物资源丰富，有助于云南花卉、特色高原农业等产业的发展。凭借得天独厚的资源优势，云南省花卉产业实现从小步慢跑到快速崛起、从传统生产到高质量发展的转变，鲜切花、盆花、特色花木、加工花卉等成为优势产业板块，发展业态日趋成熟，绿色食品重点产业综合产值年均增长15%以上，云花、云茶、云咖等特色农产品享誉海内外。可见，云南绿色能源资源、文旅资源、生物资源等资源优势，给各类产业园区的发展带来了绝对的先天优势。

改革开放以来，云南园区发展实现了从无到有、从小到大，在全省经济增长、产业集聚、创新发展、对外开放中发挥了重要作用。党的十八大以来，云南全省园区发展活力不断增强，创新能力不断加强，质量效益不断提升。园区产业结构和布局更加优化，优势产业向重点园区集聚趋势日渐明显，初步形成了优势互补、产业联动、区域协同、错位发展的格局。云南充分利用自身优势，不断挖掘自身优势潜能，探索园区发展方向，深挖园区产业链，发展特色园区产业，打造特有产业园区，使得园区经济不断壮大。

第七章 云南园区经济发展的突出问题

经过多年发展，云南省园区经济总体成效显著，但仍然存在综合实力不强、质量效益不高、创新能力较弱、产业集聚不够、新动能培育不足、要素保障不充分等问题，必须加快补短板、强弱项、破难题，推动园区经济实现更高层次、更高水平、更高质量的发展。

第一节　园区规划问题

园区规划是园区发展的基础，推动云南省园区经济发展不仅要重视园区内部分工布局规划，还要重视省内各地园区分布均衡。然而，当前云南存在园区建设局部重企业轻产业、整体重数量轻质量的现象和整体园区数量分布不均衡的问题。

一、园区建设"重数量轻质量，重企业轻产业"，难以形成合理分工布局

园区开发规划应更注重园区的建设质量，而不只是园区建设数量，做到少而精，而不是多而糙。园区建设的数量多但质量不高，便无法发挥园区建设的真正作用，不仅会造成资源的浪费，当地经济发展也不会得到有效提升。当前，云南各州（市）都在兴建各类产业园区，但部分地区建设过程中存在"重数量，轻质量"的现象。一方面，未经科学规划便盲目冒进新建各类产业园区，尽管引进了大量企业入驻园区，但许多入驻企业间没有形成专

业分工，企业各自为战，未能形成上下游合作的整体力量，园区经济发展不明显；另一方面，由于产业园区不是集中化、专业化的特色产业区，导致产业园区产业结构、技术积累、要素集聚和所处制造业价值链位置不足以支撑产业园区经济发展质量的提升，甚至在部分国家级经济技术开发区或者高新技术产业开发区内，企业盲目跟风，大批量投入如电子信息、生物制药、工程设备等领域，缺少根据当地实际情况制定的特有产业和应对新型工业革命和全球制造业转变所需的技术和人才积蓄，因此，园区内的产业链协调发展很难成型。

二、全省园区缺少统一规划，各地园区布局不均衡

目前，园区经济发展已成为云南推动全省经济高质量发展的重要抓手，园区是提高区域经济发展、吸引招商引资的重要载体，要实现云南全省经济高质量发展，必然要做到园区在全省各地均衡分布。然而，当前云南各地园区布局不均衡，全省园区在数量上缺少统一规划。从全省788个园区分布来看，昆明园区数量占比最高，占全省园区数量的49.62%，而其他地区园区占比在10%以下，特别是迪庆藏族自治州和怒江傈僳族自治州，其园区数量都在10以下，且怒江傈僳族自治州只有1个园区，园区分布失衡严重。当前云南7个千亿元级园区中，有5个均在昆明（昆明高新区、昆明经开区、五华科技产业园、滇池度假区、安宁产业园区）。由于缺少前期具体全面的市场调研，园区布局也缺乏整体的统筹规划，导致园区的产业定位、发展方向和发展模式等都没有明确的区分，前瞻性和指导性不强，因而普遍存在主导产业优势不突出、产业项目杂乱问题。

第二节　园区发展资金问题

资金投入是园区经济发展的保障，只有投入充足的资金才能不断促使园区经济向上发展，吸引更多的先进技术、管理理念，并引进大量先进设备，提高园区整体发展建设水平和服务环境，保障园区经济高质量发展。云南近几年陆续出台了大量政策引导各园区经济发展，虽在政策导向上园区发

展方向逐渐明确，但在园区经济发展上仍存在招商引资难、融资渠道单一的问题。

一、园区招商引资难，入驻企业整体水平低

园区经济的发展离不开园区内各企业的支持，园区内入驻企业越多，企业类型越丰富，企业质量越高，产业链越完善，园区发展越有活力，园区经济效益才能有效提升。与东部发达省份和西部部分省份相比，云南经济较为落后，工业产业不发达，产业配套体系不完善，交通等基础设施建设也存在一定差距，同时由于云南地势复杂，部分园区建设在山地缓坡之处，致使土地开发成本较高，入园企业用地价格较高，以及所处位置偏僻、远离城镇等问题的存在，导致园区招商引资难度大。虽然部分地区采取相应的优惠政策，以降低园区招商引资门槛等方式，来吸引更多企业入驻园区，但一些企业利用政府优惠政策进行囤积土地、"寻租"等，一旦优惠政策到期就迁移，导致园区实际发展活力低。一些工业园区招商引资一味依靠自身矿产、生物资源等资源优势，导致部分入驻企业科技创新能力弱，产业发展水平低，难以达到提高当地科技创新能力、吸收先进技术和学习先进管理能力的目的。此外，为了增加园区招商引资的优势，未重点在园区内发展环境和服务方式等方面进行优化，而是采用减税、让利、压低土地价格等方式进行招商引资，长此以往导致地方政府财政压力较大。也有一些园区在招商引资时缺乏明确的产业定位，导致招商定位模糊不清。这使得潜在投资者难以确定园区的投资价值和未来发展前景，从而影响了他们的投资决策。

二、园区建设资金不足，园区融资渠道单一

园区经济高质量发展，必须投入大量资金进行基础设施的建设，只有良好的发展环境才能吸引更多优质企业入驻园区，激发园区经济发展活力。园区建设需要相关政策的资金支持、多元化的融资渠道，否则资金短缺会严重影响园区建设水平，形成园区经济发展步伐停滞甚至倒退的恶性循环。云南地形以高原山地为主，园区"五通一平"等配套基础设施建设需要大量资金投入。由于云南是欠发达地区，经济发展水平低下，单靠政府资金投入难以满足园区基础设施建设。目前园区融资渠道主要以银行贷款为主，融资渠

道单一，尽管部分园区通过发行地方专项债的筹资方式来推动园区基础设施建设，但由于地区经济发展水平的差异，发债数量和金额有所不同，导致园区融资额有所差异。此外，园区基础设施建设水平低也会影响园区的招商引资，使园区难以大量引入外部资金和实现多元化的投资主体。

第三节　园区产业发展问题

园区产业是园区经济发展的核心，一个高质量发展的园区经济必然离不开产业的支撑。产业不仅能为园区创造更多的经济价值，而且高质量的产业发展还能吸引更多优质企业和更多投资，从而改善园区的发展环境，提升园区的品牌价值，提高园区整体发展水平。当前云南部分园区存在特色产业不突出、产业发展水平偏低、产业集聚性较弱等问题。

一、园区特色不突出，产业存在趋同现象

园区规划应重视园区产业的发展方向，利用当地有利资源，凸显地方特色，发展特色产业，打造园区特色品牌，以此提高园区竞争力，有效实现园区经济高质量发展。云南多数园区并未凸显其特有的产业特征，受到周边成功案例影响，他们往往会盲从跟随而非结合本地发展的特性及资源优势来制定产业发展策略。这使得他们的园区产业布局并不完整且目标不清晰，无法塑造自身的独特发展模式。同时，部分地区的政府过于关注短期的经济收益，对于主导产业的选择不够明晰。另外，企业的选址决策也有随意性，主要依据地方的支持政策和税费优惠程度来决定，从而造成产业项目的相似度不断提高，使园区的专业性和特色逐渐丧失，进而削弱了它们的影响力。园区产业的同质化发展不仅会因重复性建设造成大量资源的浪费，还会导致园区缺乏竞争力和发展潜力，阻碍园区经济的快速发展。

二、园区产业整体发展水平不高，开发强度偏低

园区产业发展质量高低与园区经济发展直接挂钩，必须不断利用科技创

新，提高产业开发力度，延长产业链条，促进园区产业优势的形成。当前，云南园区经济发展水平整体偏低。截至2022年底，全省虽有7个千亿元级园区，但仅有2个园区突破3000亿元，且在全国百强园区中，排名处于中下游位置。以云南工业园区为例，2022年的园区工业总产值超1.6万亿元，但与四川、广西等西部地区相比还存在一定差距。此外，工业园区的亩均营业收入、项目投资强度也都低于全国同类园区平均水平。同时，由于目前云南多数园区建设总体还处于企业集中向企业集群过渡阶段，入驻园区的大多是中小项目，企业规模小、科技创新能力弱，园区工业发展水平受限，导致大部分工业园区存在开发强度偏低的问题，以至于入园企业间技术和产品关联度不高，产业链不长，难以形成园区产业优势。此外，部分园区缺少战略性发展规划，产业发展思路不明确，导致园区在招商引资时缺乏针对性，再加上园区基础设施建设、管理水平等方面与园区可持续发展的配套规划不匹配，使得园区发展后劲不足，产业经济难以提升。

三、园区产业集聚性弱，产业集群未形成

园区产业集聚有利于对产业链不同环节进行专业化配置，促使产业结构不断优化，园区内市场份额提高，从而提高园区经济的发展动力和经济竞争力，不断推动区域经济发展。云南大部分园区成立初期，由于发展建设基础薄弱，导致入园企业较少，而园区为了迅速扩大园区规模，大量引进各类企业和产业，以至于园区内企业产业类型丰富。但实际中能够与当地产业基础和资源条件有效结合的企业产业较少，很多企业间缺乏内部联系，导致多数园区特色产业不突出。同时，园区不但缺少大项目、大集团的有力支持，还缺乏中小企业群的支撑，以至于园区内发挥吸引作用的产业链未真正形成，无法形成特色产业集群，缺乏竞争优势。此外，不少园区由分散布局的多个工业片区构成，园区产业集约集聚效能难以体现，园区的成本集约、规模效应的发挥仍属于低级水平。

第四节　园区人才问题

园区人才是园区经济发展的关键，高质量的人才队伍是园区发展的内在动力，能够不断提高园区的技术创新能力、管理能力和市场竞争力。当前，云南部分园区存在人才引进难、留住难，人才队伍和技术吸引能力弱，高层次领军人才和高技能人才少的问题。

一、园区高端人才引进难，人才团队与技术吸引力弱

人才的引进是园区企业赖以生存的根基，也是其蓬勃发展的根本动力，人才是园区最重要最紧缺的资源要素。当前，云南各类产业园区正在加速建设，园区数量急速增加，但由于园区所在地经济发展水平影响，部分园区特别是发展不及大城市的县级产业园，人才缺口较大。一方面，县级产业园区相对国内大中城市来说，基础相对薄弱，经济实力不强，产业链条短，缺乏资金、科研、项目等支撑，发展相对滞后。加之县级园区入驻企业以劳动密集型为主，研发类企业几乎为零，高层次人才需求不高，即使引进高层次人才也得不到施展，留不住人才已成为普遍现象。党委、政府虽然很重视人才工作，但是出台的政策福利远远跟不上大中城市，对人才不具有吸引力，留不住高精尖人才，如若仅靠企业自我引进人才，难以形成强有力的竞争力。另一方面，部分县级园区科研氛围和创新文化的培育尚未形成，不利于激发人才的创新潜力和技术团队的活力，进而影响园区对人才和技术的吸引力。

二、园区人才培育能力弱，人才流失严重

园区不但要注重高端人才的引进，更要重视园区人才培育和留住人才，如此才能有效激发园区活力，实现园区经济的高质量发展。当前云南部分园区人才培育能力弱，人才流失严重。一方面，园区相关人才专业素质提升的管理办法或政策举措较少，人才能力的提升主要依靠自身，但大多数人才自我提升意识不强，缺乏提升渠道，资源匮乏，时间紧缺，导致人才能力提升

不明显。此外，部分园区企业以生产盈利为主，高精尖人才需求不大，企业对人才专业素质提升重视不足，一味追求短期利益，缺乏改革创新举措，导致企业发展越来越缓慢，人才专业逐渐被荒废，以至于园区整体培育能力弱。另一方面，部分园区自身在管理上存在明显不足，导致很多高端人才找不到自身存在的价值与发展的方向，进而选择离职或者跳槽，或是园区管理根本机制存在问题，如园区氛围、员工福利、激励机制与约束机制没有做出明确的规定，致使人才产生一定的迷惘，直接或间接导致人才的流失。此外，部分园区只追求经济效益不考虑园区的持续性发展，忽视人才的福利待遇和未提供一定的进修和提升机会，使得很多人才在园区中并没有得到与本身付出成比例的回报，从而导致人才流失。

第五节 园区营商环境问题

营商环境是园区经济发展的重点，良好的营商环境能为园区内企业提供更多的发展空间，促使其科技水平提高，产业转型升级，提高园区经济的发展质量。当前，云南部分园区营商环境存在基础设施不完善、服务意识差等问题。

一、园区基础设施不完善，影响企业入园积极性

园区的基础设施建设以及相关的配套设施是园区经济发展的基础保障，能给园区企业生产经营带来极大的便利，提高企业入园的意愿。但由于云南地势复杂，部分园区所处位置偏僻，远离市区，交通不便利，再加上当地经济发展水平低，园区资金支持不足，以至于园区基础设施不完善，水、电、污水集中处理等基础设施与教育、交通、医疗等配套的设施不能满足企业的发展需求，影响企业的入园积极性。例如像迪庆、怒江等地形复杂，位处偏僻的地区，自身经济发展水平低，加之交通不便已严重影响了园区的建设，若园区基础设施得不到有效完善，将难以吸引企业入园。此外，园区内部基础设施的落后会严重影响企业的生产经营活动，以至于企业的生产经营行为难以满足自身的发展目标需求，这将更难吸引高质量企业入园。

二、园区服务意识淡薄，抑制园区经济发展活力

良好的服务意识会给企业带来更多的便利，为企业发展助跑加速，助力园区经济稳定发展。但当前云南园区存在政务环境差、服务意识弱等问题。在园区政务环境方面，一是部分园区政策执行力弱。一方面，园区内涉及非公有制经济部门较多，容易导致部门间相互推卸责任，工作不作为；另一方面，园区政策履行不到位，有政策却不管用，政策优惠难享用，操作难度大。二是补贴政策难以落实。由于疫情和国内外经济不景气的影响，地方财政紧张，导致企业资金补贴不到位，影响民营企业现金流。三是政策制定缺乏前瞻性。各地管理措施不统一，对于一些热门、利润高的产业容易出现一哄而上的现象，导致产业中发展好的企业看不见前途，发展不好的企业生存空间存在问题。在园区服务意识方面，一是政府为企业提供服务存在不作为、慢作为、乱作为等现象，一些政府公职人员存在形式主义、官僚主义的工作作风问题，不愿与民营企业家接触，本应与民营企业家沟通解决的问题也一拖再拖，导致企业项目推进慢。二是行政审批程序复杂，抑制园区经济发展活力，部分地区虽然在政务大厅设置了"一站式办公"，但由于部门间缺乏协调、审批周期较长、行政效率偏低，政务大厅被企业称为"只挂号不看病"。

第六节　园区土地问题

土地是园区经济发展的基础，土地资源问题事关经济社会发展大局，园区相关部门必须合理做好土地利用工作，坚持节约集聚用地，严把项目投资关，最大限度发挥土地效益。但当前云南园区还存在土地利用率不高、亩均产值较低、项目用地难等问题。

一、园区土地利用率不高，土地亩产效益较低

土地是园区经济发展的重要生产要素，发挥土地应有的经济、社会、

生态效益对园区经济高质量发展至关重要。云南是一个以高原山地为主的省份，相对平缓的山地部分只占云南总面积的10%，大面积土地高低参差，且在国家要求严守18亿亩耕地红线的条件下，园区土地资源更加紧张，但目前云南园区土地存在闲置、批而未供以及有"僵尸"企业的现象，土地亩均产值较低。以昆明市工业园区为例，全市13个工业园区（3个国家级开发区和10个省级开发区）占全市总面积的3.4%，承载了全市80%以上的工业产值和工业增加值，但13个工业园区亩均产值平均仅有321.4万元。国家级园区中，嵩明杨林经开区亩均产值仅119.6万元，远低于520万元/亩的标准；省级园区中，除安宁产业园区、云南省数字经济开发区外，其余园区亩均产值远低于400万元/亩的标准。可见，园区土地利用率低，以至于园区土地没有发挥出真正的价值。

二、园区项目用地难，成本过高

高质量的项目能给园区带来巨大的经济收益，而土地要素保障是项目落地的首要前提。因此，园区经济发展必须重视项目用地落实问题，但当前云南园区项目用地存在审批难、落地难等问题。一方面，云南部分地区国土空间规划的经济社会发展、资源配置、保护与保障等目标与园区的实际发展需求难以统一，在生态保护红线、永久基本农田、城镇开发边界3条控制线划定工作及开发时序上也和园区规划存在冲突，导致园区在项目用地上存在调规难、报批慢、落地难等问题；另一方面，由于园区用地采取"先有项目后批土地"的管理办法，一个项目从谈成到报批再到开发所需时间较长，使园区用地的时间弹性大大减弱，又因为市场处于不断变化中容易错失良机，项目的时间成本增加，容易导致项目流失。可见，项目用地难问题增加了园区建设工作难度，严重阻碍了园区经济发展。

第七节　园区创新驱动问题

创新驱动力是园区经济发展的动力，在新发展理念与新发展格局之下，科技创新将在引领高质量发展中发挥更强的支撑和引领作用。不断提升园区创新能力、强化园区创新策源功能，突破园区发展瓶颈，才能推动园区经济更好地发展。但当前云南园区还存在创新驱动能力弱、科技成果难以转换、缺乏挑战创新精神等问题。

一、园区创新驱动能力弱，科技成果难以转化

科技创新是园区产业发展的第一动力，良好的科研环境和科技创新成果转化平台，是推动园区产业转型的核心动力，是推动园区经济发展的重要抓手。当前，云南园区存在科技创新环境差、驱动能力弱、创新平台科研水平和支撑不足等问题。以云南科技园区为例，当前云南省农业科技园区全社会研发投入严重不足，高新技术企业数量少而不强，省级重点实验室、工程技术研究中心、科技企业孵化器数量少，高水平创新人才缺乏，导致园区基层科技力量薄弱，科研创新环境差，科技成果难以转化。此外，大学科技园数量少且质量不高，体制机制改革滞后，运营主体经营范围受限，产学研协同创新水平不高，创业孵化场地分散，科研人才创业意识普遍不强，以至于社会资本不愿介入参与。比如昆明理工大学国家大学科技园，由于其资金退出机制不明确，高校科技成果转移转化政策落实不充分，学研合作组织化、服务化、市场化还存在不足，导致许多社会资本对参与云南省国家大学科技园的建设望而却步。

二、园区缺乏创新精神，园区经济发展缓慢

园区发展要敢于创新，敢于抓住机遇，才能走在发展前列，从而实现园区经济高质量发展。随着园区建设逐渐成为发展趋势，部分地区缺乏适应市场经济发展的主动意识和创新精神，也未在推动园区经济增长上表现出足够的紧迫感和责任感。他们仍被传统的落后理念、行为方式及制度所限制，没有勇气去探索新的园区经济增长路径与方法。在执行任务时过于担忧、犹豫不决，从而错过了很多发展机会，导致园区经济增速放缓。同时，某些地区在改革管理体系、提升行政效率和服务质量方面还需进一步改进，如过高的门槛、复杂的程序、冗长的流程和迟滞的审批等问题依然普遍存在。

第八节　园区环境污染问题

优美环境是园区实现可持续发展的重要保障。只有坚持绿色发展、加强环境监管和治理、加强生态保护和修复、建立完善的生态补偿机制等措施，才能实现经济发展和生态环境保护的双赢。但当前云南部分园区在发展建设过程中还存在诸多环境问题。规划占用耕地、林地，改变原有植被，对陆生生态环境造成影响；施工期扬尘、规划区新建配套设施等会对环境空气造成影响，建筑施工及社会活动产生噪声，地表开挖等造成水土流失，施工期建筑垃圾的临时和长期堆放对环境的影响；进驻项目废水、废气、噪声和固体废物对环境的影响；进驻项目生产过程中可能存在环境风险等。例如，云南思茅产业园区木乃河片区管理粗放，因车辆通行、公路建设等原因，该区域环境脏、乱、差，扬尘污染十分严重。

第八章 云南园区经济发展对策

第一节 推动园区合理规划

一、重视园区企业质量，推动园区内合理布局

园区入驻企业质量是推动园区经济快速发展的关键。推进园区布局合理，不仅需要园区产业多元化发展，更需要实力强劲的企业带动园区产业发展。

一是积极培育引进重点企业。各园区应明确自身发展方向，做好上下游产业链条的延伸，充分发挥园区比较优势，积极培育和引进关联性大、带动性强的龙头企业，以带动园区相关配套企业、链条企业聚集，不断推动园区合理布局。

二是要提高企业入园门槛。通过从产业准入和投资、纳税、建设强度等方面提高入园门槛，优先考虑符合园区发展方向的企业入园，围绕园区特色产业引入企业，为延长产业链进行针对性招商，并制定严格的入园审核机制，有目标性地引入高质量企业，并通过企业优化产业结构，推动园区合理布局。

三是以项目为基础引进高质量企业。项目高标准建设是成功招引企业的基础，要严控低质项目入园，促动原有优质企业自主升级，引进关联度高、带动力强、产业链长的战略性新兴产业项目，不断提高园区发展质量和优化产业结构，以吸引更多高质量企业入园建设，提高园区发展后劲。

二、重视园区统一规划，推动全省园区合理布局

云南所构建的环印度洋大通道，能够同时连接丝绸之路经济带和海上丝绸之路，沟通印度洋、太平洋，以及连接东亚、南亚和东南亚三大市场。因此，推动云南全省园区经济发展，要坚持全国、全省一盘棋的原则，做好各地区园区建设、各区域园区协作发展工作，借助其独特的区位优势助力全省园区布局逐渐合理。

一是主动融入和服务国家创新战略，加强泛亚通道沿线园区建设。在通道沿线设立园区能有效降低交易成本，承担更多外向型经济的角色。通过优化云南省内昆明至瑞丽、清水河通道沿线产业园区的建设，形成相互支撑、共通融合的"园区+通道"经济发展格局；利用现有的保税区、经济合作区、重点开发开放试验区，积极承接国际产业转移，推进产业转型升级，扩大对外贸易；在"引进来"的同时，做到"走出去"，将省内和国内的部分技术和产品向国外转移，促进结构调整和升级，激发经济活力。

二是主动融入服务"一带一路"倡议，合理规划园区布局。园区经济的发展模式是普遍适用的，不仅可以在国内利用发展，还可以推广到国外因地制宜发展，此外还能联合外资共同开发第三方市场，真正成为以政策沟通、设施联通、贸易畅通、资金融通、民心相通等为主要内容的"五通示范区"，成为产业链共同体、生态链共同体、价值链共同体、利益共同体、责任共同体和命运共同体等"六大共同体先行区"。在"一带一路"倡议的推进进程中，通过不断推进经济走廊、跨境经济合作区、境外经贸合作区等的建设，逐渐推进全省园区合理布局。

三是不断推进云南省产业园区空间布局实施主体功能区战略，以资源环境承载能力和国土空间开发适宜性为基础，以"三线一单"为约束，围绕"滇中崛起、沿边开放、滇东北开发、滇西一体化"区域协调发展格局，以资源、交通等要素布局为基础，以产业、城镇、人口协调发展为导向，构建与全省区域经济相协调的"一核、一带、多点"园区发展空间布局，以不断推进全省园区合理布局。

第二节　合理引入与利用资金

一、合理利用资金投入，助力园区入驻企业质量提高

云南各园区要合理利用、规划资金的使用与投入，不断加大政策资金投入力度，充分合理调配要素资源，多角度考虑招商途径。

一是用情用力助企纾困，在财政、金融、税收等方面给予企业更多优惠。要积极帮助符合条件的企业享受政策红利，对于已承诺的政策奖励及时兑现，推动政策精准落地。要继续深化"放管服"改革，以企业满意为导向着力优化营商环境，推动企业办事高效化、企业投资便利化。要坚持问题导向、目标导向和效果导向，加强政务审批服务、诉求回应服务，加快培育壮大一批有规模、有质量、有前景的新市场主体，促进各类市场主体健康蓬勃发展，为企业高质量发展提供更好的发展空间。

二是破除招商引资的"内卷"，合理调配资源，专业化招商，不断加大资金在要素流动、招商引资方面的投入。首先，通过促进要素资源充分、合理、高效流动，加快形成高水平市场经济体制，让良好营商环境成为招商主引擎。其次，产业发展配套招商基础需建立在完善的产业发展规划之上，只有根据完善而详细的产业发展规划，招商部门才能合理有效地分配资源，以满足重点招商产业的资源需求，同时政府可根据实际情况，在相关政策上对重点产业予以倾斜照顾。最后，一方面，招商队伍要尽量专业化、小型化，选拔更加熟悉政策和规则的招商专业人才，以适应当前从资源、要素开放向标准、规则、环境等制度型开放转变的态势；另一方面，招商方式上要更多实行产业链招商、"点对点"招商、资本招商等，实现入驻企业的高质而有效。

三是将园区资金聚焦于产业链招商、差异化招商、全要素招商、多渠道招商、新动能招商5个方面，做到招真商、引实资。在产业链方面，以主导产业引领、核心企业带动、本地企业配套、产业生态支撑为方向，发挥政府引导、市场主导作用，实施强链、育链、聚链、优链、延链招商，推动供应链、创新链、价值链、产业链协同融合发展；在差异化方面，结合产业布局

和主导产业开展招商引资，推动形成错位发展、优势互补、良性互动格局；在全要素方面，开展"双招双引"，推进招项目、引资金、招人才、引技术等全要素联动发展，拓展招商引资内涵，集聚高端资源要素，构建产业发展新生态；在多渠道方面，打好招商引资的"组合拳"，坚持走以商引商、专业招商、产业招商、技术招商、人才招商新路子；在新动能方面，把握产业融合、要素融合、产城融合新趋势，以大集成推进大招商，以新动能带动新资本。

二、丰富园区融资渠道，助力园区建设发展

园区发展需要多元化的融资渠道，才能提供充足的建设资金，要多角度、多方面考虑园区融资方式，助力园区经济建设发展。

一是通过投融资改革盘活产业园区原有资源存量。在强调保障政府调控能力有效有力的前提下，强化企业融资方式多元化和投资主体地位。积极建立并完善产业园区的投融资体系，尝试使用资产证券化的方法来吸引资本，把高质量的土地、设备等资产转化为可交易的产品以获取贷款，从而激活现有资源，增加流动资金，推动产业园区的升级与改进。

二是促进金融产业产品创新。云南园区可以借鉴金融行业发达地区的成功模式和策略，发挥信托的产业资源优势和服务品牌优势，积极推动城市基础建设的投资、股权与产业投资等相关信托项目的开展，构建民众参与到产业园区经济发展中并且共享其成果的平台。此外，应充分发挥商业票据作为一种期限短、交易规模大且风险较低的货币市场直接融资手段的作用，积极推进票据市场的建立，以此取代短期银行借款，解决资金困难的问题。当前，国家的商业承兑汇票应用领域正不断扩展，抓住这个机遇，重点开发信托商用信用相关的票据项目；进一步开拓票据品种，如无担保的短期融资券、有担保的资产支持商业票据等。以金融产品的创新，带动其他方面的金融创新。

三是大力发展产业基金和风险基金。设立和壮大有自身产业优势的产业基金，如新能源汽车产业基金、新材料产业基金、生物与医药产业基金、战略性新兴产业基金、动漫产业基金等，同时加快引进和培育各类风险投资基金，引导其投资域内高新技术产业及企业，加快优势产业或企业发展。

第三节　推动园区产业发展

一、推动园区转型升级，减少产业同质化趋势

园区同质化是导致园区产能过剩、低水平竞争、削弱区域竞争力的主要影响因素，云南各园区要加快转型升级，推动内部结构优化等，推动园区产业特色化发展，以降低园区产业同质化趋势。

一是将大数据、互联网、人工智能等技术资源整合到产业园区里面，通过智能技术推动传统产业园区新式智能化发展，解决产业园区恶性竞争和产业同质化发展的问题。

二是注重产业链的搭建及产业生态的形成。以"顶层设计引领、特色产业支撑"为核心策略，构建从产业孵化、产业加速、产能实现、企业培育和产能升级"五位一体"的链条式的产业发展创新生态体系，实现园区产业基础能力高度化、产业基础结构合理化和产业基础质量巩固化的统一，以提升园区特色产业竞争力，减少产业同质化现象的发生。

三是加强政策分类指导。对于不同方向和不同阶段的园区，应采取不同的政策手段避免新建园区同质发展。对此，应严格园区设立标准，减少同质化园区的审批。监督园区严格执行规划，避免规划走偏。依据转型方向对成熟园区进行指导。对于向综合化转型园区，应淡化现有名目的区别，加强统一管理，鼓励优胜劣汰。

四是鼓励园区开展多层次全方位合作。首先，建立园区间信息共享平台，以便园区了解区域内其他园区在产业方向、政策制定上的动态，在避免重复建设与恶性竞争的同时，为园区合作创造前提条件。其次，推进园区开展业务合作，鼓励区域内工业园区、科技园区、物流园区、出口加工区等不同类型园区集中优势发展，依托专业功能开展业务合作。最后，鼓励具有互补功能的园区合并，依据产业链、资金链和创新链上下游经济联系，合并产业相同或存在互补关系的园区。通过打造性能优良、功能多样、绿色环保、质量一流的拳头产品，提高产业竞争能力，以减少产业同质化的发展趋势。

二、推动园区产业高质量发展，提高园区开发强度

推动园区产业高质量发展，提升园区经济发展质量，必须推进产业融合发展，不断延长产业链条和深挖产业发展潜能，不断做强做好云南特色产业。

一是推进各优势产业的融合和集聚，进一步促进产业园区专业化市场的形成，转变园区经济的发展方式。必须积极有效地引导战略性新兴产业、高新技术产业在园区内落地，及时配套现代服务业集聚、融合发展。以数字融合、智能融合、产融结合、产城融合等模式，不断促进园区产业的跨越式融合与协调发展。同时，快速推进各级各类产业园区主导产业与上下游关联产业及其相关配套产业的融合集聚发展，引进、整合和强力发展名优产业带动其他相关产业的发展，不断提高园区开发强度。

二是依托现有产业基础和资源禀赋，深度挖掘历史传承和专业特点，不断提升品牌形象和文化内涵，逐步从中低端向高端提升。云南各园区可通过聚焦以文化产业高质量发展为主题，围绕"文化+"产业融合发展为目标，激活文化产业内生动力，发展壮大文化企业，释放文化产业新活力。对园区内重点文化企业建立项目库，开通文化企业纳规入统专项直通车，专事专办、专人专班为企业服务，培育壮大文化产业发展主体。同时，坚持问题导向，采取周安排、月检查、年考评等措施，协调解决文化企业项目进展中的急难愁盼问题。不断深挖当地产业历史文化深度，结合现代服务和技术手段，提高特色文化产业开发强度。

三是通过体制机制创新提高园区开发强度，提升产业园区运营与资源配置效率。建立和完善以市场为主导、政府监督为引导的产业资源管理体制，充分发挥市场在资源配置中的决定性作用，配置土地、资金、劳动力、技术、人才等资源，全力聚集一批投资规模大、技术含量高、经济效益好、创新能力强的产业项目落地园区，以此不断提高园区开发强度，推动园区产业高质量发展。

三、推动园区产业集聚发展，加快产业集群形成

加快云南园区产业集群的形成，推动云南园区经济逐渐壮大，必须要推

动云南园区产业链式集群发展，加快园区产业集聚发展。

一是持之以恒抓好市场主体培育，真正落实"一企一策"和"一站式审批""保姆式服务"，进一步促进产业聚集、错位发展和产业链供应链创新链价值链形成，打造"独角兽+头部+专精特新+种子企业"的企业发展梯队，以此加快园区产业链式集群的形成。

二是因地制宜培育打造一批具有地方特色的富民产业集群，形成"一园一主业一特色"，推动企业集群、产业聚集、发展集约，从而实现低成本扩张和错位竞争。云南各园区应对产业进行分类和重点培育，促进同类和上下游企业聚集，从而构建起一个产业链上下游齐全、衔接紧密的产业链生态系统；组建产业链联盟，优化产业链分工协作体系，促进产业链延伸发展，提升园区产业集群发展层次和水平。

三是针对园区高新技术企业数量少、研发能力弱、市场竞争力不强、整体创新水平能力不足等情况，云南各园区应大力发展新兴产业，强化科技赋能，引导具有产业核心技术的企业在园区内聚集和规模化发展，壮大绿色低碳园区的新兴产业规模，增强园区产业的竞争力。同时，健全研发体系，围绕现有绿色低碳产业园区的主导产业，促进云南现有的产学研用研发平台向园区聚集或者联合建立新型研发机构，为园区企业提供研发信息和技术支撑，提升园区企业的科技支撑力，推动园区产业集群的形成。

第四节　强化园区人才要素

一、持续引进高端人才，不断强化人才队伍

人才工作是园区建设的重要一环，要牢固树立"人才是第一资源"理念，不断完善政策，以突出园区经济社会发展需求为导向，围绕产业链关键环节和重要领域，完善政策，实现精准引才。

一是优化园区人才政策体系，创新人才引培机制，建立覆盖全产业链的多层次引培人才新政策，加强人才平台建设，为人才提供创新创业的舞台，让人才有施展身手的平台，才能引进更多人才，不断壮大园区人才队伍。

二是推动以需求为导向的园区公共服务分级分类建设，改变以生产为主

导、工业用地比例大大超过公共服务功能的做法，促进园区内公共服务供给的完善程度与提质增效，增强园区对于人才人口的吸引力。例如，数字经济产业园主要从业人员年龄结构偏低，园区规划建设时公共服务可以着重建设文化场所、体育场所、娱乐场所等，推进人才引进优惠政策落地。

三是发挥园区、院校和企业多方融通作用，推动院校与本土企业加强合作，形成学校、园区、企业三位一体互动发展新局面，促进各单位资源共享、共同进步和发展。首先，建立各高校与市域企业人才供需关系，进行"订单式"培养，不断加大培养符合园区产业发展需求的专业技术人才。其次，为了不断强化园区人才队伍建设，要推动职教园区与产业园区双融合，深入推进专业设置与企业生产；鼓励支持规模以上企业与高校院所合作共建研发机构，推进课程、资源、项目共享和互动，以此不断提高人才质量。最后，园区可与高等专科学校签订产教融合战略合作协议，促成园区非公企业与高校达成产教融合合作，通过整合资源、积聚力量、形成合力，以促进产业人才培养供给侧和产业需求侧结构要素全方位融合。

二、不断加大人才培养力度，留住优秀人才

园区经济发展不但要引进人才，更要留得住人才，园区发展的内在动力才能充足。

一是建设智慧"人才系统"。推动人才补贴和人才公寓入住电脑端口和手机端口同步申报系统建设，减少企业人才申报办理时间，真正为企业实现减负，逐步形成"线下一站式+线上一条龙"的人才服务模式，为人才提供更好的福利待遇，让人才留得放心，工作得安心。

二是打造多元化人才生态服务。夯实精准服务人才的基础，不断完善更新人才信息数据库，围绕人才创新创业、生活服务、个人发展，找准人才服务的切入点，为人才提供更好的发展生活环境，让人才感到自己被园区所重视，以此让人才更愿意留下来。

三是建设人才生态公园。依托园区绿地公园建设人才公园，把爱才惜才氛围营造得更浓，打造"如鸟归林"的宜居宜业人才生态。加强区域协作，打造人才工作协同合作示范园区，满足园区就业人群年轻化、多元化、人性化的娱乐需求，以此丰富园区人才的业余生活，让其精神压力能适当缓解，减轻其工作的疲惫感。

四是建立园区领导联系服务企业优秀人才制度。通过面谈、走访、调研、电话、座谈等方式听取优秀企业人才意见建议，适时帮助解决企业在发展中遇到的问题和困难。同时，积极做好从企业优秀人才中发展和推荐"两代表一委员"工作，通过关心关爱人才留住人才。

第五节　优化园区营商环境

一、逐渐完善园区基础设施，提高企业入园积极性

完善园区基础设施"硬环境"，是优化营商环境的重要基础条件，是经济社会高质量发展的重要支撑。

一是优化园区交通网络。以更高的标准、更严的要求、更大的力度推动园区基础设施建设提质增效，持续为企业发展提供良好的营商环境，为经济社会高质量发展提供坚实保障。首先，通过实施基础设施提升改造工程，适当延长园区道路，并对一些企业外侧路环境进行提升，完善部分路段的人行道、综合管网、照明以及绿化等设施。其次，对老旧需要改善的道路进行升级改造，新铺设沥青路面，新建电力、通信、给水过路管道，对雨水算子、雨水井、污水井提升改造并完善雨污水管道系统，有效提高道路排水效率和能力。不断提升园区交通服务能力，提高园区通行便利和出行体验，为园区企业提供良好的营商环境，不断提升园区环境和形象，让更多企业更愿意入驻园区。

二是提高污水处理能力，助力园区生态环境绿色发展。围绕绿色经济与可持续发展，加快推进污水处理项目建设，提升产业园区污水收集处理及资源化利用能力，进一步保护园区生态环境，助推园区高质量发展。启动污水处理厂技术改造项目，通过在原有系统基础上进行优化调整，新建中间水池、污泥调理池及污泥储存间等构筑物，在多道工序处理后让污水变得清澈透明，保障园区的生态环境。

三是AI为基础设施赋能，推动园区智慧化建设。对于云南各高新区、经开区，可重点推动智慧园区管理平台建设，推动园区管理数字化，实现园区人、财、物、招商等的数字化管理，适时推进园区基础网络、无线网络、

物联感知网络和数据专线建设，支持在园区公共区域和企业的主要厂房、车间等区域铺设低功耗广域物联网节点，重点提升工业互联网基础设施建设水平。对于云南各省级工业园区，可重点加强园区视频监控、传感测量等物联网数据和业务运行管理数据载体的建设，对园区主导产业、配套产业进行动态数据采集和分析。通过提高园区网络基础设施建设水平，提升园区网络发展环境，推动园区智慧化建设，方便各企业的生产运营，以此有利于提高企业入园积极性。

二、建立健全园区服务机制，不断强化园区服务意识

不断建立健全园区服务机制，强化园区服务意识，才能有效提高园区企业项目工作进展与效率，推动园区企业经济快速发展，促进园区经济发展壮大。

一是建立综合协调服务工作机制。建立省重大工业和信息化项目综合协调服务工作机制，组建项目服务工作专班，积极构建"周报告—旬督查—月调度—季开工"的项目推进时序链，实行项目"一对一"协调服务，主动当好企业"店小二"，做好项目"服务员"，全面帮助协调解决好困难问题，确保问题清单、责任清单梳理精准，并协同省级要素保障部门实行逐一销号管理。

二是建立协同服务机制。协同省级要素保障部门强化全链条、全要素、全周期、全流程服务，全面做好统筹协调、服务保障和跟踪督促等工作，抓住重点、突破难点，整合力量、集中攻坚，形成上下联动、左右协同、合力攻坚的工作格局，以最快的速度、最实的举措、最硬的作风，全力推动重点产业发展和重大项目建设不断取得新突破，助力全省产业园区各项工作快速有效推进。

三是建立标准引领机制。前期以6个典型示范项目为基础，按照"谋划—前期—开工—推进—完工竣工—投产使用"，总结提炼"4833"调度标准体系，即省、州（市）、园区、企业4个层级，围绕立项、土地、林地、环评等八大要素，文、图、表3种形式，线上调度、专题调度、现场调度3种方法，全面压实各层级责任，按照项目建设主要的8个要素精准梳理困难和问题，确保困难和问题精准推进解决。

第六节 提高园区土地利用质量

一、提高土地利用效率，发挥土地价值

充分利用园区土地资源，及时处理园区闲置低效土地，建立健全园区土地利用评价体系，以发挥土地的最大价值，促进园区经济快速发展。

一是建立"亩均论英雄"评价体系。建立以质量和效益为核心，以地均投资、地均产值、地均税收、主导产业占比、单位工业增加值能耗降低率等为主要指标的园区"亩均论英雄"评价体系，依据评价结果，予以分档激励，实施用地指标、资金安排等资源要素差别化配置，不断提高单位的产出效益。

二是实施"正向激励，反向倒逼"的考核评价措施。考核评价措施要坚持导向性和全面性、差异性和可比性、定性考评与定量考评相结合，在突出亩均效益、产业发展、创新能力的同时，对园区体制机制改革、协同发展、生态化建设等方面的工作进行评价。同时，考核评价措施要突出总量、增量、结构的平衡，鼓励经济体量较大的园区做大做强、提高效率，引导体量较小的园区找准定位、集聚资源、加快发展。此外，对年度考核优秀、良好的园区，将配套土地指标、资金安排、绩效工资等方面的奖励政策。

三是加快推进"腾笼换鸟"行动的实施。各个园区要加大对批而未供、闲置低效用地、僵尸企业的集中处置力度，重点推进土地使用效率较低、亩均产出效益水平较低、高耗能高排放等低效企业的全面整治提升，鼓励、引进高质量的企业入驻园区，对低效用地的企业实施关停、搬迁退出，充分有效利用园区土地，加速"腾笼换鸟"，推动园区高质量发展。

四是推进标准厂房建设，缓解园区用地紧张问题。通过企业自建、社会资本参与、闲置低效厂房盘活等模式，围绕产业发展定位和招商项目入驻需求，采取定制化、标准化、市场化方式推进标准厂房建设，集约集聚高效配置资源要素，通过"以房招商"的发展模式，有效缓解园区用地紧张问题，同时实现园区土地利用效率的有效提高。

二、提高项目用地效率，降低项目用地成本

提高项目用地效率，降低项目用地成本，是提高园区土地利用质量、推动园区经济发展的关键，能让园区以更少的土地创造更大的价值。

一是通过对待规划园区用地现状分析，将园区可利用面积进行大致划分，厘清各块区域的基础条件、建设基础等内容，为后续工作开展提供支撑依据，园区内应根据企业的需求划分出不同的功能区，如生产区、商业区、研发区等，以适应不同类型企业的不同用地需求，避免资源浪费和混乱的空间布局。合理布局园区内的各类设施和用地，最大限度地提高资源的利用效率。同时可充分利用现有土地的建设基础，如闲置的厂房、办公楼等资源，减少相关设施设备的重复投入，降低工程成本投入。利用园区建设项目立项时的市场分析等方面内容所确定的园区吞吐量、各业务作业量等定量数据，采用合适的测算方法，针对每个功能区为完成相应业务量所需要的面积进行测算，稳中有进推动。

二是建立健全项目推进例会制度。由园区分管领导主持召开（或委托召开）项目推进例会，通过组织相关各部门进行会前现场踏勘、会议研究进展问题、会后逐一跟进落实，科学合理地确定项目实施时序及细节安排，高效推进项目。此外，要紧盯重点项目时序进度，全力做好资源要素保障，推动用地、能耗、环保容量等向优质项目倾斜，及时解决项目各阶段的堵点、难点和需求点，推动项目快建设、早达效，以提高项目用地效率，降低项目时间成本。

三是落实专人专班精准项目推进制。成立项目建设推进专班，建立由分管领导、科室负责人、具体工作人员组成的三级协调推进机制，专项对接土地征拆、杆（管）线迁改、项目初设、概算评审、施工招标、现场跟进协调等工作。

第七节　提升园区创新驱动能力

一、提高园区研发投入，完善科技成果转换平台

科技成果转化是科技与经济紧密结合的关键环节，尤其是成果转化平

台，它承载着企业、高校、科研院所之间的信息流通。云南各园区必须加大研发投入，不断建设完善科技成果转换平台。

一是科技成果转化平台培训功能建设。为了加强对用户群体的适应性，平台可针对非专业人员设计一套用户使用说明，使刚注册的用户可以以观看说明片的方式来了解高新技术成果转化平台的主要内容，并让他们了解相应的操作方法，从而可以通过利用高新技术成果转化平台得到所需要的相关信息资料。具体来说，用户使用说明主要包括以下内容：文献检索教学、专利检索教学、科技需求查询教学、科技成果查询教学、账户使用方法教学以及项目申报流程教学等。

二是完善园区科技成果转化的中介服务制度，建立多元化科技成果交易机制，降低科技成果转化过程中的制度交易成本。一方面，良好的中介服务可以为科技成果转化主体提供有效的信息渠道，类似于房地产置业顾问可以有效降低交易成本，缩短交易时间，实现资源配置效率的有效提高；另一方面，政府对中介服务的政策倾斜和完善中介监督服务将有效助力市场高效运转，降低制度性交易成本，对节约园区研发投入费用有重要意义。

三是完善园区科技成果转化平台信息市场化对接和风险投资制度，建立政府、企业和大学科技园一体化科技成果转化服务平台。一方面，要充分发挥云南政府、企业、大学科技园的联动促进作用，以市场需求为导向，充分发挥科技创新和人才资源优势，发挥企业创新主体作用；另一方面，云南政府要扶持大学科技园区建立能够规避风险的投资制度，消除"不确定性"。风险投资制度方面，政府一方面可以通过强化顶层设计，构建"政策组合拳"，吸引金融机构、投资公司、企业行业等参与；另一方面，通过组建风险投资公司的形式吸纳民间资本，活跃大学科技园科技成果转化的资本市场，以此不断引入资金流向园区科技开发，不断完善科技成果转换平台。

四是完善科技成果服务平台机构设置和管理服务。通过组建一支科技成果转化专业化管理队伍，参考美国的OTT模式，建立由许可联络部、技术许可部、财务运营部、信息管理部、知识产权部、行政部等组成的科技转化办公室，以此不断完善科技成果服务平台机构设置和管理服务。一方面，政府应当开设学科专业，制订专项人才培养计划，形成完善的科技成果转化复合型人才培养机制；另一方面，云南各大学科技园区应该调整机构服务设置，内部合理培训轮岗，培养科技成果转化专业复合型人才。同时，在自主培养和人才引进方面共同出力，通过政策支持吸引留学人员参与平台建设，加快科技成果转化服务平台机构建设和管理服务的不断优化。

二、培养园区创新精神，推动园区经济快速发展

创新是引领发展的第一动力，推动园区经济快速发展，必须重视园区创新精神的培养。

一是举行主题党日活动，弘扬创新精神。各园区可以通过组织全体党员开展"弘扬创新精神、促进园区发展"主题党日活动，一方面，通过学习，进一步领会党史学习教育的重要意义，激发党员干部树立向榜样学习，在各自岗位上攻坚克难、勇攀高峰的信心和决心，为落实区委工作部署打下思想基础；另一方面，学习地方发展史，领会敢为人先的开创精神，进一步增强园区党员干部推进工业经济高质量发展的紧迫感、危机感和责任感，凝聚园区人力量，坚定园区人信心，努力为园区经济发展建设贡献力量。

二是召开企业家创新精神培育及政策宣讲会。为加快实施创新驱动发展战略、大力弘扬科学家精神，培养园区创新精神，要动员园区企业加大科技创新力度，全面提升园区科技创新水平，加大科技招商力度。通过召开企业家创新精神培育及政策宣讲会，邀请各专家、学者出席会议，进行专题报告等，并要求园区内各企业代表参加会议，发表意见。会后管委会相关负责人、教授团队及企业家代表就推进产学研合作开展座谈交流，以此充分激发企业活力和创造力，增强企业内生动力，发展培育园区创新精神。

第八节　推动园区绿色低碳建设

加强绿色低碳园区建设是实现园区经济可持续发展的关键，实现云南经济高质量发展，必须重视园区绿色经济的建设。

一是强化园区环境污染防治。首先，要完善园区污水集中处理配套设施，加大管网建设力度，提高污水收集和处理能力，确保污水集中收集处理率达到100%（含特殊污染物的污水除外）。其次，要推进污水集中处理设施在线监测设备安装，实现与生态环境部门的监控设备联网；同时要求强化沿河沿江园区水环境监测和综合治理，规范管理入河排污口，加强重点排污企

业监管，做好固废等重点污染物的监测和处理。要加强大气污染防治，实施重点行业提标改造，重点推进化工行业企业的工业废气防治工作。最后，可以通过培育绿色制造服务机构，推动行业协会、科研院所、第三方服务机构、金融机构等共同参与，鼓励统一规划、统一监测、统一监管、统一运营的园区环境第三方治理服务模式，提供清洁生产审核、循环化改造咨询、"环保管家"等专业化服务，以此强化园区环境污染防治。

二是加快传统产业的绿色化改造。首先，利用新型适用技术和新型信息网络技术，加快卷烟生产及配套、钢铁、石油、绿色建材等工业产品技术升级、技术装备创新和环保低碳改造。其次，严格执行能源资源消耗和污染物排放标准，建立园区生态环境准入清单和高耗低效整治企业清单，利用环保、质量、安全、技术等综合标准依法依规推动传统制造业淘汰落后产能，严格落实产能等量或减量置换要求，遏制"两高"项目盲目发展。最后，加快"散乱污"企业处置，依法依规采取关停取缔、限期搬迁、停产整治等方式分类施治。此外，优化产品结构，引导企业开发高性能、高附加值、绿色低碳的新产品。

三是促进园区资源综合利用。首先，要加快编制园区循环化改造方案，加强园区水资源循环利用和工业废水处理回用，实施水资源梯级优化利用和废水集中处理回用，推动工业企业节水减排。其次，要优化能源供应结构，推广天然气、风能、太阳能等清洁能源应用，调整能源消费结构，提高能源使用效率。要支持园区企业通过电力市场化交易等方式，逐步实现园区全绿电供应，对参与绿电交易的企业，提供绿色用电凭证。最后，要结合行业、产品、工艺用能需求，规划设计能源梯级利用技术方案，强化工业固体废物污染防控和综合利用，加快建设工业固体废物综合利用基地，探索资源综合利用产业区域协同发展新模式，提高固体废物综合利用能力，确保固体废物综合处置率达到100%。同时还要强化化工园区危险废物处置设施建设，确保危险废物安全处置率达100%。

第九章 案例研究

云南作为中国的西南重镇，不仅以其独特的自然风光和多元文化著称，还在近年来展现了其在经济发展和园区建设方面的巨大潜力。云南园区作为区域经济发展的重要载体，吸引了众多企业、投资者和研究者的目光。目前，云南省内拥有多个不同类型的园区，它们各自具有独特的案例特点和发展路径。本章主要选取了云南省内具有代表性的10个园区进行分析，其中涵盖多个类型，如经济开发区、产业园区、综保区、经济合作区等。这些不同类型的园区案例根据自身定位和特点，采取不同的发展策略，展示了云南省在园区建设和发展方面的多样性和创新性，共同推动了云南省经济的持续健康发展。由于选取的园区各具特色、各有所长，因此本章将逐一分析这些典型案例，旨在揭示园区独特的成功路径，以及给予我们的经验启示。通过深入分析研究，期望为云南园区的未来发展提供有益的建议和对策，为地方政府和企业决策者提供决策参考。

第一节 蒙自经开区红河综保区案例

一、案例背景

（一）园区发展优势

蒙自经开区红河综保区是红河州稳边、固边、兴边，抓开放、促发展，从开放"末梢"变为前沿"窗口"的一个缩影，其由蒙自经济技术开发区与红河综合保税区合并而来。蒙自经济技术开发区（前身为云南省红河工业园区）于2013年1月17日正式获国务院批准，规划建设面积140平方公里，地跨蒙自、个旧、开远3市，总体上按照"三片一体""一区八园"构架，是我国面向东盟最近、最大的国家级经开区。蒙自经济技术开发区位于云南省南部、红河州中部，处于祖国西南和东南亚国家两大"扇面"的交会点和昆河国际经济走廊的中心节点，也是我国西南内陆通向东南亚半岛地区的南大门和桥头堡。红河综合保税区规划面积3.29平方公里，地处滇南中心城市群核心区——蒙自市，选址位于红河州蒙自经开区出口加工产业园内，是云南辐射南亚东南亚中心的前沿。向东融入北部湾，延伸珠三角；向西互动孟中印缅经济开发带，延伸昆皎经济走廊；向南贯通昆河海经济走廊，延伸东盟；向北对接滇中经济区，延伸成渝经济区，交通网络完善，公路、铁路骨干运输网络已形成，在建设辐射南亚和东南亚中心战略中的国际大通道枢纽作用日益凸显。在中国—东盟自由贸易区、中越"两廊一圈"发展战略中，具有重要前沿门户作用。由此可看出，蒙自经开区红河综保区区位优势明显，未来将成为通往东南亚最便捷的陆路国际通道，对云南建成我国面向南亚东南亚辐射中心具有重要地位。

同时，蒙自经开区红河综保区在外贸流通、产业发展、基础设施、自然资源等方面也具有一定优势。一是在外贸流通方面，其交通便利，滇越铁路和泛亚铁路纵贯境内，G326线、G323线、G8011线等多条高速公路在蒙自纵横交会。此外，红河综合交通枢纽即将投入使用，蒙自机场建设正在加速推进，蒙自市的综合交通运输体系逐步完善。二是在产业发展方面，蒙自市坚定不移围绕"资源经济、口岸经济、园区经济"3个经济推进重点产业发展，加快构建现代化产业体系，推动经济高质量发展，使得蒙自经开区红河综保区具有"三区联动"的政策优势，推动产业快速发展。三是在基础设施方面，园区不断提高自身软硬实力，强化园区基础平台、园区服务平台、园区管理平台和决策分析平台等建设，加强园区数字安全能力建设，编制《蒙自经开区高质量发展"一园一业"三年行动方案》，谋划蒙自经开区基础设施建设项目。四是在自然资源方面，其所处区域拥有丰富的土地、水和矿产资源，主要矿藏为银、锡、铅、锌、铜、煤、大理石、磷、铀等，其中白牛厂银多金属矿已探明为中国最大银矿。

（二）园区发展情况

2023年，蒙自经开区红河综保区完成规模以上工业总产值800亿元，同比增长6.9%；完成规模以上工业增加值196亿元，同比增长15.8%；完成企业营业收入940亿元，同比下降1.5%；完成固定资产投资65亿元，同比增长142%；完成进出口总值161.6亿元，同比下降24%。其中，1—10月，园区完成规模以上工业总产值650.3亿元，同比增长10.48%；完成规模以上工业增加值159.6亿元，同比增长21.73%；完成企业营业收入770亿元，同比增长1%；完成固定资产投资59.4亿元，同比增长1040.9%；完成外贸进出口总值14亿美元，同比下降27.4%；完成一般公共预算收入3.28亿元，同比增长30.3%，园区经济不断壮大。

（三）发展存在的问题

当前，蒙自经开区红河综保区在发展建设过程中还存在一些问题，主要体现在园区企业发展动力不足、产业集群化弱、发展资金不足、园区用地难、体制机制不完善等方面。一是园区内企业发展内生动力不足。受宏观经济下行、市场需求不足影响，停产减产企业较多，产值增幅有逐月收窄的趋势，目前统计的112户规模以上工业企业中，负增长企业44户，占比达39%。二是产业链高端化集群化较弱。园区内有色金属及新材料产业虽已形成一定规模，但高附加值、高科技含量的产品少，产业链较短，电子信息产业目前呈现"一企独大""一企支撑"的局面，新能源电池、硅光伏材料等新兴产业目前尚处于培育期，总体呈现"前端大、后端小"的特征。三是招商引资难度增大，建设资金不足。受市场需求减弱、经济转型和产业政策导向等因素影响，企业投资意愿降低，招大引强难度大。同时，目前在建配套项目融资需求量较大，蒙自经开区红河综保区平台与红河产投集团资产划转问题仍未得到有效解决，不具备投融资能力。四是园区发展用地困难。发展用地不足、用地指标偏紧、工业用地碎片化、分散化和土地征用困难的问题，使土地已成为制约园区发展的主要瓶颈。五是体制机制不畅。园区现行管理体制机构设置与开发区高质量发展要求不适应，特别是在与个旧、蒙自涉及用地、利益分配、行政管理与执法、城市建管护等问题上，事权、财权权责边界不清晰。

二、具体做法

一是在提升园区发展内生动力方面，蒙自经开区红河综保区积极主动为企业服务，稳步推进项目建设，不断提高园区发展活力和动力。首先，以企业发展需求为重点，积极主动为企业服务，提高园区发展活力。园区通过成立企业服务小组，全面落实挂钩服务项目责任制，要求成员带头当好"施工队长"。2023年，小组成员深入企业开展服务60余次，深入美科、圣比和等重点项目建设现场督导项目建设40余次，开展助企纾困行动60次，为企业解决问题100余个。努力解决企业发展难题，为企业提供发展动力。截至2023年底，园区拥有云南省专精特新中小企业6户，国家级专精特新"小巨人"企业3户，高新技术企业14户。其次，以加快项目推进为目标，有序推进项目实施，提升园区发展内生动力。2023年，金风装备制造、红河邦德石英坩埚、蓝牙耳机等项目相继建成投产；美科48GW单晶拉棒项目已点火调试设备，正积极请示协调能评批准事宜；跨境电子商务孵化中心及配套项目已完成土地招拍挂，正在办理施工前期规划许可手续；投资9.95亿元的园区污水处理厂、配套道路、输变电网等基础设施重点项目也正在有序推进。

二是在加快园区产业集群化发展方面，蒙自经开区红河综保区始终坚持围绕主导产业发展，通过不断明确园区定位、规划园区布局、加快项目实施等方法，加快推动产业群的发展建设。首先，以园区主导产业为基础，明确园区总体定位，加快产业集群化发展。通过围绕有色金属及新材料、消费电子及零部件、"保税+"贸易三大主导产业，确定将蒙自经开区红河综保区建设成为昆河经济走廊上的国际性陆港、中越经济走廊承接制造业转移新高地、滇南"保税+"贸易中心的总体定位，加快产业集群化发展。其次，以园区主导产业为核心，合理规划园区产业布局，保障产业集群化发展。通过在蒙自经开区红河综保区建设沿边产业园区核心区9平方公里，确定产业配套区19.07平方公里、先行启动区4.61平方公里，重点布局消费电子及其零部件、有色金属新材料、东盟特色产品保税加工等产业，保障产业集群化发展。最后，以园区主导产业为导向，加快产业类项目落地实施，为产业集群化提供发展动力。园区加大项目引进与投资，推进云南美科48GW单晶拉棒、圣比和锂电池正极关键材料、蓝牙耳机、IC芯片保税维修、手机摄像头结构件、单晶热场材料等产业类先导项目10个，达到191.1亿元的投资额，为产业集群化提供发展动力。

三是在招商引资、建设资金方面，蒙自经开区红河综保区招商引资精准有力，建设资金不断增加。2023年，主要领导赴省外招商9次，各招商小组先后外出招商41次，委托3家招商机构组织精准招商活动7次，参加推介会11

次；1—10月，完成3000万元以上新签约项目15个，累计签约协议资金33.5亿元；完成省外到位资金24.1亿元，同比增长12.2%。截至2023年11月24日，完成外资到位资金累计641.2万美元，其中已完成输机612.2万美元，29万美元待银行入账。美科48GW单晶拉棒、石英坩埚—光伏级/半导体级生产、年产2000吨炭/炭复合材料热场等3000万元以上新开工项目5个。

四是在提高园区用地效率方面，蒙自经开区红河综保区千方百计盘活闲置厂房，提高园区用地效率，解决园区用地难问题。租用厂房面积10.24万平方米，积极与中能建集团、石家庄陆港集团和广州正研管理咨询有限公司洽谈采取"招运管服"一体化运营模式盘活现有闲置厂房，承接好东部产业转移。此外，园区积极推行工业项目"标准地"出让改革，促进土地节约集约利用，探索工业项目用地"交地即交证"管理模式，全省首宗"标准地"在蒙自经开区红河综保区成功出让。

五是在优化体制机制方面，蒙自经开区红河综保区改革创新不断深化，融合联动不断加强。首先，园区在体制机制方面改革创新不断深化，体制机制逐步完善。从优化机构职能设置、健全薪酬激励机制、强化人才政策保障、加快平台公司建设等方面稳步推进改革，同时持续优化营商环境，大力推进"放管服"改革，聚焦园区经济管理职能，重点围绕项目落地涉及的项目审批、规划环评、土地保障、市场监管等行政审批事项，积极争取更多权限下放至园区。此外，在已有12项州级行政审批权限的基础上，梳理形成《"两区"经济管理权限赋权指导目录》（其中，州级经济管理权限148项、县市级经济管理权限85项）。其次，园区内融合联动不断加强，推动体制机制的有效改革。园区不断加强"五区"制度、政策、产业、项目、人才等对接联动，成功复制自贸试验区红河片区创新制度12项，现有6户园区企业执行增值税一般纳税人资格试点政策，综保区企业为自贸试验区企业提供融资租赁业务成功开展。同时与自贸试验区红河片区、河口边合区联合开展主题党日活动，围绕产业发展、招商引资等业务工作展开创新研讨，进一步凝聚联动发展思想共识。

三、主要成效

一是在新兴业态方面，蒙自经开区红河综保区率先在全省开展保税商品展示交易业务和委内加工业务。不断扩大当地农副产品出口，带动全州外贸发展，充分发挥开放引领和辐射带动两大作用。

二是在对外贸易方面，"两区"管委会干部认真学习中央、省州稳增长促发展意见措施、跨境电商综试区政策及海关和海关特殊监管区域政策业务知识，为企业做好政策解答和业务咨询服务，积极推进跨境电商、保税维修等新业态，跨境电商成为"两区"发展新引擎。"两区"2022年完成进出口总值27.6亿美元，同比增长20%，占全州外贸进出口总值49.31亿美元的55.97%，占全省外贸进出口总值500.42亿美元的5.52%，实际利用外资35万美元，拥有外资企业8户。

三是在产业数字化建设方面，组织企业实施一批智能化改造升级重点项目：云锡锡化工基于物联网的锡深加工自动化设备升级改造项目、云锡锡化工智能化工厂安全生产综合管控试点项目、基于5G无人铜电解智能技术研究项目等项目，深化了园区企业数字化转型进程，用数字赋能园区产业发展，提升企业生产效能。

四是在产业升级方面，截至目前，"两区"拥有云南省专精特新中小企业6户，国家级专精特新"小巨人"企业3户，拥有创新型中小企业3户，高新技术企业15户，拥有省级以上研发机构7个。

四、经验启示

（一）加强"两区"产业政策支撑

一是强化沿边产业园区政策指引，参照沿边地区发展需求，在承接国内外产业转移方面给予一定的政策倾斜，进一步提升招商引资综合竞争实力。二是对纳入国家和省级项目清单的重大项目，以及符合区域产业发展规划的"高精尖"产业项目给予特事特办，加快项目用地、规划、环评、能评等前期手续办理，优先保障项目用地和能源供应需求。三是针对"两头在外"的企业加快制定物流补贴、设备补贴等方面的优惠政策，激发企业生产活力。

（二）加大"两区"建设支持力度

加大"两区"基础设施建设项目申报省预算内、政府专项债券等资金的支持力度，推动园区基础设施、配套设施、服务网络、用工平台建设，不断完善园区平台功能，提高园区承载能力，促进产业集聚发展。

（三）强化"两区"用地保障措施

出台区域评估开展及成果运用的指导意见，并出台适用于标准地的低效用地处置办法，促进开发区项目用地高效节约利用。对园区重点项目用地开设绿色通道，进行提速审批，允许将国土空间规划确定的城镇开发边界内的弹性发展区列入土地征收成片开发方案进行编制。

五、点评

蒙自经开区红河综保区在云南建成我国面向南亚东南亚辐射中心中起着重要作用，同时在红河州稳边固边兴边中十分关键，是"中心—边缘"理论的具体实践。园区地跨蒙自、个旧、开远3市，是我国面向东盟最近最大的国家级经开区，其区位、外贸流通、产业发展、基础设施、自然资源等方面优势明显，同时随着政府政策对园区的不断倾斜，园区经济发展不断加快，实力逐渐提升。在发展初期，园区利用资源、区位等优势以及政策的倾斜逐渐壮大，但随着园区经济的不断发展，其逐渐带动周边地区发展，缩小彼此间的经济差距，并逐渐达到平衡，在后期，最终将形成一个新的经济发展较好的中心区。虽然当前蒙自经开区红河综保区处在"中心—边缘"理论中所说的发展前期，但随着园区经济的发展，终将会带动整个区域的经济发展。当前，园区在产业发展方面已取得了一定成效，园区不断扩大当地农副产品出口，充分发挥了开放引领和辐射带动两大作用。

第二节　曲靖经济技术开发区案例

一、案例背景

（一）园区发展优势

曲靖经济技术开发区是云南省人民政府于1992年8月批准成立的省级经济技术开发区。2010年6月，国务院批准升级为国家级经济技术开发区，园区2020年被评为中国（云南）自贸试验区联动创新区，2022年获评省级绿色低碳示范产业园区、省级绿美园区，2023年获评国家级绿色工业园区。园区位于曲靖中心城市西部，所在地为曲靖市的政治、经济、文化中心。曲靖经济技术开发区托管麒麟区西城、翠峰两个街道和马龙区大海哨社区等10个社区66个居民小组，截至2022年7月，管理面积157平方公里。截至2023年10月，户籍人口5.7万人，常住人口16万人。

曲靖经济技术开发区距省会昆明136公里，毗邻贵州、广西，是进出云南的陆上要塞，素有"入滇锁钥"之称，是云南通往内地及沿海的主要交通枢纽，是滇中面向滇东北、贵州西南部、四川南部、广西西部等内地城市的中心枢纽城市，是云南东部商业贸易的主要集散地，对东南亚、南亚具有巨大的辐射作用，地理位置十分优越。

此外，园区还具有交通便利、人才集聚、基础设施完善、自然资源丰富等优势。一是在交通方面，曲靖经济技术开发区城市交通网络发达，与昆曲、曲陆、曲胜3条高速公路和宣天一级公路相连，贯通全省。国道213、320、324、326穿越市区，并与全国公路网相连。贵昆线、南昆线、昆沾铁路复线贯穿境内，贵昆铁路曲靖站位于开发区。开发区距新昆明长水国际机场80公里。庞大的立体交通网络，使开发区具备便捷的交通条件。二是在人才发展方面，曲靖市拥有本科院校1所，高等专科院校2所，中等专业学校8所，职业中学15所，各类科研机构8个，各类专业技术人员8万余人。开发区近年来努力吸纳各类技术人才，逐步完善了人才政策环境，为优秀人才的创业提供了广阔的发展空间。区内集聚了丰富的技术人才资源，为开发区的开发建设提供了不可比拟的人才优势。三是在基础设施方面，开发区内基础设施完善，配套齐全，水、电资源充足并全部实现"六通一平"。"六通"指市政道路、排水、供水、电力、电信、有线电视管线通；"一平"指提供给企业的土地自然地貌平整。四是在自然资源方面，曲靖境内物华天宝，资源丰富，已探明矿产资源有30种，煤、铁、磷、铝、铅、锌、硫等储量在全省位居前列。其中，煤炭品种齐全，品质优良，探明可开采的近百亿吨，占全省储量1/3，原煤、焦煤产量均占全省40%以上，境内还有全省最大的硅藻土、硫铁矿等矿床及遍布地下的优质矿泉、温泉和热泉，开发利用极为方便。

（二）园区发展情况

曲靖经济技术开发区围绕"世界光伏之都核心区、新能源电池产业基地、科技创新和开放发展示范区"3个定位，大抓产业，大抓工业，大抓营商环境，大抓招商引资，大抓园区经济，持之以恒、久久为功抓产业生态，不断优化产业优势，不断凸显经济发展取得明显成效。2022年，园区生产总值完成262.1亿元，同比增长20.5%；规模以上工业增加值完成158.5亿元，同比增长70%，对全市工业经济增长贡献率达到8%以上；固定资产投资完成124亿元，同比增23.2%；社会消费品零售总额74.71亿元，同比增长5.2%；一般公共预算收入完成12.48亿元，同比增长10.9%。园区生产总值和工业增加值分别为全市贡献了19%、41%，综合考核位居全市第1位。商务部国家级经开区综合发展水平考核评价跃升至118位，上升了53位，经济发展呈现大步跨越、量质齐升、高速领跑的良好态势。

（三）发展存在的问题

当前曲靖经济技术开发区在发展建设过程中还存在一些问题，发展所需要素不足，主导产业竞争力不强，产业集聚优势不明显等，限制了园区发展。主要体现在以下几个方面。

首先，要素保障适度超前不够。发展空间受限，资金保障困难，基础配套难以满足大项目快速落地建设需求。一是在土地方面，耕地占补平衡指标不足，共需耕地占补平衡数量指标616.11亩、产能指标37.6542万公斤，耕地数量指标缺口581.14亩，粮食产能指标缺口约10.18万公斤。城镇开发边界用地不足，剩余产业用地10.57平方公里。二是在电力方面，用电缺口较大，随着项目建成投产，预计新增91万KVA用电负荷。用电项目推进不快，220kV哨溪输变电工程（2回）等项目因前期办理土地预审、林业、环评等相关手续需协调事项多、周期长，难以满足片区项目及时用电需求。三是在安全监管方面，行业门类多，经营模式杂，新兴产业不断涌现，各类工矿商贸企业894户，企业增加同时监管人员未增加，专业人员少，专业监管力量与监管需求不匹配。四是在环境保护方面，白石江作为园区唯一的纳污河流，目前基本没有环境容量，硅光伏企业外排废水中氟化物难以稳定达标。随着产业进一步发展壮大，污染物排放总量需求日益增加，经开区现有重点项目已按环评要求，严格采用领先技术和设施，污染物减排空间较小。五是在资金方面，预计未来3年需投入资金200亿元用于园区基础设施建设和生产生活配套设施建设，近3年需兑现企业扶持资金达35亿元以上。虽已超额完成全年土地出让金收入6亿元任务，但全年征地拆迁补偿和用地报批费用还差4亿元左右，加之历年征地拆迁应付未付欠款，出让土地基本为工业用地，收支长期呈倒挂情况。

其次，主导产业发展趋势不乐观。2023年以来，硅光伏和新能源电池产能急剧膨胀，价格急剧下降，与2022年最高峰相比，跌幅达65%—70%，行业价格指数与价格跌幅倒挂30余个百分点。一是在硅光伏产业方面，2023年，硅料最低已经到了58—65元/公斤的区间，电池片P型182电池片价格在0.45元/W，N型有8%的溢价。组件的报价集中在0.97—1.05之间，对比2022年底已经下跌了50%，导致市场出现了观望情绪。此外，目前光伏产业链所有环节都出现了过剩，光伏全产业链呈阶段性产能过剩已成行业共识，同时光伏产业正处在整个电池技术从P型向N型突破的关键期，严峻的竞争问题可能将在不久凸显。二是在新能源电池产业方面，2023年以来，动力电池全产业链的价格普遍下跌，动力电池价格下降58%，电解液价格下跌了40%，正极材料价格下跌了72%，电池级碳酸锂价格下跌了超过82%，当前动力电池价格已经降至历史最低水平；储能市场虽然需求旺盛，但也显示出了产能过剩的趋势，价格明显下降。电池产业内卷已经接近白热化，未来的走势充满不确定性。此外，由于光伏、新能源两大主导产业面临新一轮深度洗牌，导致各光伏、新能源电池企业处于观望状态，扩产增资的意向不强烈，导致招商引资难度加大。

最后，产业集群优势还不够明显。一是园区现有产值规模大多集中在拉晶切片环节，电池片、组件才刚刚起步，离市委、市政府提出来的拉晶150GW、切片150GW、电池片超过100GW、组件50GW左右的目标差距不小。二是新能源电池产业基地建设还不强的问题。正极材料上具有一定竞争力，但产业链的其他环节，尤其是终端的电池，在全国处于倒数。

二、具体做法

曲靖经济技术开发区为了加快园区经济的发展，不断做优做强产业，提升园区科技创新能力，努力做好招商引资工作，持续优化营商环境。

（一）做好产业规划，做大做强主导产业

自2017年引进首个拉晶切片项目以及磷酸铁锂项目以来，经开区按照"补链强基、延链扩容、强链突破"的思路，持续用力打造绿色硅光伏和新能源电池两大千亿元级产业集群。一是在硅光伏产业方面，围绕"单晶硅棒—单晶硅片—电池片—组件+配套产业+光伏电站"产业链发力，2021年晶澳二期20GW单晶硅棒及切片、隆基一期10GW单晶硅棒及切片等2个项目建成投

产，总投资92.57亿元，累计形成了35GW单晶硅棒及35GW切片产能，当年实现产值71.59亿元；2022年阳光二期5GW单晶硅棒及切片项目建成投产，总投资10亿元，累计形成了40GW单晶硅棒及40GW切片产能，产业链条持续拉长，配套不断补齐，当年实现产值254亿元；2023润阳一期13GWN型高效太阳能电池、阳光三期20GW单晶硅棒及10GW切片、晶澳三期10GW高效电池和5GW高效组件等3个项目落地建设，总投资159亿元，累计建成和在建60GW单晶硅棒及50GW切片、23GW高效电池片和5GW高效组件等产能，在云南省率先实现了产业闭环，助推曲靖成为全国实现全产业链闭环发展的单体城市之一。二是在新能源电池方面，围绕"材料—电芯—电池—应用—回收利用"全产业链发力，2021年德方纳米7.2万吨磷酸铁锂正极材料（三期）、5000吨电池回收等2个项目建成投产，总投资17.95亿元，累计形成了12.5万吨磷酸铁锂正极材料、8000吨导电液、5000吨电池回收产能，当年实现产值43.54亿元；2022年德枋亿纬11万吨磷酸铁锂正极材料（四期）、德方纳米11万吨磷酸铁锂正极材料（五期）、5000吨铜箔等4个项目建成投产，总投资63.23亿元，累计形成了34.5万吨磷酸铁锂正极材料、5000吨铜箔、8000吨导电液、2万吨电池回收产能，当年实现产值202亿元、税收3.42亿元；2023年10万吨负极材料、23GWh储能动力电池等2个项目落地建设，总投资80亿元，累计建成和在建34.5万吨磷酸铁锂正极材料、10万吨负极材料、23GWh储能动力电池、8000吨导电液、2万吨高端锂电铜箔等产能，助力曲靖成为全国磷酸盐系正极材料建成产能最大的区域，全国重要的新能源电池产业基地集聚效应更加凸显。

（二）提升科技创新能力，增强园区竞争力

一是瞄准经开区主导产业发展短板，系统谋划，鼓励企业与高校院所合作开展产学研合作、联合研发及成果转化工作，大力推动区内领军企业、骨干企业、创新型企业、高新技术企业建设一批高水平的国家级、省级产业技术研究院、新型研发机构、工程技术研究中心、重点实验室等科技创新平台，加强技术攻关，攻克产业发展技术瓶颈，助力产业技术升级，夯实创新能力基础，提升企业核心竞争力。截至2023年底，园区拥有国家级企业孵化器1户，国家级众创空间3户，省级企业孵化器3户，省级众创空间3户。同时2023年，重点推动德方纳米、隆基、晶澳等企业成立研究中心，梓靖锂电铜箔工程实验室启动建设。二是大力开展科技型企业培育工作，积极培育创新主体，注重企业创新主体梯队培育，建立完善高新技术企业后备库。2023

年，组织拟申报企业参加高新技术企业"一企一策"培育辅导，深度挖掘符合申报高企条件的企业。三是强化双创服务，打造"双创"平台升级版。优化提升经开区各类"创新创业"平台。截至2022年，经开区拥有国家级企业孵化器1家，省级企业孵化器3家；拥有国家级众创空间4家，省级众创空间3家。积极组织企业参加省、市创新创业大赛，数家初创型和成长型企业参赛，其中6家企业、3支院校团队进入省复赛，1家获得省三等奖，引起中央和地方新闻媒体深入报道，充分展示了经开区创新创业成果，提升了创新创业群体知名度和创新影响力，激发了大众创业万众创新的新热潮。

（三）做好招商引资工作，为园区提供充足资金

园区党工委、管委会紧扣"大招商"工作机制的要求，秉承大招商促大发展理念，全力以赴抓招商，成功引进多个产业项目（其中硅光伏产业项目13个，新能源电池产业项目18个），协议总投资额711.89亿元。2021—2023年，经开区累计引进国内省外到位资金310.53万美元，实际利用外资达1157万美元，党政主要领导开展"一把手"外出招商76次。2022年，曲靖经开区招商局荣获全国首届"人民满意的公务员集体"表彰。

（四）持续优化营商环境，营造良好发展环境

园区紧紧围绕打造"全省一流"营商环境的目标，全面实施作风革命、效能革命，深化"放管服"改革，树立抓营商环境就是抓发展的鲜明导向，全力为企业纾困解难，打通优化营商环境的"最后一公里"，助力企业发展、项目落地。一是营商便利度稳步提升，积极争取上级赋予经开区行使行政许可权270项，按照"一枚印章管审批"的要求，深化相对集中行政许可权改革，推动两个批次共计115项行政审批事项划转集中，行政审批事项办理时限提速60%以上。二是审批改革加快推进，全力推进"先建后验、容缺审批"改革，公布容缺审批事项38项，制定出台《曲靖经开区投资项目"先建后验"改革实施方案（试行）》，累计32个项目纳入"先建后验"管理，实行容缺审批事项平均提速达70%，助力招商引资项目、重大项目落地建设不断提速。三是全生命周期服务企业，严格落实服务企业"三项制度"，制定出台《曲靖经开区政企联席会议制度》，优化投资项目落地服务环境，搭建联络企业"友谊桥"，打造服务企业的"先遣队"，开通解决企业困难的"直通车"。重大项目实行"指挥部+专班+项目部+项目管家"联动管理模式，提

供更加方便、快捷、优质的服务。投资49亿元的隆基一期、58亿元的晶澳二期、投资39亿元的润阳一期等项目实现了当年签约、当年开工、当年投产。

三、主要成效

曲靖经济技术开发区在发展中不断壮大，现已在经济、产业、社会名誉和地位等上取得了一定成就。

一是具有较高的经济集中度。园区经济蓬勃发展，近3年来，主要经济指标持续全面上扬，关键指标均保持两位数以上增长，发展势头强劲。2022年，地区生产总值同比增长20.5%，固定资产投资同比增长23.3%，工业总产值同比增长112%，实现翻番目标，工业增加值同比增长70%，经济总量占全市经济总量比重由2018年的5.7%提高到6.9%，地区生产总值、工业增加值对全市地区生产总值、工业经济增长的贡献率分别达10%以上、40%以上。各行业营业收入同比增长25%，达1290亿元，成为全省7个营收超千亿元的产业园区之一。国家级经开区综合发展考核跃升了53位，全国排名118位，西部排名上升了15位至19位，省内排名上升了2位至第2位。

二是具有较高的产业集聚度。初步建成硅光伏、新能源电池两大产业集群，引进隆基绿能、晶澳科技、江苏润阳、德方纳米等世界级头部企业，步入龙头带动、链式集聚、集群发展的良性轨道，实现总产值同比增长296%，占规上工业总产值比重由2021年的38%提高到70%以上，占全省两个产业产值比重为33%，获评云南省优势型制造业集群和优势型绿色低碳制造业集群称号，正向两大"千亿级产业"目标迈进。数字经济、生物医药及食品加工、有色金属新材料、装备制造等产业稳步发展。

三是具有较高的社会聚焦度。拥有曲靖师院、曲靖一中、曲靖二中、卓立学校、卓然小学等20余所大中小学资源，区域医疗中心、市中医院等优质医疗资源，国家AAA级旅游景区爨文化小镇、国家长征主题公园三元宫爱国主义教育基地等文旅资源，园区工业企业达218户，就业就学就医便捷畅达，人流、物流、信息流、资金流加速融合汇集，发展后劲和潜力十足。

四是具有较高的发展首位度。是全市产业发展的主战场、招商引资的主平台、对外开放的主窗口，享有招商引资、对外开放、项目审批等各项政策红利，获评长江经济带国家级转型升级示范开发区、中国（云南）自贸试验区联动创新区、国家级绿色工业园区、省高新技术产业开发区、省级绿色低碳示范产业园区、省级绿美园区。

四、经验启示

（一）园区发展经验

首先，要以主导产业为主攻方向，全力推进主导产业发展。曲靖经济技术开发区要抢抓硅光伏和新能源电池两大产业洗牌重组重塑的战略发展机遇期，抓好产业主攻方向，深挖产业链条和分支配套项目，补齐补强产业链短板弱项，推动产业集群发展。一是全力推进千亿级硅光伏产业集群建设。充分发挥项目专班统筹协调作用，加快推动晶澳三期年产10GW高效电池片和5GW高效组件、润阳一期年产13GWN型高效太阳能电池片、阳光三期年产20GW硅棒和10GW切片项目尽快达产满产，2024年6月前启动润阳二期、晶澳四期等项目建设，大力引进浆料、背板、胶膜、边框、坩埚等配套产业。力争到2025年建成150GW单晶硅棒及单晶切片、80GW电池片、20GW组件等产能规模，实现产值1800亿元以上，建成"世界光伏之都"。同时，系统谋划推动光伏园区和光伏小镇建设，加快推进阳光三期34MW、晶澳三期29MW等分布式光伏项目建设和并网进程，力争2025年建成300MW分布式光伏电站，建成光伏示范园区，助力零碳园区建设。二是全力推进千亿级新能源电池产业集群建设。做好服务保障，推动中科电气年产10万吨锂电池负极材料、亿纬锂能年产23GWh储能动力电池项目尽快满产达产，尽快启动曲靖沃氟一期5万吨含氟污泥资源化利用、田边智能工业窑炉及智能装备制造等项目建设，积极引进精密结构件、铝塑膜、导电剂、储能变流器（PCS）等配套产业，力争形成150万吨磷酸盐系正极材料、30万吨负极材料、100万吨磷酸铁锂前驱体、4.5万吨补锂剂、5万吨高端锂电铜箔、23GWh动力电池、10GWh储能电池等产能规模，建成全国重要的新能源电池产业基地。

其次，持续发力大抓招商引资，为园区发展提供充足的资金保障。坚持把产业链安全放在更加重要的位置，认真分析和审视行业变动周期性特点，着力提升招商引资的精准性、实效性，在持续用力招引链主企业的同时，大力推进延链条、补配套，紧盯与经开区关联度高的专精特新企业以及上下游重点配套企业，加强对企业的甄选鉴别和投入产出综合核算，发挥好现有龙头企业、产业基金平台等优势，通过产业链招商、以商招商、平台招商等方式，精准招引拥有核心技术、抗风险能力强的胡杨型企业，加快补齐推动产业链短板，不断提升产业链竞争力和安全水平。

最后，扎实做好项目谋划包装建设，保障园区高质量发展。一是加快项目建设，加强政策研究和对上对接，着力将重大产业项目纳入全省"重中之重"项目库，争取国家、省市重点支持；依托市经开投国资平台，大力推行厂房代建模式，进一步压缩基础设施建设投入和时间成本，助力项目早建成、早投产。二是加强项目包装谋划，吃准吃透政策导向和投资动向，结合经开区实际，做细做实可研等前期工作，提高项目谋划的质量和精准度，在能源、社会事业、基础设施、园区建设、生态环保、产业发展等重点领域谋划包装储备一批打基础、利长远的项目，全力争取中央和省预算内资金、地方专债、增发国债等支持。

（二）园区发展启示

一是产业发展是根本，产业集聚发展是方向。产业集聚是园区经济发展的必然方式。在园区内，存在一定联系的产业相互融合，能够提高园区的市场竞争力，不同产业之间资源共享，信息相互流通，有利于形成成本节约效应、技术创新效应、分工协作效应等，形成社会生产力发展的集聚地。曲靖经济技术开发区聚焦主责主业，把发展硅光伏、新能源电池两大主导产业作为赶超跨越的重中之重，集中精力延伸产业链，千方百计建设产业集群，推动两大产业扩链倍增，以产业发展支撑经开区高质量跨越式发展。

二是营商环境是竞争力，企业是园区发展内在动力。营商环境是项目引得进、落得下、快发展的核心关键，更是企业充分信赖、接续投资的重要因素。曲靖经济技术开发区打好营商环境系列"组合拳"，让企业感受到实打实的吸引力，实现了"招来一个、引来一串、发展成链"的链式反应，不断引进高质量企业，才能实现园区经济的高质量发展。

五、点评

园区经济发展要以大力发展主导产业为首要目标，以达到产业高度集聚的目的。结合前文产业集聚理论分析可知，随着园区产业的高度现代化发展，产业链条不断延伸，各产业间关联性逐渐增强，以及园区内各企业对低成本、新技术、信息共享等的追求，园区经济发展必然要走产业集聚这条道路，才能不断提升园区的竞争力，实现园区经济高质量发展。曲靖经济技术开发区始终坚持高度聚焦发展硅光伏、新能源电池两大主导产业，千方百计

建设这两大产业的千亿元级产业集群，同时兼顾其他产业稳步发展，不断推进产业集聚发展，实现园区经济快速发展，此外，园区已获评"云南省优势型制造业集群和优势型绿色低碳制造业集群"称号。可见，产业集聚在园区经济发展中具有十分重要的地位，各园区应以各自特色主导产业为基础，不断建设园区特色产业群，以实现园区经济高质量发展。

第三节　安宁产业园区案例

一、案例背景

（一）园区发展优势

安宁产业园区是云南省唯一集石油、钢铁、磷化工三大产业于一体的省级开发区，也是全省最大的化工园区。作为全省首批18个重点产业园区之一，经过近15年的发展，已获评"国家级新型工业化（磷化工）产业示范基地""国家级绿色工业园区""全国化工潜力园区十强""云南省绿色低碳示范产业园区"等殊荣。安宁产业园区规划控制范围200平方公里，规划建设范围100平方公里，建设用地约74.17平方公里，范围涵盖青龙、草铺、禄脿3个街道，布局化工园区、千亿元级绿色新能源电池（新材料）产业园区、冶金—先进装备制造及环保循环经济产业园区、高新技术产业园、320战略性新兴产业园共五大片区。

安宁产业园区所在地安宁市是省会城市昆明通往大理、楚雄等滇西8个州，连接南亚、东南亚的交通重镇，距昆明市中心仅28公里，距长水国际机场仅44公里；境内拥有读书铺、大桃花、大龙山3条铁路物流枢纽；依托昆安、安楚、安晋、武易、西北绕城等高速公路，可实现资金、人流、物流、产业的快速涌动，形成以铁路、高速公路、航空三位一体的立体运输体系。

此外，安宁产业园区在园区基础设施、自然资源等方面也具有一定优势。在基础设施方面，围绕主导产业、重点企业和重大项目配套，园区已建成囊括水、电、路、气、公租房、标准厂房、铁路专用线、固废处置场等一批重点基础设施项目，"全域通达、公铁联运、清洁生产"叠加优势明显，发展支撑度和项目承载率远高于省内其他园区。在自然资源方面，安宁有磷，有锂，有石

油焦，其中磷化工产业是正极材料、电解液等材料部件重要原材料的生产行业，石化产业是负极材料、隔膜、箱体等材料部件重要原材料的生产行业，能够就地取材、就近配套、延链集群。同时，还具有全省最大的化工园区承载优势以及昆明市、滇中新区、安宁市"三重"政策叠加等优势。

（二）园区发展情况

近年来，安宁产业园区坚持"抓园区靠产业、抓产业靠项目、抓项目靠招商、抓招商靠服务"，园区开发建设实现了大提升、大转变。特别是2022年以来，安宁产业园区抢抓全省首批重点产业园区重大机遇，笃定目标发展园区经济，集中要素攻坚项目建设，园区发展量质并进，势头强劲，规模以上工业总产值首次超千亿，达1259.88亿元，同比增长31.31%；完成固定资产投资163.16亿元，同比增长79.04%；规模总量和绝对值位居全省开发区首位；累计引入产业链项目46个，包括孚能科技、云南友天等5个百亿项目，实现招商引资到位内资168.6亿元，超目标任务73.6亿元，创历史新高。园区近3年主要经济指标情况如表9-1所示。

表9-1 园区近三年主要经济指标

主要经济指标	2020年	2021年（同比增长）	2022年（同比增长）	2023年（上报数）（同比增长）
规模以上工业企业营业收入（亿元）	898.02	1113.38（23.98%）	1326.5（19.14%）	—
规模以上工业总产值（亿元）	800.42	959.49（19.87%）	1259.88（31.31%）	1564.4（24.2%）
固定资产投资（亿元）	80.54	91.13（13.15%）	163.16（79.04%）	155.5（−5.2%）
工业固定资产投资（亿元）	74.58	80.88（8.45%）	153.99（90.39%）	145.99（−5.2%）
招商引资到位资金（亿元）	92	104（13.04%）	168.6（62.11%）	171.38（29.02%）
规模以上工业企业数量（户）	44	52（18.18%）	66（26.92%）	81（22.73%）

（三）发展存在的问题

虽然安宁产业园区经济建设取得了一定成绩，但与省外先进发达地区园区相比，对照集群化、低碳化、数字化、高端化发展方向和要求，还存在一些差距，主要有以下方面。

一是经济体量还不够大，发展速度还不够快，经济发展仍然依赖少数支柱企业，中石油、宝武昆钢、云天化、祥丰等企业产值占比接近90%，新投产的大项目不多，支撑和拉动作用尚未显现，经济运行稳中承压、稳中有忧。二是三大千亿元级产业集群化发展还不够，完整性、高端化的产业集群尚未完全形成，产业延链补链强链仍然任务艰巨。三是公共服务配套还不够完善，项目转化还不够高、不够快。要素保障制约依然存在，特别是土地、电力保障、产业基金设立与项目落地需求存有差距。2022年动工建设率仅达50%，要素保障跟不上已成为制约招商引资项目成果转化的最大问题。四是与国家级开发区、高新区相比，创新发展和改革开放等指标还有短板差距。对标产业园区高质量发展综合实力、质量效益、创新能力、绿色低碳、开放水平、安全发展等6类指标，创新能力恰恰是园区高质量发展最大的短板。

二、具体做法

安宁产业园区坚持"抓园区靠产业、抓产业靠项目、抓项目靠招商、抓招商靠服务"，园区开发建设实现了大提升、大转变。特别是自2022年以来，安宁产业园区抢抓全省首批重点产业园区重大机遇，笃定目标发展园区经济，集中要素攻坚项目建设，园区发展量质并进、势头强劲。

一是规划龙头引领突显。安宁产业园区坚持规划龙头地位、注重环评互动要求，先后编制完成园区总规、化工园区总规以及片区控规等重大规划，全面启动电力、给排水等专项规划编制，初步构建起"全域覆盖、分级管理、分类指导、多规合一"的"1+1+5+N"规划新体系。

二是优化产业结构，推动产业现代化发展。安宁产业园区聚焦传统优势产业转型升级、先进制造业加速壮大、战略性新兴产业快速崛起，按照"发展更聚焦、产业更细分、链条更精准"的原则，着力优化结构，提升能级，做大总量，做优质量，初步构建起石化、冶金、绿色新能源电池三大千亿元级主导产业集群，初步形成了具有"省内先发、安宁唯一"的三大千亿元级产业优势。在石化产业方面，重点推进中石油云南石化减油增化项目，重点

发展有机原料、合成树脂、工程塑料、精细化工、特种橡胶、精细化学品等为主的配套产业，着力打造面向南亚、东南亚的国家级石化基地，2022年产值达908.64亿元，占到园区规模以上工业总产值（1259.88亿元）的72.12%。在冶金产业方面，以宝武昆钢、云南铜业、云南黄金集团、云南贵金属集团为龙头，加快推动金属冶炼及压延加工产业集合式发展，打造全省重要的冶金产业基地，2022年实现产值214.04亿元，占到园区规模以上工业总产值的16.99%。在新能源电池产业方面，围绕"资源—材料—电芯—电池—应用—回收利用"全生命周期产业链，重点发展磷酸铁前驱体材料、磷酸铁锂、石墨负极、电解液、隔膜、铜箔、铝箔等相关产品和技术，重点培育"磷酸—碳酸锂—磷酸铁锂—储能或动力电池—梯次综合利用"为代表的磷酸铁锂系电池全产业链，推动清洁能源、储能等新能源产业发展，打造国内一流的新能源电池材料生产基地，逐步形成面向全国的绿色新能源电池产业集群。2022年产值实现零的突破，达84.94亿元，占到园区规模以上工业总产值的6.74%。

三是加快产业集群化发展进程。安宁产业园区坚持培育壮大市场主体与做大做强主导产业"两手抓、两促进"，推进企业集聚、产业集群。一抓龙头企业发展。实施"百、十、亿"元企业培育工程，着力打造百亿元企业龙头、培育10亿元企业集群、抓实亿元企业支撑。2021年以来，成功引入湖南裕能、上海杉杉、孚能科技、欣旺达等一批头部企业（百亿元项目）。截至2022年底，全市123家规上工业企业中，园区占到了53.66%，达66家，其中产值百亿元以上2家、50亿—100亿元2家、10亿—50亿元4家、1亿—10亿元23家，初步形成了"大企业顶天立地，小企业铺天盖地"的生动局面。二抓主导产业培育。坚持"一园一业"主导，在全省率先建立工业产业"链长制"＋"兵团制"，成立"一部三兵团"（即现代工业发展作战部，石化、冶金、绿色新能源电池产业链兵团）并实体化办公，集中一切资源和力量主攻3条千亿元级产业链。中石油云南石化DCC项目加快推进，云南黄金产业园等重大支撑项目动工建设，特别是立足"禀赋"找准"赛道"，成功引进湖南裕能、上海杉杉、正威国际、华友钴业4个百亿元项目并动工建设，绿色新能源电池成为新的产业发展极。

三、主要成效

（一）园区绿色低碳化成效明显

园区始终坚持"生态优先、绿色低碳"，重点围绕产业培育、设施配套、资源利用等领域，不断提升绿色低碳化水平。园区获评"国家级工业资源综合利用示范基地""国家级绿色工业园区""云南省绿色低碳示范产业园区"的称号，同时中石油云南石化等3家企业创建为国家级绿色工厂。一是在能源利用方面。坚持绿色能源建设优先，建成运营可实现年平均发电量3.125亿千瓦时的250MW光伏发电项目推进顺利，园区中小企业孵化基地一期、二期、云南祥丰环保有限公司、安发杭萧、金方金属等多家企业屋顶光伏项目已建成投产。园区集中供热暨蒸汽管网建设项目已启动可行性研究工作。二是在资源利用方面。出台3个文件，形成"1+2"政策体系，即工业资源综合利用基地建设实施意见、钢渣固废资源综合利用实施方案、磷石膏（建材）推广应用方案，加快促进废物循环使用，加快构建绿色制造体系，云天化科技、祥丰环保、吉麟环保等一批磷石膏综合利用环保项目相继建成，武昆股份、天安、祥丰"两化"改造全面完成。2021年，规上企业一般工业固体废物综合利用率为39.04%；2022年，规上企业一般工业固体废物综合利用率为64.99%。三是在产业发展方面。依托磷系正极材料"第一车间"等优势，全产业链培育打造绿色新能源电池产业集群，被授予"云南省绿色低碳制造业集群（优势型）"称号。目前，已"竣工投产"一批项目3个，2022年形成产值84.94亿元，云南杉杉等负极材料项目正在顺利推进。四是在设施配套方面。一是抓示范项目建设。已完成绿色低碳示范产业园区项目方案编制和审查，依托园区中小企业科技孵化基地，建设工业绿色低碳展示中心、绿色智能化管理中心，力争打造"零碳园区"。二是抓绿色设施建设。大龙山铁路专用线建成通车，运量大、成本低、排放少的优势全面凸显。在现有3座污水处理厂的基础上，全面启动园区第四污水处理厂和污水管网配套及中水回用工程建设，加快实现"污水管网全域覆盖、新增污水全量处理"。

（二）园区数字化赋能不断增强

一是推动5G赋能。与中国移动携手合作，初步实现园区规划范围内5G网络和千兆光网全覆盖，获评云南省工业互联网试点园区，入围全国智慧化工园区试点单位。二是打造智慧园区。项目总投资1.085亿元，包含"一舱六中心"，即"智慧驾驶舱"、工业大数据中心、党群人才中心、规划建设中心、云招商服务中心、企业服务中心（含安全预警监测系统）、科技创新中心，项目建成后园区将实现"管控智能化、服务网络化、生产数字化、数字产业化"。目前，各子系统已进入试运行调整阶段，除"智慧驾驶舱"外，项目于2023年内全面建成投用。三是支持企业"智造"。引导支持企业数字化改造，昆钢智慧制造中心、天化化工智能指挥中心建成投用，云天化集团"工业互联网项目"被列为数字化转型标杆项目试点，云天化"化工行业工业互联网应用平台"被认定为省级平台，有效推动了传统产业、重点企业从"制造"向"智造"转变升级。

（三）园区自主创新能力不断增强

《规划》实施以来，园区进一步加快园区创新发展，切实增强企业自主创新能力，深入推进产教融合、校企合作，培育了一批具有创新活力和发展潜力的科技型企业，为提高安宁市企业竞争能力、推动高新技术产业发展、促进产业结构调整做出了重要的贡献。截至2022年，园区拥有高新技术企业28家、国家专精特新"小巨人"企业2家、专精特新中小企业4家、创新型中小企业15家、中小企业科技孵化基地1个。同比2020年，新增国家知识产权优势企业1家，省级知识产权优势企业6家（2021年2家、2022年4家），新增省级企业技术中心1家、市级技术中心6家，新通过知识产权管理体系认证企业5家。围绕园区化工、冶金及装备制造、绿色新能源电池重点产业，新增专利申请47件，其中发明专利23件；新增专利授权215件，其中发明专利17件；商标注册量累计达到323件。

（四）园区项目建设强劲有力

园区坚持要素跟着项目走，全力抓好重大项目"七通一平"、土地林地报批等要素保障，推动项目快动工建设、快竣工投产。一是在道路建设方面，已完成大龙山铁路专用线工程、昆钢二期场平工程、云南安宁产业园化工园区达标建设项目（一期）工程、石化北片区部分主干道、钢铁东片区部分市政道路工程；二是在基础管网建设方面，已完成安宁工业园区电缆沟项目（一期）工程、DN800昆钢生产供水及两根DN700生产双水源供水等工程建设，园区基础配套设施要素保障更趋完善；三是在"涉电涉气"保障方面，确保了冶金—先进装备制造及环保产业园（东区）35KV龙山变及配套10KV供电线路、云南杉杉项目临时供电线路送电投运。110KV柳树变电站开工建设，启动220KV安宁工业园区变电站、220KV建宁变电站开工建设，2023年底前全部建成投用；草铺500KV变扩建项目提前谋划纳入建设日程；启动中石油二期场平工程和地块线线范围内220KV电力线路迁改工作；中石油北片区一号主干道次高压燃气管道迁改等工程完工，保障了企业入场施工、项目竣工投产。

四、经验启示

（一）科技创新发展经验启示

一是培育创新主体，驱动发展"新引擎"。聚焦石化、冶金、新能源电池三大主导产业，按照"储备一批、培育一批、提升一批"的原则，构建"创新型中小企业—专精特新中小企业—专精特新'小巨人'—单项冠军企业"梯次培育体系，每季度筛选更新一批企业纳入高新技术企业培育库，设立企业服务专员跟踪对接新引进企业、新注册企业和入库企业生产经营与研发情况，开展"发现一批、推出一批、认定一批、服务一批"全链条服务。

二是建强平台载体，筑造创新"新舞台"。把搭建创新平台作为提升创新能力、促进科技成果转化载体，支持武钢集团昆明钢铁股份有限公司、云天化石化有限公司等骨干企业与四川大学、昆明理工大学、武汉科技大学等知名高校和云南省建筑材料研究院、云南省化工研究院等科研院所合作共研建设工程研究中心、技术中心等各类研发创新平台和机构。通过创新平台的不断建设，推动创新要素向园区聚集，提高企业研发能力，推动科技创新成果不断涌现和转化。

三是提升科技服务，破解创新"中梗阻"。探索科技服务新机制，服务企业"主动进门"，联合昆明国际石化磷化产业集群公共服务窗口等平台开展科技政策宣传、科技业务培训，推动政策红利由"纸面"落到"地面"。提升科技服务，营造宽松、包容、协同的科技创新"软环境"，以科技赋能传统产业转型升级，提升新型工业化水平，激发企业创新活力，推动以企业为主体的创新体系落到实处。

（二）亩均产值提升经验启示

1.前期积极准备

一是严格执行"净地"出让规定，提前筹备，实现"地等项目"。产业园区管委会积极对接市自然资源局、街道提前开展土地报批、收储工作，为"标准地"出让备好前提条件。二是推动"多评合一"和成果共享共用，提前谋划，做好区域评估。按照"标准地"改革的指标要求，需开展环境影响评价、节能评价、压覆重要矿产资源等多项区域评估。产业园区管委会结合区域实际，逐项研究，锁定区域评估范围，积极对接行业主管部门，建立试点期区域评估清单，分类推进相关评估工作。三是创优营商环境，提高标准，达到"六通一平"用地条件。为加大招商引资力度，加速项目建成投产，产业园区管委会在工业项目"标准地"动工开发所必需的"三通一平"标准上，试点项目用地达到通电、通路、通给水、通通信、通排水、通燃气、土地平整等条件，为项目建设投产奠定坚实基础。

2.严把项目准入

产业园区管委会严把项目准入关口，结合实际，将"5+X"控制性指标锁定为固定资产投资强度、亩均税收、单位排放、单位能耗、容积率，"X"指标视情况增加科研投入、就业、技术、人才、品牌等软性投资指标，并在后续与土地竞得人签订《工业项目"标准地"投资建设协议》明确用地标准、履约标准、指标复核办法、承诺事项、违约责任等权利义务。

3.规范出让流程

产业园区管委会根据《云南省工业项目"标准地"出让改革工作指引》，规范工业项目"标准地"出让流程。把《工业项目"标准地"投资建设协议》与《国有建设用地使用权出让方案》一并报土储委会审议，经市政府批准后，《工业项目"标准地"投资建设协议》作为工业项目"标准地"招拍挂出让公告的一部分向社会公示。企业竞得土地后，在与市自然资源局签订《国有建设用地使用权出让合同》时，与管委会签订《工业项目"标准地"投资建设协议》，并在《国有建设用地使用权出让合同》上标明"标准地"信息。企业按照约定缴纳全部土地出让价款和有关税费后，市自然资源局在"标准地"的不动产权证书、不动产登记簿的附记栏注明"本宗地属工业项目'标准地'性质，其土地使用权变更须满足工业项目'标准地'项目要求"。

4."店小二服务"贯穿始终

工业用地"标准地"改革试点工作推进中将安宁产业园区"店小二服务"进行了进一步推广和提升。严格要求工作人员按照"五个到位"即"全程服务到位""审批代办到位""要素保障到位""问题解决到位""政策兑现到位"的工作机制,在意向申请"标准地"供应的企业项目获得准入后,全程参与、全程对接、全程协调项目在推进过程中的存在问题。

(三)项目强化、招商引资经验启示

坚持抓发展从抓环境入手,围绕营造亲商、爱商、护商、惠商良好氛围,强化最优政策支撑,打造最优营商环境。一是坚持"高目标"引领发展。全市围绕"新型城市化先导区、昆明现代工业基地"的功能定位,确立"用4年时间,到2025年在昆明市率先实现工业总产值突破2500亿元,力争3000亿元"的行动目标。二是突出"实举措"大干工业。鲜明确立"工业立市"等四大战略,全面实施"工业立市"五年行动,推动"工业优先、大干工业、大上工业"。落实省、市降低实体经济企业成本、促进经济平稳健康发展以及加快构建现代化产业体系等有关文件精神和工作要求,先后形成降低实体经济企业成本促进工业招商引资项目落地实施细则、"工业十条"、支持绿色新能源电池产业发展专项扶持办法等一批政策举措,将政策优势转化为发展胜势。三是打造"软环境"提升服务。探索建立"12345"工作机制(即"1"成立重点产业发展和重点项目建设指挥部,统一指挥、每周调度;"2"建立"兵团制"+"链长制",实现"两级指挥、兵团作战";"3"推行"3个1%"工作法,但凡招商有1%的希望,就付出100%的努力,只要项目有1%的需求,就提供100%的服务,为企业增加1%的利润,就做出100%的工作;"4"建立"四即"项目推进机制,即"签约即审批、履约即进场、拿地即开工、竣工即投产";"5"实施五大服务机制,即"规划管家"、"环保管家"、"安全专家"、"企业服务平台"、驻企"店小二5D"服务机制),尽全力做到服务企业和项目"全周期、零距离",做到政策落实和诉求回应"零时差、零落差"。

五、点评

安宁产业园区坚持集群化、低碳化、数字化、高端化的发展方向,不

断推动园区经济高质量发展，是产业集聚和可持续发展理论的集中体现。园区一是坚持培育壮大市场主体与做大做强主导产业"两手抓、两促进"，推进企业集聚、产业集群，不断加强企业间、产业间的联系，促进彼此相互融合；二是重点围绕产业培育、设施配套、资源利用等领域，不断提升绿色低碳化水平，全产业链培育打造绿色新能源电池产业集群。园区构建了石化、冶金、绿色新能源电池三大千亿级主导产业集群，同时始终坚持"生态优先、绿色低碳"的发展方向，获评"国家级新型工业化（磷化工）产业示范基地""国家级绿色工业园区"等称号，可见园区在不断推进产业集聚发展的同时，坚持走可持续发展道路。园区经济高质量发展可持续发展是前提，园区经济发展必须长久有效带动区域经济发展，推动产业集聚发展的同时要做到园区发展的可持续性。

第四节　保山产业园区案例

一、案例背景

保山产业园区成立于2023年1月，前身为2012年批准建设的保山工贸园区。园区位于市政府所在地隆阳区，距中心城区10公里，规划面积19.7平方公里，按照"一园三轴四片区"空间布局，目前完成开发面积10平方公里，入驻企业132户，解决就业约2万人。

（一）园区发展优势

1.区位较为独特

区位条件优越，地处滇西咽喉，是中国、南亚、东南亚三大市场的交会点（内联外通南亚、东南亚30多亿人口），是"古南方丝绸古道"的重要驿站，是"一带一路"倡议和中缅经济走廊建设的重要节点，同时面对片马、猴桥、畹町、瑞丽和清水河5个国家级一级边境口岸，是国家面向南亚开放条件最优、路程最短的陆上通道（经保山→腾冲→缅甸密支那→印度雷多全程700多公里）。对内依托中国西部地区乃至全国14亿人口的成熟市场，对外连接南亚东南亚经济圈18亿人口的消费市场，对于瞄准南亚东南亚市场的行业龙头企业具有极强吸引力。

2.气候十分宜人

位于北纬24°—25°之间，属西南季风区亚热带高原气候类型，年日照时间长达2200—2500小时，森林覆盖率为65.56%，年平均气温16.5℃，年平均降雨量972.44毫米，全年无霜期247天以上，冬无严寒，夏无酷热，四季如春，城市空气质量、饮用水源水质均保持在国家二级标准，是寒冬旅居度假的天堂。

3.交通物流便利

公路：纵贯境内的320国道和杭瑞高速为主干，与主城区、周边城镇组团高效联动，路网无缝对接，保山绕城高速公路贯穿园区并设有开口，主干路和次干路形成"四横五纵"路网结构。航空：保山是云南省首个拥有双百万级机场的地级市，通航北京、上海、广州等国内发达城市，保山机场距离园区仅6公里，腾冲机场作为国家新批准的口岸机场，将实现直飞全国及世界更多的城市。铁路：大瑞铁路保山段已通车，实现保山市与周边地市、周边国家的铁路运输。同时，保山建有小永、蒲缥2个物流园。2023年保山北火车站运送货物451万吨，其中发送132万吨，到达319万吨，超过原设计运量100万吨的3.5倍；蒲缥物流园铁路专用线开通、中缅新通道（缅甸—保山蒲缥—成都）公铁联运班列成功首发，促使大通道建设取得新突破。

4.境外平台优势

园区在云南省率先实施境外园区即保山市—曼德勒缪达经济贸易合作区建设，整合境内、境外"两种资源"和"两个市场"。境外园区规划用地1905亩，现已建成厂房23栋、仓库2栋、宿舍3栋，建筑面积约10.3万平方米。相较国内，缅甸劳动力更为充足、用工成本低廉，企业入驻境外园区可享受厂房租赁、进出口补贴、税收减免等优惠政策，加之中缅公铁联运班列的畅通，可实现境内外联动发展的独特优势。

5.资源种类丰富

矿产资源丰富，至今共发现各类矿产70种，占全省已发现矿产157种的44.59%，其中硅矿石资源丰富，预计总储量1亿吨以上，矿石储量和矿石品位均位于全省前列。同时，生物资源丰富，隆阳区是保山小粒咖啡的核心产区，保山小粒咖啡多次荣获国家、世界级金奖，2023年入选全国名特优新农产品名录。

（二）园区发展情况

1.园区规划布局合理

园区总规划面积为19.7平方公里，为合理化、规范化布局产业，有效发挥产业集群效应，规划形成"一园四片区"的空间布局。其中，北部片区规划面积6.25平方公里，主要发展绿色生物制造、绿色轻纺产业，现代物流、文旅康养产业为辅；中部片区（包含隆阳、施甸"园中园"）规划面积4.3平方公里，主要发展绿色能源、绿色生物制造产业；南部片区（包含腾冲、龙陵、昌宁"园中园"）规划面积7.77平方公里，主要发展绿色能源产业；东部片区规划面积1.03平方公里，主要发展绿色建材、资源循环利用产业；东部片区八鸭塘组团规划面积0.27平方公里，作为预留发展区，主要发展绿色能源产业。

2.产业聚集效应初显

园区初步形成了以绿色能源产业为主导产业，绿色轻纺和绿色生物制造产业为特色产业的"一主两特"产业布局，逐步形成产业集群效应。

（1）绿色能源产业方面：引进了隆基和通威等龙头硅光伏企业，并于2022年荣获"云南省成长型制造业集群"称号，形成了21GW（实际产能31GW）单晶硅棒和5万吨高纯晶硅产能。2023年，聚焦硅光伏产业强链，多方对接硅颗粒加工企业，引进乐山亿诚聚鑫科技有限公司年产5万吨金属硅颗粒项目并建成投产，启动实施全市首个屋顶分布式光伏发电项目；着力推动新能源电池产业强链、补链，持续跟进路华能源科技（保山）有限公司技术提升改造及股权重组，协助企业逐步实现战略性重组，签约年产5.5GWh新能源电池暨储能生产基地项目。

（2）绿色轻纺产业方面：立足现有8户绿色轻纺产业基础，2023年积极拓展下游产业环节，锁定丝袜、内衣等外向型产业方向，重启轻纺全产业链招商，牵头组织市环保、工信等部门到汕头、义乌等地调研走访，学习先进技术，对接重点企业，着力推动印染环节取得突破。2023年，保山产业园区荣获"全国纺织服装产业园区（示范）"称号。

（3）绿色生物制造产业方面：持续加大咖啡特色产业培育力度，已入驻中咖、农垦、景兰、比顿等10户咖啡加工企业，落实资金保障精品咖啡产业园基础设施配套完善，精心筹办首届"保山小粒咖啡"文化月系列活动及各类咖啡赛事活动。瞄准生物发酵行业赛道，以嘉保生物科技（保山）有限公司年产5000吨生物多糖产品项目为抓手，力促一期项目建成投产，生物发酵产业实现从"0"到"1"的关键突破，前瞻性布局产业竞争新优势。

3.功能配套不断完善

牢固树立"工业发展、基础先行"的理念，坚持产城融合，使创业者、就业者安居乐业，不断改善园区发展的"硬环境"，着力打造"宜居、宜业、宜游"园区。市政基础设施日趋完善，园区已建设青阳路、开元路、归汉路、长盛路等28条市政道路，总长65.64公里，完成32万平方米绿化面积，覆盖园区启动区及各"园中园"范围。建成标准厂房71.5万平方米；建成保障性住房41栋，共计5861套，41.93万平方米；配售电力公司落户园区，建成220千伏王家山变电站及绿色硅产业配套220千伏变电站各1座、110千伏变电站2座、35千伏变电站2座；建成日供水8万吨水厂1座（生活用水），建设启动区日处理0.3万吨污水处理站1个，日处理1.5万吨综合污水处理厂1座，敷设污水管网58.5公里；敷设中低压中缅油气管道约15公里，昆仑燃气配气站目前日可供气15万立方米。已实现供水、排水、电网、道路、通信、燃气及土地平整"六通一平"。同时，园区辖区青阳新城已配套建设职教园区、医院、学校、客运站、商业街、行政中心等功能设施，汉营走马文旅古镇、温泉酒店等商业文化项目已启动，形成产城融合、互动并进的效应。一个工商繁荣、功能完善、绿色生态、舒适宜居的新型现代化产业园区已初步建成。

4.优惠政策扶持企业

园区先后出台《保山产业园区入园企业服务方案》《保山产业园区招商引资企业入驻标准厂房管理办法》《保山市—曼德勒缪达经济贸易合作区招商引资管理暂行办法》《保山工贸园区稳增长工作措施》等政策措施，为支持入园企业高质量发展提出有力举措，重点培育规上专精特新企业，给予标准厂房租金减免、"一主两特"产业链延链补链方面重点支持。同时，贯彻省、市政策给予入园企业用地、租用厂房优惠，对符合条件的企业给予进出口补贴、上市、挂牌、升规、商标奖励及用工激励和高层次人才引进奖励等。

5.科创水平不断提升

保山产业园区历来高度重视知识产权工作，早在原保山工贸园区时期就被列为国家知识产权试点园区。2023年出台《关于印发支持科技创新创业发展的实施意见的通知》《进一步加大优化营商环境工作力度的实施方案》，设立专利信息工作站，加大经费投入力度，为园区营造了良好的知识产权创造、运用、保护、服务环境。截至目前，园区培育具备技术资源优势的有3家国家知识产权优势企业、4家云南省知识产权优势企业、16家高新技术企业、4家云南省企业技术中心，132户企业中32户企业拥有有效专利411件，其中最多的企业拥有有效专利数达60件，极大地推动了园区经济高质量发展。

二、具体做法

（一）抓规划完善优布局

结合园区的产业基础、资源禀赋、区位优势、发展潜力等，围绕产业发展定位、产业体系、产业结构、空间布局、经济社会环境影响等方面，因地制宜确定区域布局、功能定位、发展方向等，构建绿色能源、绿色轻纺、绿色生物制造的"一主两特"产业布局。加快构建"一园四片区"规划发展格局：北部片区布局绿色轻纺、绿色生物制造2个特色产业，现代物流、文旅康养等辅助产业；中部片区布局绿色能源和绿色生物制造产业；南部片区布局绿色能源产业；东部片区布局绿色能源和资源循环利用产业。

（二）抓项目实施强基础

组建项目投融资工作指挥部，聚焦上位政策导向，全力以赴谋项目、争资金、抓实施，项目投资工作局面有效扭转。按照"签约一批、前期一批、开工一批、竣工一批、融资到位一批"5个一批分类管理，谋划2023—2024年重大项目47项、总投资194.7亿元。全力向上争资争项，组织申报2023年特别国债项目、2024年新增中央投资项目、地方政府专项债券项目、省预算内前期费项目等。2023年累计争取到位各类资金8.72亿元，其中地方政府专项债券项目1项，到位资金4.1亿元；争取到银行融资项目2项，获贷款资金支持2.58亿元；争取到再融资一般债券1.82亿元；争取到2023年第一批省预算内前期费2项，到位资金195万元；争取到2023年度省级绿色硅产业集群扶持资金1800万元、2023年第一批专利转化促进项目支持资金180万元。严格执行"周例会、月调度、季总结"工作机制，聚力项目建设支持产业发展，全方位查症结、破难题、抓进度，着力推进在建、新开工项目复工开工。嘉保生物一期项目建成投产，通威二期污水接入工程顺利联网，天立学校二期项目、武警某部进场道路交付使用，综合污水处理厂扩建、消防特勤站、建筑垃圾制砌块项目等重点项目前期工作有序推进。

（三）抓产业招商注动能

聚焦"一主两特"产业布局，组建4个招商专班，建立"一个产业领域、一个主责部门、一个工作专班、一个目标企业清单、一个招商计划"工作机制，筛选重点企业、锁定招商对象，全力以赴推动产业招商落地见效。在绿色能源方面，聚焦硅光伏产业强链，多方对接硅颗粒加工企业，引进乐山亿诚聚鑫科技有限公司年产5万吨金属硅颗粒项目并建成投产；推进硅光伏产业延链，重点招引光伏组件、电池片等下游企业，紧盯天合光能等业内龙头企业，稳步推进1GW光伏组件及地面光伏发电项目签订框架合作协议，启动实施全市首个屋顶分布式光伏发电项目；着力推动新能源电池产业强链、补链，持续跟进路华能源科技（保山）有限公司技术提升改造及股权重组，协助企业逐步实现战略性重组，签约年产5.5GWh新能源电池暨储能生产基地项目。全力保障长岭岗化工园区顺利通过国务院、省安委会安全风险复核评估认定为合格等级，确定为一般风险等级（C类），为硅光伏企业落地生产奠定基础。在绿色生物制造方面，瞄准生物发酵行业赛道，以嘉保生物科技（保山）有限公司年产5000吨生物多糖产品项目为抓手，力促一期项目建成投产，同步推进一期二阶段及二期项目协商谈判，生物发酵产业实现从"0"到"1"的关键突破，前瞻性布局产业竞争新优势。持续加大咖啡特色产业培育力度，落实资金保障精品咖啡产业园基础设施配套完善，精心筹办首届保山小粒咖啡文化月系列活动及各类咖啡赛事活动。保山精品咖啡产业园被评定为保山咖啡产业创业孵化示范园区；保山咖啡直播基地被评选为省级直播电商示范基地，产业集群发展态势进一步夯实。在绿色轻纺方面，立足现有纺纱、包覆纱产业基础，千方百计拓展下游产业环节，锁定丝袜、内衣等外向型产业方向，重启轻纺全产业链招商，牵头组织市环保、工信等部门到汕头、义乌等地调研走访，学习先进技术，对接重点企业，着力推动印染环节取得突破。2023年，保山产业园区荣获"全国纺织服装产业园区（示范）"称号。同时，充分利用南博会、国家产业转移大会、腾冲科学家论坛等机遇，组织外出招商及考察活动30余次，赴浙江、上海、广州等多地拜访企业67户，接待到访企业200余户，分别与国信中健数字科技有限公司、乐山亿诚聚鑫科技有限公司等11户企业签订协议，协议引进资金51.39亿元。

（四）抓服务提升优环境

建立"挂联包"工作机制，实行领导班子成员挂钩联系5个"园中园"、干部职工联系服务64户重点企业、挂钩包保7个重点产业15个重大项目工作制度，2023年共组织干部职工深入走访入园企业216户（其中，工业企业64户，商贸、服务类企业152户）295人次，及时为企业解决生产用电、用工招聘、厂房维修等生产经营遇到的问题和困难27项，协调交通银行为长坤新材料、中咖食品等6户企业融资授信3472万元。筹建综合服务大厅及政务服务专窗，推动建立企业登记注册全生命周期"一窗服务、一网通办、一次办成"服务保障机制，年内新培育市场主体22户，其中工业企业2户、综合服务企业20户。建立健全保障对象申请、审核、准入、轮候、退出等制度，受理产业工人公共租赁住房申请767户、分配住房517套，配合区住建局完成租赁补贴发放86户。有效推进招商引资存量问题的处置，完成轻纺物流补贴遗留问题数据审核并拨付补贴资金450万元。

（五）抓国企改革谋发展

持续推进国有企业"瘦身健体"。优化股权结构、压缩管理层级、减少法人户数，严格将园区国有公司管理层级控制在3级以内，国有公司由巡视前的72户压减至51户，按公司层级分为一级公司7户、二级公司27户、三级公司15户、四级公司2户；按股权结构分类国有全资公司23户、国有控股公司16户、国有参股公司12户。有效推动资产资源盘活。全面梳理公司资产资源，加强资产管理服务，提高入园企业和租户满意度，全年出租厂房面积69.75万平方米，出租率为94.05%，同比增加6.05%，收取租金618.15万元；公租房配租5144套，入住率为87.25%，同比增加6.25%，收取租金672.78万元。探索开展国有企业市场化实体化转型。积极探索供应链贸易业务，全年实现贸易额570万元。积极投身建筑施工领域，收购一家具备二级施工资质的建筑公司。加强物业管理服务，由云上云公司中标园区市政道路维护和绿化养护管理，每年可实现收入510万元。万国公司取得园区污水处理厂特许经营权，并与各入园企业签订排污协议，2023年共计处理污水约256万立方米，实现收入805万元。

三、主要成效

近年来，保山整合全市资源，大力发展绿色硅产业，实现绿色硅产业链中工业硅、多晶硅、单晶硅3个关键环节，在全省率先形成了"硅矿—工业硅—多晶硅—单晶硅"的前端产业链，成为全省第一大多晶硅生产基地、第二大单晶硅和工业硅生产基地。2019年，园区被列为"云南省水电硅材一体化发展产业示范基地"，重点推进绿色硅材产业集群发展，并通过培育和引进行业龙头企业，成为全省"绿色能源牌"的主战场。2020年底被确认为云南省首批5个化工园区之一（全省唯一以多晶硅为主的硅化工园区），为后续产业链布局奠定基础，园区功能配套逐步完善。2022年，园区的绿色硅产业集群被授予"云南省成长型制造业集群"称号，并获得连续支持3年奖补资金支持。2023年，绿色硅产业已成为保山市第一支柱产业、第一骨干税源，并有望在全省率先打造成硅光伏全产业链，集群发展势头迅猛。

园区是保山工业的主战场、保山经济发展的重要增长极。2017年，园区被评为"全国纺织产业转移示范园区"，2018年被授予"国家知识产权试点园区""云南省高新技术产业开发区"称号，2019年被授予"云南省水电硅材加工一体化产业示范基地"，2021年3月被确认为"云南省首批5个化工园区"之一。2023年，中国纺织联合会授予园区"全国纺织服装产业园区（示范）"证书。园区还获评"云南省知识产权推动高质量发展示范园区"。绿美园区创建通过省级专家评审，保山咖啡直播基地被纳入2023年省级直播电商示范基地，保山市咖啡产业创业孵化示范园区通过省级评审认定。

四、经验启示

（一）打造"飞地经济"赋能产业发展

在推动保山市工业高质量发展面临经济产业优势不明显的困境下，2016年，保山市率先在全省实施"飞地经济"，由各县（市、区）与保山产业园区共建共享"园中园"，打破行政区划界限，有效解决行政区域内承接招商引资重大项目落地难的问题。2016年5月，保山市委、市政府按照"政府引导、市场主导，产业集聚、共建共享"的原则，创造性地提出由保山产业园区与各县市区共同建设"园中园"，集中各县（市、区）优势资源，错位发展，打造工业聚集发展先行区、实验区和创新区，实行"统一规划，统一建设，统一标准"，推动资源有效整合，建立"1个平台统筹+县（市、区）、园区"（简称"1+5"）共建共享的发展新机制，成为云南省首家实施"飞地经济"的园区。

（二）搭建"一线两园"内外发展平台

云南保山产业园区积极服务和融入国家战略及"一带一路"倡议，参与"孟中印缅经济走廊"建设，抢抓《区域全面经济伙伴关系协定》（RCEP）签署的重大机遇，认真落实保山市委、市政府"一线两园"举措，在全省率先实施了境外园区即保山市—曼德勒缪达经济贸易合作区建设，持续加大平台构建、招商引资、政策引导力度，充分发挥前沿支点作用。保山市—曼德勒缪达经济贸易合作区的建设将不断巩固和加强中缅全面战略伙伴关系，充分发挥保山在"一带一路"建设中连接交会的前沿支点作用，推动保山在云南面向南亚东南亚辐射中心建设中走在前列，有利于整合境内、境外"两种资源""两个市场"，实现从产品输出向产业输出的提升，实现企业集群式走出去、中资企业品牌国际化，有力地促进了国际产能合作，提升中资企业在全球产业链、供应链、价值链的地位，推动经济结构调整和产业转型升级，形成新的经济增长点。

五、点评

保山产业园区作为保山工业的主战场，拉动全市工业经济发展的"火车头"，历经10余年的发展，紧紧围绕"3815"战略，全面落实省委、省政府关于壮大资源经济、园区经济、口岸经济工作部署要求，以管理制度改革、发展模式创新为主线，以市场化、实体化运营为方向，聚焦主导产业，完善服务体系，优化营商环境，推动有效市场和有为政府协同发力、境内境外双向联动，增强功能优势，促进园区高质量发展，切实发挥园区深化改革先行区、科创资源聚集地、对外开放排头兵、群众就业吸纳器重要作用，为推动全市高质量发展提供强有力支撑。

园区经济发展的重要目标便是带动当地区域经济的发展。结合前文增长极理论分析可知，随着园区经济的高质量发展，在发展程度达到临界值后将会产生"极化现象"，即园区经济作为一个极值点，其将会辐射带动周边地区经济的发展，形成由点到面的辐射扩散效应。保山产业园区便是如此，园区不断加大研发投入，提高科创水平，同时通过"园中园"的方式集中各县（市、区）优势资源，推动园区经济发展，形成资源集聚效应，进而推动周边地区的发展，形成规模效应，促使保山整体的工业、经济发展。可见园区经济发展是带动区域经济发展的重要增长极，是实现区域经济高质量发展由点到面的重要手段。

第五节　禄丰产业园区案例

一、案例背景

（一）园区发展优势

禄丰产业园区所在地禄丰地处滇中腹地，园区规划总面积23.066平方公里，由金山、勤丰、土官和碧城4个区块组成，形成"一园4片区"的发展格局。

禄丰产业园区经济实现高质量发展具备多种优势。一是资源优势。禄丰市矿产资源丰富，境内有盐、煤、铁、铜、芒硝、石英砂等29种矿产资源，各类矿床（点）184个，盐、褐煤、铁矿、芒硝、石英砂储量均超过2亿吨；水利资源充足，境内河流纵横，水库坝塘星罗棋布，现有中型水库3座，小（1）型水库42座，小（2）型水库198座，小坝塘2045座，蓄水总库容2.46亿立方米；电力资源富足，800kV直流换流站1座，500kV变电站1座，220kV变电站2座，110kV变电站7座，正在建设2座220变电站，电力供应能力有充分保障，电价优势明显。二是气候优势。禄丰产业园区所在地禄丰市属中亚热带低纬度高原山区季风气候，气候温和，光照充足，雨量充沛，年均降雨量822.9毫米，年均气温18.1℃，无霜期299天，冬无严寒，夏无酷暑，气温年较差小，日差较大，干湿分明，雨热同期。因拥有丰富的光伏资源，全市目前共规划布局风电项目10个，总装机92.8万千瓦；规划布局太阳能并网光伏电站15个，总装机212万千瓦，投资规模达160亿元；率先在全州谋划实施抽水蓄能电站项目1个，装机容量为1200兆瓦，总投资达83亿元。三是地理优势。禄丰产业园区所在地禄丰地处滇中腹地，是云南省地理中心和楚雄州的东大门，距昆明69公里，距楚雄54公里，动车30分钟到达昆明，24分钟到达楚雄，高速公路45分钟可到昆明主城区。既是滇中城市经济圈的重要板块，又是昆明通往滇西方向的必经之地。云南经济大动脉成昆铁路、成昆铁路复线横贯全境，禄丰广通站作为连接滇西8州市的枢纽，是成昆线上重要的物流、人流周转中心，也是广大铁路的起始站。楚广高速公路、武易高速公路、安楚高速公路和昆楚大复线高速公路在市内"井"字形分布，320国道、安武线与县乡路网紧密相连，区位交通条件优越。

（二）园区发展情况

依托楚雄州水电富足的优势，结合国家产业导向，运用好"省级高新技术开发区""省级产业园区""省级化工园区"3个金字招牌，发挥好省级授予的"云南省新材料产业生态集群示范园区、云南省水电硅材料加工一体化产业示范基地、云南省新材料（钛金属）示范基地、云南省装备制造（数控机床）产业示范基地、云南省知识产权示范园区"名片效应，以楚雄隆基硅材料有限公司为龙头，积极推进绿色能源设备与绿色先进制造产业发展，打造光伏制造产业园区，建设单晶片—单晶电池—单晶组件—单晶发电系统的绿色硅全产业集群。以龙蟒佰利联集团新立钛业公司为龙头，重点发展绿化钛白、高品质海绵钛、钛合金、钛材、钛金属新材料制品，建设绿色新钛谷产业集群；以德胜钢铁公司为龙头重点推动钒钛金属生态园项目建设，以钒钛生产线、优质棒材精深加工、装备式钢结构制造、智能研发中心等项目为支撑，建设钒钛金属绿色产业集群；以云南锦润数控机械制造有限公司为龙头，大力发展高端数控机床，加快高端数控机床和智能装备制造基地建设，建设绿色先进装备产业集群。

2023年实现规模以上工业产值379.13亿元，预计实现业务收入345亿元，实现固定资产投资77.89亿元，预计新入园企业15户。拥有国家级高新技术企业8家，国家科技型中小企业4家，云南省科技型中小企业5家，院士工作站2个，专家工作站1个，云南省创新型试点企业3家，云南省创新型企业1家，省级科技特派员16人。

（三）发展存在的问题

1.产业链集群不强

根据楚雄州委提出的做强"滇中硅谷"、做大"滇中钛谷"以及加快绿色钒钛产业，对照园区现状，在硅光伏产业方面，虽然禄丰隆基是世界最大的单晶硅切片生产基地，但目前楚雄隆基、禄丰隆基也仅仅是单纯的单晶硅切片企业，没有塑造形成产业链发展优势；在钛产业方面，目前在禄丰产业园区内钛产业主要有以龙佰为首的钛白粉、以云南国钛为首的海绵钛、以云南钛业为代表的钛材加工，对上游高钛渣、钛矿等原材料供应链还很缺乏，下游利用钛白粉生产涂料、塑料、化纤、陶瓷，利用海绵钛加工钛材发展航空航天、医药电子等领域还处于空白，距离园区产业链形成集群的要求还有很大差距。

2.发展空间不足

禄丰产业园区是省级产业园区，更是重点打造的7家千亿级园区之一，同时也是全省5家首先获批的化工园区之一，但经过几轮调整，园区规划总面积仅为23.066平方公里，由金山、勤丰、土官和碧城4个区块组成，现已开发8.315平方公里，可开发利用面积14.751平方公里，目前已纳入城镇开发边界13.544平方公里，除去已开发区域，"十四五"期间可用面积空间仅为5.229平方公里，发展空间很难支撑千亿级园区发展的需求。

3.园区设施不全

由于历史原因，禄丰是先有企业后有园区，形成了园区跟着企业"跑"的现状，园区分片布局在几个乡镇，点多面广，规划碎片化、产业"小散弱"问题依然存在，造成园区基础建设成本过高，建设资金压力大，发展承载能力不强，导致政府在招商引资落地过程中不得不为企业单独配套水电路气等基础设施。虽然投入了很多资金，但基础配套设施仍难以满足发展需求。

4.制度服务不优

针对企业存在的问题，禄丰产业园区结合开展"四万三进"活动，组织召开了专题办公会，对"三进企业"需要解决的问题明确了各级各部门职责和办结时限，但在具体落实的过程中，仍然存在部门与部门之间、部门与乡镇之间相互推诿扯皮的情况，导致企业在发展过程中存在的困难问题得不到及时解决。

5.机构编制不足

按照《中共云南省委机构编制委员会办公室关于楚雄州规范开发区管理机构方案的批复》精神，2022年12月31日，楚雄州委、州政府正式下发了《中国共产党云南禄丰产业园区工作委员会　云南禄丰产业园区管理委员会职能配置、内设机构和人员编制规定》，园区党工委、管委会核定编制33人，其中行政编制13名，事业编制20名。下设"五部一局两中心"，即党政综合管理部、党群工作部、产业发展部、规划建设管理部、投资促进部、安全环保局、企业服务中心和科技创新中心。除两个事业单位（企业服务中心和科技创新中心）外，其余5个部（局）各仅设有1名部（局）长，没有工作人员编制，形成了"有将无兵"的局面。这些问题的存在，极大地限制了禄丰产业园区高质量发展的进程。

二、具体做法

（一）坚持党建引领，凝聚发展合力

一是持续深化产业链"大党委"工作机制，发挥"大党委"领导作用，督促指导各产业链"大党委"常态长效开展联席会议、定期活动、"助企兴链帮办团""四岗三示范"创建活动以及"五共"工作机制，推动产业集群全面发展，全面提升园区党建工作质效。二是深入开展主题教育，把理论学习贯穿始终，用党的创新理论武装头脑，指导实践，推动工作；扎实开展调查研究，真正把调研成果转化为改进工作、推动发展的实际举措。三是持续推进全面从严管党治党，大力践行"三化三法"，全力推动党建工作责任落实落细，进一步明确抓党建的重点任务清单、责任清单、重点任务派单和问题清单，细化到人、量化到岗。

（二）坚持规划先行，优化产业布局

一是按照既定产业分类细化编制产业发展规划，即一个重点产业一个发展规划，并争取纳入省、州重点产业发展支持目录，对相容相近的项目按照产业相容性原则择地安置，同步推进产业链中所有产品共同发展，逐步实现上下游产品科学配套、有机衔接，推进集群产业高质量、高水平发展。二是科学谋划园区未来5—15年发展国土空间，为禄丰产业发展预留足够空间，加快园区内综合交通、基础设施、公共服务、生态环境保护、产业布局等各类别的专项规划，形成总体规划、专项规划、详细规划"三类"为一体的产业园区规划体系。

（三）坚持龙头带动，延伸产业链条

一是推动化工产业转型升级，做大精细化工，鼓励天宝、威龙、勤攀等企业加快调结构、转动能，加快安锋气体、科力环保、蓝洁净水剂项目建设，力促云南美能新材料有限公司2.4万吨/年高性能T700聚丙烯腈基碳纤维项目入驻发展，强化大项目带动，推动产业链延伸、价值链提升。二是全产业链打造绿色硅光伏、绿色钛、绿色钒钛、绿色智能装备制造产业集群，以楚雄隆基硅材料有限公司为龙头，积极推进绿色能源设备与新材料产业，打造光伏制造产业园，建设单晶片—单晶电池—单晶组件—单晶发电系统的绿色硅全产业集群。以云南德胜钢铁有限公司为龙头，坚持以钒钛生产线、优质棒材精深加工、装备式钢结构制作、智能研发中心等项目为支撑，加快德胜全钒液流共享储能项目入驻发展，建设绿色钒钛金属产业集群。以龙佰集团禄丰钛业公司为龙头，重点发展氯化钛白、高品质海绵钛、钛合金、钛材、钛金属新材料制品，加快中州禄丰炭材料公司50万吨/年煅后石油焦、10万吨/年石墨负极项目和石墨制品、东钪新材料公司氯化废液/废渣综合回收钪钒有价金属项目、30万吨/年攀枝花钛渣深度除杂升级大型沸腾氯化原料等项目建设，积极引进5万吨/年钛合金、2万吨/年钛材生产线项目落地发展，加快推进宝武对云钛增资扩股和股权收购工作，建设绿色钛谷产业集群。以云南锦润数控公司为龙头，大力发展高端数控机床，加快高端数控机床和智能装备制造基地建设，建设绿色智能装备制造产业集群。

（四）坚持要素保障，夯实发展后劲

按照适度超前、合理布局、共建共享的原则，加快园区路网与铁路、公路及新建高速公路等交通节点的衔接和贯通，提升园区基础设施建设整体水平和物流畅通程度。积极争取中央、省、州政策、资金和基金支持，采取政企共建、市场化运作模式，加快完善园区道路、供水、供电、供气、通信、消防、污水处理、场地平整等基础设施建设。采取"一企一策"协调帮扶、运行调度、跟踪服务机制，统筹相关部门做好规上企业水、电等要素协调保障工作，加快勤丰公铁物流园项目、钒钛金属生态产业园220kV总降变项目、德胜钒钛金属生态产业园钒钛路建设项目、省道S215勤丰段改扩建工程、龙佰禄丰基地建设项目新建220kV总降输变电工程、勤丰戴家冲和锆产业园进场道路、勤丰工业片区管道天然气、东河提水至勤丰工业片区等相关基础设施建设项目，切实帮助企业解决实际问题，解决企业后顾之忧，千方百计确保

重点企业稳产达产，以及加快勤丰、碧城、土官片区的吃住学医等社会化服务功能建设，为禄丰产业聚集发展提供服务保障。

（五）坚持招大引强，补齐产业短板

认真谋划各产业全产业链打造的顶层设计和总体策划，宣传园区规划布局、招商项目和入驻园区产业政策，着力提升"禄丰产业园区"知名度。围绕既定产业，紧盯国内外关联企业，结合产业链培育、配套等需求，谋划、包装一批符合全产业链打造的大项目、好项目进入项目库，实行点对点精准招商。鼓励入园企业以商招商，严格执行招商引资考核奖励办法，不断延伸产业链，增强园区聚集效应。按照"边建设、边招商、以园招商、以商招商、产业招商"的思路，加快引入产业前景好、订单充足的大、中、小企业入园发展。加强入园项目考核管理，切实履行签订的入园项目投资协议，严格对项目投资额、投资强度、建成投产时间进行约束管控。

（六）坚持培优育强，提升投资质量

坚持以"亩均论英雄"，大力开展闲置用地、低效用地和"烂尾"项目梳理排查，加速"腾笼换鸟"步伐，巩固提升"标准地"改革成效，落实好高效率集约用地要求，严格投资准入门槛，着力提高投资强度、经济密度、投入产出率，推进园区从数量规模型向质量效益型转变，力争实现园区亩均产出、主营业务收入不低于400万元/年，提高土地节约利用水平，实现市场有效、政府有为、企业有利的有机统一。

（七）坚持高效服务，优化营商环境

牢固树立"政府围着企业转，企业有事马上办"理念，深入践行"三法三化"与"一个重点项目、一个市级领导、一个服务团队、一个手续代办点、一套推进方案"一抓到底的"5+1""保姆式"跟踪服务工作机制，用心用情用力当好企业发展"店小二"，持续做好"办不成事反映窗口""园区服务站"建设，推行"帮办服务""上门服务""进园区服务"等多样化服务，引导企业用活用足惠企政策，积极帮助企业申报中央、省中小企业发展专项资金，真正把服务措施落实落细，全力助推落户企业做大做强。落实好关于进一步加大优化营商环境工作力度的14条措施，精准精细答好必答题，营造引商、亲商、扶商、安商、富商的良好环境。破"卡点"、疏"堵

点"、攻"难点"、解"痛点",比周边地区先一招、快一步,做到人无我有、人有我优、人优我特,在发展中赢得主动,走在前列。

（八）坚持项目建设，塑强发展引擎

坚持一切围绕项目转,一切聚焦项目干,千方百计解难题,全力以赴赶进度,以项目建设扩投资、促增长、稳预期,为园区经济高质量发展打基础增后劲。2023年实施基础设施类项目9个,总投资21.4亿元,实施产业类项目16个,总投资268.4亿元。紧盯钛、硅、钒钛和智能装备制造等重点产业链,大力实施延链补链强链行动。2023年前三季度开展以商招商、一把手招商和"填空式"招商33场次,先后引进或签约云南美能年产2.4万吨高性能碳纤维项目、云南德胜全钒液流储能、中州炭素禄丰碳素材料产业基地等项目12个,在谈项目5个,协议投资202.15亿元,已落地开工建设6个,实际到位资金14.08亿元。

三、主要成效

经过多年来的不懈努力,禄丰产业园区实现了园区规划从无到有、从粗浅规划到科学合理规划,园区产业从无到有、从单一产业到多元产业、从单一个体到集群发展,各片区主导产业特点突出,集群式发展逐步形成,产业培育规模逐步显现。近年来,禄丰产业园区还先后获得"云南省优秀工业园区""云南省劳动关系和谐园区""云南省新材料产业生态集群示范园区""云南省水电硅材加工一体化产业示范基地""云南省知识产权示范园区"等荣誉称号。全球单晶硅片出货量第一,并在全球范围内建立完善的销售渠道和快速服务响应能力。龙蟒佰利联集团是引领中国钛白粉发展的领军企业,主营产品钛白粉产能超100万吨／年,居亚洲第一,世界前3位。该集团自2019年5月收购重组新立公司后,仅用180余天就使停产近2年的装置实现高效投产,创造了"龙佰速度",至今仍保持满负荷生产。

2023年1—12月,园区规模以上工业完成总产值379.13亿元,同比增长13.9%;实现工业增加值78.93亿元,可比价增加值累计增速15.3%;完成固定资产投资77.88亿元,同比增长50.22%;完成工业固定资产投资70.42亿元,同比增长54.54%。园区入园企业110户,其中年内新入园企业6户,园区现有规模以上企业22户,培育高新技术企业3户、国家科技型中小企业5户。除此以外，禄丰产业园区在科技创新方面也取得显著成效，园区以绿色硅、绿色钛、绿色钒钛等新材料产业为主导，拥有全球最大的单晶硅切片基地、亚洲最大的转子级海绵钛生产基地，拥有多家龙头企业及云南省100强企业。入园龙头企业云南德胜钢铁有限公司、云南省昆钢钢结构股份有限公司知识产权创新创造能力领先，被评为国家知识产权优势企业。天宝动物营养科技股份有限公司、云南铁峰矿业化工科技有限公司、龙佰禄丰钛业有限公司、龙佰禄丰钛业有限公司等7家企业被评为省级知识产权优势企业。禄丰新立钛业有限公司贯标认证于2021年6月16日认证通过。同时，园区拥有国家级工程技术研究中心1个、省级工程研究中心1个、院士专家工作站6个、省级创新中心1个、省级企业技术中心3家，为园区科技创新工作提供了强有力的支撑。

四、经验启示

（一）园区发展经验

1.经济发展经验

一是做大绿色硅产业。以楚雄（禄丰）隆基公司为龙头，建设单晶片—单晶电池—单晶组件—单晶发电系统的绿色硅产业集群，充分释放楚雄（禄丰）隆基单晶硅50GW产能，打造硅光伏制造产业园区，不断招引上下游产业链。二是做强绿色钛产业。依托龙佰禄丰钛业、云南国钛金属等大型龙头企业，形成完整的钛矿采选—钛精矿—钛白粉—海绵钛—钛锭—钛材深加工产业链。三是加快发展绿色钒钛产业。以钒钛新材料产业为发展方向，在传统钢材生产基础上向钒钛金属生产、精深加工、装备制造、装配式建筑构件等高端延伸产业链，打造高端、智能、绿色钒钛产业园区，总投资180亿元实施的云南德胜钢铁有限公司转型升级改造钒钛金属生态产业园项目已启动建设，项目一期2024年7月建成投产；即将开工的云南德胜钢铁有限公司钒金属精深加工、全钒液流电池、钛金属精深加工年产5000吨片状五氧化二钒等项目到2025年可实现产值206亿元。四是壮大先进装备制造业。依托国家专精特新"小巨人"企业——云南锦润数控机械制造有限责任公司引进装备制造上下游企业入园发展，加大孵化培育力度，力争引进入园企业50户以上。成功举办的2023年全国"百场万企"大中小企业融通对接活动数控机床专场，扩大了禄丰产业园区数控机床产业规模和聚集效应。五是发展绿色精细化工产业。推动以天宝动物营养、云南威龙化工等为代表的化工产业迭代转型，实现基础化工向精细化工创新升级驱动发展。现已投产6个项目，目前正加紧推进的是云南安峰能源科技能源有限责任公司空分制氧站、氢气站暨气体充装建设项目和重庆蓝洁自来水材料有限公司年产50万吨综合净水剂生产建设项目。

2.科技创新发展经验

一是注重创新平台建设，促进科技与产业有机融合。禄丰产业园区将创新平台建设作为科技创新的重要抓手，瞄准新材料、装备制造、绿色化工等赛道，加强校地合作，推动组建产业链创新联合体。二是培育壮大创新主体，创新活力不断增强。创新强则企业强，企业强则产业兴，禄丰园区围绕创新主线，突出企业主体，狠抓科技企业培育、关键核心技术攻关、产学研合作。三是大力聚集科创人才，产业人才队伍不断壮大。聚集"柔性引才"，大力促进人才交流合作，开展新材料专项培训，全面摸底产业人才需求，建立重点产业链人才需求清单，抓好人才引用培育。

3.亩均产值提升经验

一是激发土地活力，腾挪发展空间。整合资源，做好存量闲置资产招商。针对目前因土地、林地、生态红线等限制条件带来的项目选址难、落地难等突出问题，精心组织并推出"100个闲置资产资源招商"，充分利用好闲置土地、厂房、仓库、学校等资源作为项目选址落地的首选。二是瞄准"亩均高标"，加速优胜劣汰。严格按照4片区亩均投资强度和亩均税收标准，推动"标准地+承诺制"改革。三是反向倒逼成效，让寸土生寸金。跳出"数量论英雄"的发展思维，不再简单以规模和产值为标准，而是既要算企业的投资账、产出账、税收账，也要统筹考虑企业对土地的利用强度、对环境的污染排放，强化正向激励和反向倒逼机制，构建亩均效益综合评价体系，支撑更高质量的经济发展。

4.项目建设、招商引资经验

一是深入领会政策，把握招商机遇。加强上级政策学习领会，紧紧抓住省级"一园一策"政策优势，进一步挖掘禄丰政策优势，超前谋划重点产业布局及发展方向，提升招商竞争力。二是建立招商联盟，积极扩大招商"朋友圈"。依托龙头企业、重点产业"朋友圈"的信息渠道、商务渠道、人脉资源，不断放大"以商招商"效应。三是着力优化营商环境。为推动重大项目建设在园区落地，主动当好企业"店小二"，做好项目"服务员"，建立"一个重点项目、一个市级领导、一个服务专班、一个手续代办点、一套推进方案"一抓到底的"5+1""保姆式"跟踪服务工作机制,全心全意为项目服务,助推项目建设快速有序推进。

(二)园区发展启示

园区是经济发展的强大引擎、产业集聚的重要平台、经济双循环的主要载体。近年来,禄丰产业园区把建设"一主两辅"的新型特色产业园区作为发展壮大园区经济的着力点,聚焦资源、区位优势,挖掘潜力,创新发展,不断打造新的增长极。通过对园区发展进行深入分析,从中可获得以下启示。

一是实现高质量建设与发展必须坚持以新发展理念为引领。禄丰产业园区自2004年成立以来,虽然各个阶段的特点不尽相同,但突出的共同之处在于推进经济社会高质量发展的创新实践中,充分贯彻了创新、协调、绿色、开放、共享的新发展理念,并将其真正融入经济社会发展的方方面面。比如,按照产业发展类型打造4个产业链"大党委",立足党建引领,以"组织链"带动"产业链",助力产业链高质量发展。

二是实现高质量建设与发展必须坚持以支柱产业为依托。禄丰产业园区的建设发展离不开清晰的产业布局、核心的支柱产业以及坚实的产业项目作依托。近年来,禄丰产业园区围绕云南省委、省政府"一主两辅"的产业定位,持续推进科技创新,聚力特色产业集群,涌现出一批高精尖特企业,绿色硅、绿色钛、绿色钒钛、绿色化工、绿色装备制造等产业迅速崛起,已发展成为全国最大的硅片、氯化法钛白粉和海绵钛生产基地,全国最具影响力的数控机床制造基地。

三是实现高质量建设与发展必须坚持以科技平台为支撑。科技平台对推动一个地区的经济社会高质量发展有着难以估量、无比强大的支撑作用。近年来,禄丰产业园区大力培育科技平台,助推产业创新发展的人才智力支撑更加有力,科技创新团队、科技创新人才不断涌入,为产业转型升级、企业换挡提速增添了澎湃动力。

四是实现高质量建设与发展必须坚持以优良环境为保障。园区的建设发展离不开龙头企业和重点项目的支撑带动,更离不开政务、生态、人才等优良营商环境的保障。优化营商环境不仅是政务、政策的优化,更包含配套设施建设、整体生态环境和宜居宜业宜游水平的提升。近年来,园区在优化营商环境方面迈出了坚实一步,但横向对比、纵向展望,优环境、上项目、强支撑方面还有很长的路要走。

五、点评

禄丰产业园区始终坚持以产业为核心的经济发展方向，以党建引领，凝聚产业发展合力；坚持规划先行，优化产业布局；坚持龙头带动，延伸产业链条；坚持要素保障，夯实产业发展后劲；坚持招大引强，补齐产业短板，实现园区产业从无到有、从单一产业到多元产业、从单一个体到集群发展的成效，同时获得"云南省新材料产业生态集群示范园区"的荣誉称号，园区经济规模逐渐扩大，可见产业集聚发展是实现园区经济发展的关键。禄丰产业园区始终重视产业发展，外部不断优化园区基础设施建设和优化营商环境，合理规划园区布局，坚持以科技平台为支撑，为产业发展提供良好的发展环境；内部不断培育优质企业，引进优质项目和企业，为产业发展提供内生动力，从而做强做大产业集群，推动园区经济高质量发展。禄丰产业园区的做法是产业集聚理论现实案例的具体体现，可以看出产业集聚发展对于园区经济高质量发展具有关键的推动作用，园区经济发展要重视产业发展，以主导产业为核心，打造优质产业集群。

第六节　昆明国家高新技术产业开发区案例

一、案例背景

（一）园区发展优势

昆明国家高新技术产业开发区（以下简称昆明高新区）是1992年经国务院批准成立的全省首个国家级高新技术产业开发区，是全国首批国家生物产业基地之一。园区管理面积93.3平方公里，由东区、西区及民办科技园3个片区组成。西区位于五华区黑林铺片区，面积约6.29平方公里，功能定位为：以创新型产业用地为核心的高新技术企业总部及产业创新创业中心。东区位于呈贡马金铺片区，面积约86.88平方公里，功能定位为：健康产业、新材料及新一代信息技术的高新技术产业化基地。民办科技园面积约0.719平方公里。

建区以来，园区秉承"发展高科技、实现产业化"的初心和"大抓产业、主攻工业"的宗旨，紧盯全面建成"面向南亚东南亚区域性创新型特色园区"的目标，着力发展生物医药、贵金属新材料和数字经济三大主导产业，大力推动产业聚集，持续提升创新能力，不断壮大经济规模，已成为云南省最具综合竞争力的园区和高科技产业聚集区。"十四五"以来，高新区全面融入国家、省、市高质量发展进程，推动实施"'高科技+新制度'双轮驱动"战略，通过持续"技术攻关+制度创新"全力推动园区实现"产业结构、营商环境、创新要素、园区形态、发展模式"五大根本转变，实现园区战略性新兴产业占比大幅提升，宜居宜业宜创产业科技新城形象日益彰显，人才、技术、资金等创新要素加速汇集，低碳化、智慧化园区形态初步显现，整体运营管理及服务能力有效提升。

（二）园区发展情况

昆明高新区秉承"发展高科技、实现产业化"的宗旨，以推进高质量发展为主题，紧扣"全面建成面向南亚东南亚的区域性创新型特色园区"功能定位，形成了以三七系列、天麻系列、灯盏花系列、青蒿素系列、黄藤系列、丹参系列等"云药"产品，口服脊髓灰质炎减毒活疫苗（人二倍体细胞）、Sabin株脊髓灰质炎灭活疫苗（Vero细胞）、肠道病毒71型灭活疫苗、23价肺炎球菌多糖疫苗、吸附无细胞百白破联合疫苗、ACYW135群脑膜炎球菌多糖疫苗、A群C群脑膜炎球菌多糖疫苗、A群C群脑膜炎球菌多糖结合疫苗等疫苗产品，"薇诺娜"功能性护肤品为主要产品的生物医药产业，以贵金属合金材料、化学品、电子浆料、汽车催化剂、工业催化剂、铂族金属有机化合物（如顺铂、卡铂、奥沙利铂等）、红外光电产品（光学级锗晶体、各类锗毛坯产品）、半导体材料（磷化铟晶片、砷化镓晶片、半绝缘砷化镓晶片等）、电极材料与新能源储能材料为主要产品的新材料产业，以智能手机、可穿戴设备、平板电脑、笔记本电脑等智能终端设备，以关键电子材料、电子器件、消费电子研制为主要产品的数字经济产业。

近年来，高新区正努力建设创新驱动发展示范区和高质量发展先行区。2022年全年完成规模以上工业总产值1054.9亿元，同比增长6.8%，首次突破千亿元大关；实现主营业务收入3039.6亿元，同比增长14.1%；工业增加值同比增长3.1%。完成规模以上固定资产投资77.9亿元，同比增长9.9%。完成工业和信息化投资45.58亿元，同比增长26.1%，产业投资占比达58.5%。完成一般预算收入21.5亿元，其中税收占比达94.6%，排名全市第4名、开发区板块第1名。争取国家、省级资金3.04亿元。完成社会消费品零售总额99.2亿元，同比增长11.1%，排名全市第2名。完成外贸进出口总额372.6亿元，同比增长18.1%，增幅高于全市1.7个百分点，排名全市第1名。在国家高新区综合评价指标体系中，29项指标同比上年增长，20项指标增幅超20%，2项二级指标与上年持平，优势指标较上年新增8项。园区经济运行总体平稳，发展质量和效益不断提升。

（三）发展存在的问题

一是在经济运行方面，固定资产投资、工业投资、工业增加值、社会消费品零售额等重点指标虽同比有一定增幅，但难达预期指标。特别是传统行业占比高、新兴行业成长缓慢、储备项目不足、产品层次不高等长期存在的现实问题使工业经济支撑乏力。

二是在科技创新方面，创新创业生态不完善，科技创新平台作用发挥不力，高层次人才资源不丰富，科技成果转化率不高，现有研发机构、院校、人才对园区高质量发展贡献度尚待提升。

三是在招商引资方面，外资引进渠道不宽，实际利用外资效果不明显，储备项目不够丰富，在谈项目成熟度低。

四是在民生事业方面，受社会事务移交影响，现有的各类优质教育、医疗资源不足；垃圾乱倒、广告乱贴、摊位乱摆、共享单车乱停乱放等"城市顽疾"禁而未绝，基层矛盾纠纷、信访维权案件依然多发，城市管理、社会治理领域仍有欠账亟待补齐。

五是在自身建设方面，部分干部创新思维、市场思维偏弱，专业素质、专业能力与岗位要求不相适应。机关内敷衍应付、推诿扯皮、消极躺平等作风顽疾尚未彻底根除，工作作风仍需改进，行政效能仍需提升。

二、具体做法

（一）园区定位明确

1.总体定位

根据相关规划的要求，结合昆明高新区区位条件和本身的产业优势和发展潜力，秉持"创新驱动、产业引领、产城融合、绿色共享"四大发展理念，将昆明高新区打造成具有全球影响力的生命科学研究中心；国内一流的创新型特色园区；昆明市创新驱动发展示范区和高质量发展先行区；以生物医药、新材料及先进装备制造、数字经济为三大主导产业，以现代服务业为辅助发展的现代、绿色、低碳工业园区。

2.分区定位

东区：依托现有产业基础，壮大生物医药大健康、金属新材料、新能源三大产业集群，将片区打造成为辐射南亚东南亚的高新技术特色产业基地。西区：聚焦总部经济和科技创新，重点培育龙头企业，打造优势产业与数字技术、信息技术融合的创新产业研发基地。民办科技园：现代中医药产业园。

（二）主导产业规划

1.生物医药产业发展导向

依托园区"云药"航母优势，重点建设以生命科学园、国家疫苗产业基地、生物医药产业园、医疗器械产业园、医疗物流产业园五大特色产业功能区，着力打造全国知名的生命科学产业新高地，积极争取建设"昆明国际健康生命科学城"，重点推进新型疫苗产业基地、民族医药产业园、华西康养中心等重点项目建设，加快现代中药转型发展，推动高端仿制药和健康食品突破发展，依法依规探索推进细胞治疗成本性收费试点工作，进一步促进细胞产业聚集发展。

2.稀贵金属新材料产业发展导向

做大做强铂、铅、钜等新材料产业集群，探索发展液态金属、碳化硅、石墨烯、半导体等前沿新材料领域，做精国家稀贵金属，打造全国功能性新材料特色产业区。重点推进云南省贵金属新材料产业园、贵研铂业半导体材料、前沿液态金属研发创新平台、新型防火功能材料产业基地等重点项目建设。大力推进合金功能材料、电子浆料、电子信息材料、稀贵金属新型功能材料、医学生物材料等新材料产业迈向中高端。

3.数字经济产业发展导向

重点推进闻泰牛顿科技小镇项目建设，着力打造全球领先的智能手机、移动终端、笔记本电脑等电子消费类全产业链产品制造基地。扎实推进地理信息产业产学研融合创新基地建设，开展关键技术研究、科技成果转化和产业化应用，积极推进无人驾驶产业链上下游企业落户园区，不断促进地理信息产业高质量发展。加快布局面向南亚东南亚多语言人工智能研发应用及产业化项目，打造产业化示范基地、软件和信息技术服务外包基地。大力发展电子商务特别是跨境电子商务，引导园区主导产业企业与电子商务服务企业双向互动跨界发展、搭建行业垂直电商平台。

（三）产业链规划

园区以生物医药稀贵金属新材料为核心，数字经济、现代服务业为辅支撑产业发展，形成生物医药大健康、电子信息制造与数字经济、新材料、绿色能源、绿色食品5条重点产业链体系，衍生商务办公、总部经济、科创研发、商务金融等服务功能，周边相应完善配套功能。

一是西区积极拓展产业要素联动发展区，积极对接五华区和相关部门，实现产业基地、科技产品功能区及高等院校中央驻滇科研机构和科研能力较强的独立科研院所等产业要素联动发展。

二是延伸东区产业要素联动发展，推动园区大健康产业、数字经济和晋宁区国际康养旅游度假、装备制造之间的深度融合；携手澄江大健康服务业，依托昆明高新区生物医药生产性服务业的发展优势，协同打造昆明市健康服务业集聚区，进一步提升昆明市健康服务发展能级与核心竞争力；依托产业优势，联动大学城与信息产业园，与呈贡区共同打造现代科教创新城的成果转化共同体。

三是民办科技园区承接东区生物制药溢出产业，将生物制药产业向中下游延伸，进一步补齐延伸产业链条，提高产品附加值，促进生物医药产业集聚发展。

三、主要成效

2023年完成规上工业总产值960.4亿元，同比增长1.1%。规上工业增加值增速达5.4%，新兴产业占规上工业增加值比重达56.8%，较2022年同期下降0.3个百分点。拥有规上工业企业89户，达年度目标任务89.9%。固定资产投资56.1亿元，达年度目标任务66%。引进省外产业到位资金102.02亿元，达全年目标任务85.01%，实际利用外资341.58万美元，达全年目标任务6.21%，净增外资经营主体4户。1—10月，社会消费品零售总额83.23亿元，同比增长

12.2%，排名全市第三、开发区板块第一。一般公共预算收入20.3亿元，同比增长11.5%。向上争取资金3.9亿元，达年度目标任务128.79%。

产业层次得到提升。实现主导产业规上企业总产值493.5亿元，其中贵金属新材料领域产值169.6亿元，同比增长3.2%；生物医药领域产值113.2亿元，同比增长8%；数字经济领域产值210.7亿元，同比下降10%。贵金属新材料产业集群获评"云南省优势型制造业集群"，生物医药、电子信息产业集群获评"云南省成长型制造业集群"。

科创实力不断增强。2023年立项申报省级重大科技项目44项。开展昆明高新区"进位争先"三年行动，5项一级指标、39项定量指标上升，5项定性指标优于2022年。认定国家级科技型中小企业216户，同比增长33.3%；认定高企116户，同比增长11.5%；新增省级专精特新中小企业194户，净增117户，同比增长148.7%。

人才引育日益增进。印发《昆明高新区人才发展五年规划（2022—2026年）》《昆明高新区人才住房保障实施办法（试行）》。引进高层次人才、产业急需人才123名，1支人才团队获云南青年五四奖章，3支人才团队获评昆明市科技创新团队，22名人才获中国青年五四奖章、"创业云南"创业指导专家、春城产业导师等荣誉称号。4户企业获批成为自主认定高层次人才试点企业，全省仅10户企业获此殊荣。探索建立"大院大所大校大企"协同创新机制，协办"创客中国"云南省中小企业创新创业大赛，6个创新项目获云南省2022年度科学技术进步奖励。人才工作案例获评"第六届全国人才工作创新案例最佳案例"，人才工作论文获评科技部主题征文活动优秀奖，皆为全省唯一。

平台支撑更加有力。新增市级以上研发机构11户，昆明电缆、盘谷医学获评省级企业技术中心，云南沃森、理工恒达获评省级制造业创新中心。筹建"云南疫苗实验室"，全省共有5个实验室，其中4个落户高新区。贵金属实验室、云南特色植物提取实验室部分科技成果成功转化。积极创建国家级知识产权强国建设试点园区，入选第一批国家知识产权服务业高质量集聚发展试验区，建设国家级专利导航服务基地。有序推进昆明国际健康生命科学城项目，获批建设"云南省数字经济产业园"。

土地资源高效利用。2023年收储土地753.22亩，达年度目标任务的103%；供应土地978.24亩，达年度目标任务的99.5%。完成土地出让收入4.5亿元，达年度目标任务的87%。处置低效闲置土地416.5亩，达年度目标任务的125.87%。处置批而未供土地815.34亩，达年度目标任务的59.43%。出让工业项目"标准地"349.44亩，超额完成年度目标任务。清理整治耕地流出问题，377.84亩土地取得合法用地手续，419.18亩土地得到整改恢复，整改完成比例达104.44%。

项目建设提质增效。2023年以来，高新区不断加大外出招商力度。截至11月底，招商公司围绕园区重点产业链上下游及其配套产业的重点招商项目库和招商企业目标库，主动出击，实施产业链精准招商行动。项目引建取得新突破，落实"五个一批"工作机制，新开工项目68个，入库66个，完成投资9.1亿元，入库率97%。引进10亿元以上项目2个、"三类500强"项目1个。29个招商引资项目纳入固投统计，6个重大产业项目落地备案。积极参加会展经济，在第七届南博会期间签约4个项目，在"2023中国产业转移发展对接活动"中签约5个项目。探索外贸新业态新模式，国内首家"保税业务+ERP+工单核销"三合一模式系统"昆明闻讯云南保税业务综合辅助管理平台"正式上线。

四、经验启示

（一）园区发展经验

1.创新管理体制和运营模式

一是按照开发区精简高效、大部制、扁平化管理的原则，围绕主要职能合理优化内设机构、科学配置人员编制，构建运行顺畅的领导体系和精准高效的管理体系，结合巡视整改要求，由原来的"委领导—内设部门领导—主管（处长）—职员"4个层级，调整为"委领导—内设部门领导—主管（职员）"3个层级的"扁平化"管理架构，并对部门职能职责进行优化，调整为8个副处级内设机构、3个副处级事业单位。二是在不改变人员原身份、级别及领导职数的情况下，采用聘用制，聘用履行副部长（副局长）职责的高级主管及履行内设处长职责的主管，时间为2年一聘，探索出一条符合高新区特点的管理模式，逐步形成"人员能进能出、岗位能上能下、编外人员待遇能升能降"，建立"能者上、平者让、庸者下、劣者汰"的选人用人机制，进一步提高广大干部职工的工作积极性，激发"能干事、愿干事、会干事"的创业动力。

2.党建引领产业发展

一是贯通组织链。昆明高新区制定了《关于推进红色领航产业链党建工作的实施意见》，按照"行业相近、便于管理、资源共享、发展共促"的原则，围绕生物医药、新材料、电子信息制造与数字经济、绿色能源、绿色食品5个产业，推行"一产业一联盟"，以组织链串起产业链，将属地、部门、行业、协会、链上企业、科研平台等有效整合，构建以联合党委为主轴，实体型与功能型相链接的"1+X+N"的开放式组织体系（即"1"为产业链联合党委，"X"为链上企业、产业链上下游关联单位，"N"为产业相关的属地、园区、部门和机构）。区党工委领导担任联合党委书记，各产业链副链长和"链主"企业党组织负责人担任联合党委副书记，"链上"重点企业党组织负责人担任兼职委员，统筹产业链党建工作，把党建工作与产业链行动计划制订落实、项目谋划实施、精准招商引资、服务保障等工作同部署、同推动、同落实，通过产业链使党建常态化、规范化、制度化，将党的政治优势和组织优势转化为推动产业发展、打造产业集群的优势，实现党建共抓、政策共研、资源共济、信息共享、同频共振。

二是延伸服务链。聚焦产业发展要素，整合政府、社会服务资源，扩大"辐射"效应，实现"聚合"作用。整合党、工、青、妇等党群服务部门组建"星火服务队"，企服、招商、税务、市场监管等政务服务部门组建"五员服务队"，对区内企业集中的42个重点楼宇、园区进行服务包保、联合走访。为方便企业办事，在楼宇和园区公共区域内设置星火服务牌、五员服务牌，制发服务专员联系卡，无论是咨询办理党群业务还是审批事项，企业"足不出户"就能联系到对应的服务专员。通过这种"组织找党员、党员找组织"的方式，进一步夯实组织工作"上温度"举措。通过这些措施，园区党建资源进一步整合，营商环境水平进一步优化，产业服务质量进一步提升。

三是助推创新链。按照"党建强，发展强"的思路，结合园区产业定位，采取点面结合、整体推进的方式，深入实施园区党建"火炬工程"品牌建设，推进"两新党建样板区"创建。聚焦全省百强非公企业、"小巨人"企业、专精特新企业、重大项目、新兴领域的党建工作，充分发掘党建引领企业健康发展的新动能，发挥先进典型"龙头示范"效应，积极打造以园区主干道为聚集的"海源路党建示范圈"，建强"红色矩阵"，营造"百花齐放、各具特色"的良好势头，培育了多宝"同芯"、云成"彩虹"、云端青年等一系列党建名片，闻泰科技、贝泰妮生物、昆明药业、贵研铂业、生物研究所等一批企业已成为产业龙头，在全区乃至全市经济贡献中发挥着重要作用。与此同时，为加快推动园区中小企业数字化转型升级，促进数字经济与实体经济深度融合，以"专精特新企业　高效增长数智力量"为主题，采用"研讨+观摩"的方式，邀请行业专家分享交流数字化转型经验，并观摩数字化转型升级典型企业，体验专精特新企业"数智化"成果。

3.创新服务平台建设

以惠企服务为原则，构建高新区政策一网通办平台，总体结构分为建政府侧和企业侧，分别建设PC网页版和手机移动版两端联动应用，围绕经济监测、产业发展、企业服务、数据资源4个应用场景，开通建设经济驾驶舱、企业沙盘、人才E家、创新资源地图、创新地图、企业诉求、资讯动态、数据库等功能模块，实现高新区政策的全网首发，根据数据匹配，自动定向推送企业所需的政策、金融等相应服务内容。

4.开创政务服务新模式

为进一步拓展昆明高新区政务服务阵地、延伸政务服务触角，以服务园区企业、群众为立足点，聚焦园区企业和企业职工、周边群众需求，充分整合现有政务服务资源，推动实现涉企高频政务服务事项"上门办""帮代办"，通过打造"智慧政务超市"，搭建"移动政务驿站"，开展"政务辅助服务"，大力推行移动政务服务，实现窗口服务零距离。政务服务模式由原来的企业找政府解决困难，转变为政府主动为企业先行纾困解忧。政务服务模式的创新有效解决了高新区较为集中的各类专业园区和楼宇中小企业、企业职工、周边群众政务服务需求，为企业做好各业务环节办理的沟通、对接和协调工作，面对面指导企业解决网办过程中的疑难杂症，有效打通了企业办事过程的"中梗阻"，对企业发展存在的难点痛点问题精准施策。

5.完善知识产权"全链条"服务体系建设

为深入贯彻落实国家及省市关于优化营商环境的决策部署，充分发挥高新区改革创新示范引领作用，昆明高新区积极推进知识产权服务业集聚区建设，通过吸引知识产权服务机构入驻，设立国家知识产权局商标业务昆明受理窗口、昆明市知识产权保护中心窗口、技术合同认定登记站、知识产权维权援助工作站、云南省知识产权信息服务工作站等五大公共服务平台及其窗口，实现受理业务从专利到商标的多门类拓展，服务范围从快速审查到维权援助和专利运营的全链条拓展，服务载体从线下窗口到线上互联网的全领域拓展，为公众和创新主体提供更加便利、高效的知识产权服务。

6.创新"绿色通道"审批模式

一是设立"绿色通道"服务窗口，按照"前台综合受理、后台分类审批、综合窗口出证"的审批服务模式，对重大项目申请办理审批服务事项优先收件、优先受理。建立健全重点项目帮办代办队伍，对于不便或不愿委托代办的重大项目，成立服务专班，专人负责，提前介入，围绕重点项目手续办理、政策扶持等领域靠前服务，主动上门、全程服务；对需跨区办理的相关项目，实行"市区联动、接力接办、跟踪到底"。纳入"绿色通道"办理项目涉及企业注册的，免费发放营业执照、企业公章、税务密钥、政策宣传包，落实惠企政策一站式服务。二是再造审批服务流程，持续推广建筑工程施工手续分阶段办理，优先保障审批服务要素，出台《高新区房屋建筑工程施工手续分阶段办理试行方案》，对符合办理分阶段施工意见的项目，给予办理，进一步优化项目立项规划、施工许可、竣工验收等审批流程，让项目建设"轻装上阵"。

（二）园区发展启示

一要全力以赴抓经济，夯实夯牢高质量发展基础。突出项目建设主引擎，落实"五个一批"、重大项目会办、领导干部包保联系重点项目等项目推进机制，主动对接各类投资主体，跟进破解项目推进过程中审批、资金、用地、拆迁等方面困难，促进投资量、实物量、工作量"三量齐增"。用好招商引资主抓手，坚持领导干部、招商部门、企业主体、商会协会等多个工作主体一起上，坚持"一把手"招商、全员招商、产业链招商、精准招商等多元招商手段一起用，坚持内资外资、国企民企、大中小微、人才人力等多种资源一起引，掀起招商热潮，做浓招商氛围。强化对外开放主驱动，抢抓RCEP生效机遇，助力高新技术企业加快国际市场布局，引导骨十企业"走出去"。抢抓东部产业转移机遇，积极参与云南省沿边产业园建设，全力做好转移产业承接。抓实消费挖潜主任务，宣传落实国家、省、市关于商贸企业稳增长、促销售有关政策，把恢复和扩大消费摆在优先位置，引导商贸品牌企业开展线上线下促销活动。

二要全力以赴抓科创，激发激活高质量发展动能。培优科创企业这个"核心主体"。加大研发投入，加强专利布局，引导规上工业企业转型升级为高新技术企业。加大高新技术企业和科技型中小企业引培力度，建立高企培育"导师团、辅导员、联络员"三级服务体系，提升高企申报率与通过率。实施创新型中小企业、专精特新中小企业、专精特新"小巨人"企业梯次培育计划，统筹省、市、区资金择优奖补。鼓励制造业企业将现有生产基地转型提升为研发、投资、运营等总部基地，加快发展供应链管理、总集成总承包服务、信息增值服务等新模式，培育壮大高技术服务业。建强科创平台这个"基础支撑"。支持规上工业企业内设研发机构或建立体外研发中心，推动实现工程实验室、工程（技术）研究中心、企业技术中心等创新平台全覆盖。用好科创人才这个"最大资源"，深入落实"兴滇英才支持计划""春城计划"等，支持龙头企业采取项目合作、课题攻关、特聘顾问等方式，灵活引进各类科技领军人才。引导企业积极对接中国科学院、中国工程院和高等院校，建立一批院士、专家工作站。支持企业制订员工学历提升计划，与职业（技术）院校共建学科专业、产学研实训基地和高技能人才培训基地，定向培养产业人才。建立高科技企业、高成长企业及带头人名册，定期组织培训交流。

三要全力以赴抓服务，建优建强高质量发展环境。第一，提升营商环境高度。对照行政审批标准化、政务服务便利化、网上办事智能化、市场监管精准化的一流营商环境标准，持续推进营商环境建设，形成产业集群、企业集聚、人才集合的虹吸效应。第二，提升涉企调研深度。建立"大调研、解难题、抓落实"长效机制，继续深化"三个听取"，全面掌握经营主体发展情况，推进个性问题定制解决、共性问题政策解决。深化"五员"服务联系制度，走访了解企业诉求，有针对性地定制服务举措，提高服务实效性和精准性。成立专项督导专班，聚焦上级助企纾困政策落实、营商环境问题整改、涉企服务效能提升等方面情况，下沉各职能部门、各企业开展督导，营造亲商、重商、助商的良好氛围。第三，提升要素保障力度。聚焦资金要素，围绕主导产业设立产业投资基金，积极争取上级资金支持，科学制定资金扶持政策。培育发展创业投资机构和天使投资人，引导社会资本投向园区创业企业。聚焦土地要素，针对招引的重大项目，积极向省市争取耕地占补平衡所需补充的耕地指标，确保工业用地存量充足。提高土地集约利用水平，全面处置批而未供和低效闲置用地，确保土地资源得到优化配置。聚焦水电气网等生产要素，继续落实水电气网"四用四即"工作机制，逐步完善电网、天然气管道等能源配套基础设施，为企业生产经做好能源保障。第四，提升政务服务温度。开展"营商环境会客厅""政企同心谈""企业接待日"等活动，收集企业在政务环境、法治环境、市场环境、政策环境等方面的诉求和评价,推动发现问题、解决问题。落实涉企政策制定会商制度,积极"问策于企""问政于民",提升政策制定科学化水平。搭建"企业服务直通车"平台,完善热线直接、信息直报、沟通直面、诉求直办、服务直达"五个直通"体系,畅通政企互动渠道。深化行政审批集成式改革,一体推进"区域评估+标准地+承诺制+政府配套服务"审批机制,深化"多证合一""多批合一""多图联审"等并联审批模式,开辟绿色通道、快速通道,简化投资建设项目申报材料,加强流程优化,提高审批效率。

五、点评

昆明国家高新技术产业开发区聚焦产业发展,围绕主导产业及其上下游产业链,瞄准大型央企、省属国企、知名民企、跨国外企,精准招引领军型"链主"企业、产业链上下游企业、关联性服务企业,全力建链、延链、补链、强链,巩固拓展产业集群创建成果。园区围绕贵金属新材料、生物医药、数字经济三大主导产业,延长产业链条,完善产业体系,不断推进产业集群发展,是产业集聚理论的具体体现。园区以提高产业内生动力为主,不断激发产业内在活力,一是重视园区创新创业氛围,引进急需人才,完善科研平台,创新管理和运用模式为产业发展注能;二是通过党建引领,贯通组织链,延伸服务链,助推创新链助推产业高质量发展;三是优化营商环境,开创政务服务新模式,创新"绿色通道"审批模式激发产业发展活力。可见,昆明国家高新技术产业开发区牢抓产业发展,打造新质生产力,推动主导产业转型升级,加快产业集群建设,不断推动园区经济高质量发展。

第七节 中国老挝磨憨—磨丁经济合作区案例

一、案例背景

(一)园区发展优势

中国老挝磨憨—磨丁经济合作区(以下简称"合作区")位于中国云南省和老挝南塔省交界区域,地处中老铁路、昆曼国际公路以及老挝南北公路的关键节点，是中国与中南半岛的交通枢纽中心之一，对深化中老两国全面战略合作伙伴关系和共同推进中国—中南半岛经济走廊建设具有重要地位。2015年8月31日，中老两国政府签署了《中老磨憨—磨丁经济合作区建设共同总体方案》，明确合作区中方规划面积4.83平方公里，老方规划面积16.4平方公里。2016年3月4日，国务院正式批复同意设立合作区。合作区是中国与毗邻国家共同建立的第二个跨境经济合作区，战略定位为：到2025年，把中老合作区建设成为中老战略友好合作示范区、中国与东盟深化合作区先行区、中老边境地区发展样板区。

区位交通优势凸显。合作区位于云南省最南端，地处昆曼国际大通道中国和老挝的交接点，与老挝接壤，毗邻泰国。距云南昆明701公里，距老挝南塔58公里，距泰国清孔口岸228公里，地缘优势突出。中老合作区水陆空立体交通网络已初步形成，其中澜沧江-湄公河黄金水道是我国通往中南半岛的唯一水运航道；昆曼国际大通道是通往东南亚最便捷的陆路通道；正在建设的泛亚铁路中线和勐腊机场将为合作区经济发展保驾护航，交通优势明显。中老合作区正在成为"一带一路"面向东南亚的关键枢纽、澜沧江-湄公河次区域合作的主要通道、建设中国—东盟自由贸易区的最佳接合部、深化推动我国与东盟国家经贸往来和经济合作的重要交汇点。

资源禀赋特色鲜明。一是自然生态环境优质。合作区平均海拔850米，年平均气温21℃，年平均降水量1525毫米，森林覆盖率达91%，辖区有保存完整的热带原始森林，珍稀动植物资源、矿产资源和水力资源极为丰富，素有"物种基因库""南国雨林，醉氧之都"等美誉，发展潜力巨大。二是文化旅游特色鲜明。区域内旅游景区遍布，中老合作区周边有中国科学院西双版纳热带植物园、野象谷、森林公园、曼听公园、大益庄园、花卉园、勐泐大佛寺、勐景来等8个AAAA级以上旅游景区；正积极创建望天树、傣族园2个AAAAA级旅游景区，拥有独具特色的人文资源和浓郁的民族风情。

产业合作空间广阔。一是合作区境内外区域产业合作互补性强，与老挝、泰国、越南、柬埔寨、缅甸等邻近国家具有资源互补性，产业发展存在层次梯度、结构性差异，产业合作空间广阔。二是泛亚铁路中线经济带日渐形成，中国企业"走出去"投资建设了老挝磨丁经济特区、老挝万象赛色塔综合开发区，两个园区均设有铁路客货运站场，是中老合作区产能合作和互补发展的重要伙伴。

合作交流机制完善。合作区建立了由中国商务部副部长和老挝计划与投资部副部长担任主席，云南省副省长和南塔省副省长担任副主席，以双方外交、发展改革、财政等部门领导为成员的中老联合协调理事会，协调解决中老合作区重大问题，研究确定相关政策；联合协调理事会下设中方工作组和老方工作组，由中国商务部和老挝计划与投资部司局级官员分别担任组长，就实施中老合作区共同总体方案有关事项、中老合作区开发建设中的重要问题进行协商，向联合协调理事会报告工作；中老双方园区管委会负责中老合作区日常联络工作和双边合作具体事宜。

（二）园区发展情况

截至2023年11月，磨憨沿边产业园区共注册企业数1226家，对外贸易额60.8亿元，同比上升11.8%；共创造税收7457.59亿元，同比上升48.5%；其中"四上"企业14家（规模以上工业企业1家，限额以上批零住餐企业8家，规模以上服务业企业5家，资质以上建筑业企业0家）。"四上"企业营业收入25.6亿元，同比下降11.2%，规上工业总产值1.81亿元，同比下降31.5%；财政收入0.53亿元，同比上升96%；财政支出8.85亿元，同比上升132.31%；固定资产投资年度计划投资额120亿元，年度累计完成固定资产投资额20.75亿元，同比上升311.5%，年度累计完成工业固定资产投资额5.31亿元。

优惠政策助推合作区高质量发展。云南省人民政府印发了《支持西双版纳州磨憨跨境经济合作区建设若干政策》《支持勐腊（磨憨）重点开发开放试验区建设若干政策》等，从财税、投融资、产业、土地、公共服务、行政管理和人才、机制建设等方面加大合作区支持力度。省级财政对合作区财政实行单列管理，合作区人员薪酬、日常运行经费由省级财政全额承担，所需资金并入省级综合财力补助中支持解决。2020—2024年，每年给予合作区1亿元综合财力补助。研究出台《中国老挝磨憨—磨丁经济合作区加强招商引资促进产业高质量发展若干政策（试行）》，包含财税扶持、产业扶持、招商奖励等方面共21条政策，大力支持国内外资本进入合作区投资。

（三）发展存在的问题

在合作区已开工的87个项目中，产业项目仅有16个，其中能源工业1个，能源以外工业10个，农林业3个，数字经济1个，旅游业1个。总体来看，磨憨产业项目主要存在以下3个问题。

一是数量少。今年开工的产业项目仅占开工项目总数的18.39%。二是规模小。16个产业项目总投资仅占87个项目总投资的32.82%，其中超10亿元的仅有3个，大部分社会投资项目总投资都在5000万元以下，甚至有的项目存在资金短缺存在停工缓建的现象。三是业态低端。能源外工业项目中大部分是橡胶、粮食、茶叶加工项目，带动性强的产业项目匮乏。

二、具体做法

一芯·四城，以中央雨林公园为"芯"，建立韧性发展的城市基盘，将城市融入生态格局之中；以生态廊道划分四城，口岸核心功能区为港城，火车站片区为站城，南坡片区为产城，磨龙片区为康城，与磨丁的"港、产、站"在空间上强化联系，打造"西城东产、南岸北港、产城融合"的空间格局。

（一）口岸核心功能区

在公路口岸加快推进海关查验设施智慧化改造，提升改善通关效率，配套完善自驾营地、酒店办公、餐饮商贸等附属设施。在围网内，重点发展总部经济、标准厂房、保税展示、离岸金融、跨境加工、生物医药等先导产业。利用RCEP原产地区域累积规则、关税减让等制度安排，促进关税敏感型、政策敏感型工贸类项目落地片区生产加工，重点吸引节地经济、国门经济、低碳经济来区落户。配套免税店、商品展示和销售、商业服务设施，凸显国门商业形象。拟引进特色医药研产及贸易基地项目，将聚焦国际药品耗材研发及跨境交易服务。

（二）火车站现代城市功能区

包含火车站站前广场等基础配套设施和商业开发片区。重点发展国际贸易、商务办公、总部经济、高端酒店、跨境电商、跨境金融、免税购物等产业，建设成为彰显国际口岸城市形象的中央商务区。在确保严格监管的前提下，适当放宽区内设立金融机构的准入条件，支持RCEP国家大型银行在区内设立法人机构或分支机构；支持国内各大银行金融机构入驻开展跨境结算业务，形成商业银行、证券公司、保险机构等形式多样、优势互补、结算功能完备、中间业务发达的金融机构体系。拟开发建设合作区规划展示中心（含电子沙盘、物理沙盘等）、高端商务酒店、商务办公写字楼等配套服务设施。目前，医疗旅游示范区项目正进行招商引资洽谈，以国际医疗服务及国际康养文旅商业为主，配套国际医院、康养居酒店、健康度假等业态。

（三）南坡国际物流与进出口加工区

拟按照综保区要求建设隔离设施及有关监管设施，重点发展工业制造和仓储物流产业，培育新技术、新材料（稀贵金属）、新能源等特色产业，申报建设无轨火车站，与铁路口岸联动发展，连通老挝磨丁国际保税物流加工园区，打造进出口加工产业合作高地。拟引进健康工业智造基地项目，以数智健康为核心，建设智慧医疗健康设备、耗材制造、保健功能食品、中药品研发、汉方药食同源生产线。

（四）磨龙边境生态旅游区

重点发展生物医药及康养、健康管理等大健康产业，大力发展国际国内商贸物流、智慧物流、保税物流和冷链物流，打造辐射内地和东南亚国家的区域性商品集散地。拟引进东南亚森林康养及运动康复旅居目的地项目。拟引进物流企业建设"边境仓"，为跨境电商、市场采购贸易、易货贸易等新型贸易业态提供仓储、物流、配送服务。拟建设国际贸易数据采集、运算、维护中心，参与老方国际电子口岸及智慧化标准建设。

（五）远景发展预留区

对部分区域进行远景发展预留，预留粮食仓储物流设施等建设用地，确保粮食安全，应对未来产业发展的不确定性，提升磨憨空间发展弹性。磨憨将依托中老铁路和RCEP，以大通道带动大物流，以大物流带动大贸易，以大贸易带动大产业，实现区域的产业链、供应链、价值链的错位互补、深度融合，大量的物流、人流、资金流将在这里汇聚，一座聚焦南向开放的国际口岸城市正在崛起。

三、主要成效

中国老挝磨憨—磨丁经济合作区在队伍建设、规划编制、项目建设、政策研究、招商引资、产业发展、民生改善等方面加力提速，全面推动磨憨国际口岸城市建设取得积极成效。

2023年完成项目立项（备案）111个，分别于7月、9月和12月举办了3批重点项目的集中开工，开工项目从托管之初的15个到目前已累计实现开工87个，完成年初计划开工85个的102.35%；完成项目入库70个，入库率达80.46%；涉及总投资从托管之初的24亿元到目前的173.58亿元；固定资产投资方面，从2022年的6.72亿元到2023年完成30.15亿元；围网一期工程等23个项目2023年内基本建成完工。通过努力，磨憨国际口岸城市项目建设进入快车道，项目数量和投资总量呈现快速增长态势。同时，合作区印发了《磨憨重点鼓励发展产业目录》，并编制了《昆明磨憨沿边产业园建设发展规划（2023—2035年）》，相关处室积极帮助合作区梳理形成园区建设重大项目库、招商引资项目库、重点招引企业目录清单。

四、经验启示

合作区主动对接央企强企，突出招大引强。2023年，中国中铁主动融入和主动服务"一带一路"建设高质量发展，积极参与磨憨国际口岸城市开发建设，与合作区下属国企磨憨开发投资集团公司采取央地合作模式，共同推动磨憨开发建设。磨憨开投作为创新央地合作模式的样板，在中国中铁增资入股后，企业的实力明显增强，已初具集"投、融、建、管、运"于一体的综合职能，正在成为国际化口岸城市建设的主力军。2023年7月以来，上海临港集团多频次、高质量带队考察合作区规划、产业布局、铁路口岸建设、承接产业转移等情况，沪滇两地领导共同见证上海临港集团与昆明市政府就中国老挝磨憨—磨丁经济合作区建设开发签署战略合作框架协议，成立了云南磨憨沪滇产业联动开发建设有限公司，充分整合合作区开发资源，全力以赴做好园区规划建设、招商服务等工作。

五、点评

中国老挝磨憨—磨丁经济合作区位于中国云南省和老挝南塔省交界区域，所在区域经济发展较为落后，是不平衡增长理论的具体体现。作为跨境经济合作区，其目的是通过吸引人才、资金、技术等生产要素的集聚，加快该区域的快速发展，同时利用辐射效应带动周边地区发展。中国老挝磨憨—磨丁经济合作区基于自身区位、自然资源等优势的同时，与老挝、泰国、越南、柬埔寨、缅甸等邻近国家进行一定资源互补，此外在政府相关政策的支持下，将有限的资源较多地分配给该园区，以促进该园区经济的发展。通过优先发展该园区的方式，再通过该园区带动周边区域发展。当前，中国老挝磨憨—磨丁经济合作区在招商引资、产业发展、民生改善等方面已有较快的发展，并在推动磨憨国际口岸城市建设方面取得了积极成效。

第八节　云南省数字经济开发区案例

一、案例背景

（一）园区发展优势

云南省数字经济开发区（以下简称"开发区"）位于呈贡区，总体规划面积约14.72平方公里，确定了数字经济产业、生物医药和现代健康养老服务"一主两辅"的产业格局，形成了"一区两片一小镇"的总体布局。"一区"即云南省数字经济开发区，"两片"即万溪冲数字经济产业片区、大健康产业片区，"一小镇"即云上小镇。其中，万溪冲数字经济产业片区8.84平方公里，以数字经济为主导产业；大健康产业片区占地5.72平方公里（含核心半岛大健康产业园和宝相大健康产业园），以生物医药和现代健康养老服务为产业定位；云上小镇占地0.16平方公里，重点打造双创孵化加速区和双创服务配套区。

呈贡地处昆曼经济走廊、昆河经济走廊沿线，是泛亚国际大通道中线与东线交会点，"八入滇五出境"的高铁昆明南站建成通车，拉近了呈贡与北京、上海、广州等国内发达地区及南亚、东南亚国家的时空距离，使呈贡成为国家辐射南亚东南亚的门户。地铁1号线、4号线、9号线穿城而过，将昆明新老城区连为一体；黄马高速、呈澄高速、昆玉高速等高速公路纵横交错，与滇中城市基本实现了1小时交通圈。随着国家全面推进"一带一路"倡议、昆明建设区域性国际中心城市，呈贡已经成为重要增长极，开发区已经成为开发开放的前沿。

（二）园区发展情况

一是在经济指标方面。2023年1—10月，完成固定资产投资22.05亿元；完成工业和信息化投资22.9亿元；完成工业投资4.6亿元；完成工业总产值64.73亿元；完成税收11.78亿元（其中云白药7.54亿元）；完成一般公共预算收入4.79亿。1—9月，完成营业收入295.59亿元，其中，数字经济主营业务收入32.79亿元，主导产业营收占比11.09%，完成工业增加值增速10.9%。

二是在招商引资方面。制定了《云南省数字经济开发区楼宇招商租金扶持的若干政策措施（试行）》，通过以商招商、以链招商等模式，深度挖掘外部优质项目资源入驻。新培育规模以上企业2家，高新技术企业2家，创新型中小企业16家，专精特新中小企业4家，科技型中小企业4家。结合地铁与公交班次调整通勤车运营，实现无缝接驳地铁1号线、4号线，实现开发区内昆明公交共享电单车点位全覆盖，最大限度满足企业职工全天通勤需求。持续推进数字小镇二期项目建设，实现对云上小镇食堂及企业的智能数字化管理。开展技能培训等活动31场，参加活动企业达612家，覆盖人数1676人次。累计走访企业140余家，提供工商税务等服务226批次。

三是在入驻企业方面。新增入驻企业82家，引入用地项目4个，引入外资市场主体7家。深入推进"政产学研"合作，引入昆明理工大学中国科学院院士季维智团队灵长类疾病动物模型繁育中心等项目和长江学者李天晴教授团队干细胞药物研发项目。依托昆明人工智能计算中心，与多家在滇高校、科研院所开展深度合作。其中，"基于人工智能的稀贵金属材料基因工程新模式应用项目"入选2022年人工智能省级示范项目，面向绿色硅材智造研发与应用示范课题成功申报云南省科技计划项目课题，省第一人民医院在该中心落地"智慧医疗实训基地"。正与云南省人工智能重点实验室合作研发小联麻醉大模型，与数派科技有限公司合作发布"七彩云滇"旅游大模型。

（三）发展存在的问题

1.建设资金缺口较大

昆明智投公司作为开发区的土地一级开发平台公司，自2012年以来，已累计投入31.18亿元用于土地收储和基础设施建设，成本倒挂19.4亿元。目前，开发区已启动核心区二期二阶段征地拆迁工作，虽然智投公司与呈贡区政府已多方筹措资金，但融资困难，资金缺口仍然较大。

2.功能定位不够凸显

当前，开发区已经按照省、市有关要求完成省级开发区报批程序，更名为"云南省数字经济开发区"，明确了功能定位、主导产业、划定面积、四至界限等事项。但"面向南亚东南亚"的区位优势没有充分释放，与省级部门对接联系不紧密，与高校片区协同发展能力不足，严重影响开发区建设相关工作的推进，开发区运行体制机制亟待进一步完善。

3.产业集聚程度偏低

近年来，开发区虽然成功引进了浪潮、数码港等一批优质项目，但还没有真正形成扩张型的体制，没有形成扩张型的支柱产业体系，加之产业项目建设周期长，达产需要长时间培育，暂未完全形成建链、补链、延链、强链的产业体系，未形成上下游关联、全方位配套的产业集群。

4.投资增长基础不牢

一是在建在库项目少，开发区仅有6个项目正常施工报送固投数据，固投存量不足，投资增长缺乏后劲。二是部分项目未按预定时间开工建设，导致投资项目支撑不足，固投增量不够。三是规上企业数量少，开发区目前共有35家规模以上企业，其中，工业企业仅有3家，主导产业支撑不足，难以支撑数字经济、工业总产值的快速增长。

5.基础设施配套不足

开发区远离市中心商务商业核心区，离机场核心配套远，且目前高速、地铁等交通衔接不畅，内部交通尚未完善，交通和通勤时间成本过高，极大地限制了市内产业及产业人口东南进；未配套人才公寓，周边住房配套不足且租房价格偏高，商业配套不足，生活商务成本高，对人才的吸引力偏弱，城市功能配套亟待提质加速。

二、具体做法

（一）主导产业布局

围绕云计算、大数据、互联网、人工智能、软件信息服务、区块链6个核心板块促进数字经济主导产业发展。主导产业重点布局在万溪冲数字经济产业片区和云上小镇。其中，万溪冲数字经济产业片区围绕主导产业加快部署云、网、端等数字经济基础设施，积极推进企业数据平台、重大企业项目集聚发展。云上小镇充分发挥国家级双创示范基地、"云上云"双创特色小镇的优势，重点打造双创孵化加速区和双创服务配套区，开展数字经济小微企业孵化工作，开展市内大学生实践创新人才培养。

（二）辅助产业布局

辅助产业重点布局在宝相大健康产业园和核心半岛大健康产业园，依托云南白药总部基地，结合云计算与大数据中心，打造健康休闲、健康管理、健康医疗、健康服务、生物医药等产业集群，建设云南白药健康产业园智慧工厂、云南健康云和医疗大数据中心、互联网医院、智慧医疗、"智慧+"创新医养、高端健康体检、高端康养、特色医院及民族药、植物药研发中心。围绕"一主两辅"产业布局，加快打造重点产业集群。

（三）数字经济产业链

紧抓数字化、网络化、智能化发展机遇，依托华为、浪潮、移动、数码港、奥飞、均和云谷、云上云5G大数据等产业链项目的建设，构建算力中心产业链，以数据资源为关键要素，综合集成产业链、供应链、资金链、创新链，推动资源要素有效配置和产业发展高效协同，建设中国林业大数据中心、中国林权交易（收储）中心、大型绿色数据中心、政府企业电子政务网管中心、面向南亚东南亚信息化汇集中心、数据存储中心、数据软件外包中心、金融数据交易中心、西南溯源商品数字化交易中心，加速新兴产业集群，提升产业链现代化水平，精准赋能产业"建链、补链、壮链、稳链"工作，培育壮大云计算、大数据、互联网、软件信息服务、区块链等数据融合共享新业态。以提升智能制造装备产业创新能力和产业规模化发展为基础，通过技术引领支撑，以优必选智能服务机器人产业园、昆明浪潮云计算产业园等产业项目的建设为纽带，打造智能制造产业链，实施智能制造装备创新发展工程，强化产业创新能力建设，突破关键智能技术，推进智能测控装置及部件的研发和产业化，实现重大智能成套装备的集成创新，推进关键智能技术、核心智能测控装置与部件、重大智能制造成套装备在典型制造领域中的示范应用，加快产业化进程，建成机器人生产车间、产业研发中心、智能装备生产车间，建立完善的智能制造装备产业体系、产业链协作配套体系，促进产业集聚规范有序发展。

（四）生物医药产业链

依托云南白药、云大启迪等企业，构建以生物医药制造、生物技术开发与服务为主的产业链条，打造具有创新特色及国际影响力的生物医药技术平台、中药分子本草技术平台，强化生物技术、高端技术的开发应用，建设一批共性技术研究、成果转化、生产代加工等平台，培育和引进一批创新型领军企业，强化优势，补齐短板，加快壮大生物医药产业规模，在开发区内形成较为完整的技术链、产品链。

（五）现代健康养老服务产业链

依托宝相大健康产业园和核心半岛大健康产业园"两个园"的建设，整合健康生态环境资源，打造现代健康养老服务产业链，搭建"智慧+"大健康产业平台、"互联网+健康医疗"和"互联网+健康管理"产业体系，形成健康休闲、健康管理、健康医疗、健康服务的全产业闭环链条，推进新一代信息技术与医疗、康养的融合发展，提供智慧化、个性化、多样化、便利化的智慧康养产品和服务，实现整个产业链快速、健康发展。

三、主要成效

成功申报重点培育数字经济园区。认真贯彻落实云南省委、省政府关于建设数字云南，以及大力发展园区经济的决策部署，按照省发展和改革委员会《关于开展云南省2023年重点培育数字经济园区申报工作的通知》，全力组织开展申报工作，成功通过专家评审和陈述答辩，成为云南省3个重点培育数字经济园区之一。对经认定的重点培育数字经济园区，省发展和改革委员会将会同有关方面从制定"一园一策"支持发展，加大招商引资协调统筹力度，推动相关产业向园区聚集，从资金方面给予倾斜支持等方面进行扶持，促进数字经济核心产业集聚发展。

四、经验启示

（一）园区发展经验

一是规划先行，产城融合。摒弃单一发展工业的模式，着眼于"产城融合、以人为本"的定位，按照"先规划、后建设""先地下、后地上"的原则，实现"一张蓝图干到底"，保持了城市规划建设的高水平和高标准。以绿为脉、以水为魂，园区绿化覆盖率达45%以上。精心设计的雨水收集和排水系统，令园区成为一座没有内涝的城市。以"九通一平"为标准，建成发达的城市地下管网和高密度的城市路网，通过立体化多层次的交通枢纽与周边发达的高速公路、高速铁路、城际轨道交通实现无缝对接，打造便捷高效的综合公共交通体系。按照城市功能布局定位划分不同类别居住区、相配套的商业服务体系，形成"产城融合、区域一体"的城市发展架构。

二是科技引领，创新驱动。一方面，不断强化创新驱动，持续加大研发投入在国内生产总值中的比重。设立了第一只国家级股权投资基金，构建了以股权投资为龙头，政府、银行、创投、担保、保险5方联动的科技金融服务体系。积极利用中外院校、中国科学院苏州纳米所等科研院所以及各类载体资源，推动"官产学研资介"系统创新，形成了校际、校企、院际、院企多方合作机制。另一方面，大力培育战略性新兴产业。纳米技术应用、生物医药、云计算三大产业保持30%以上的速度增长，构建了良好的新兴产业生态圈。同时，积极发挥改革开放"试验田"功能，开创了政府有序引导、市场化运作的开发性投融资模式，为开发建设提供了有力支撑。主动对接上海自贸试验区的功能辐射，研究推进开放创新综合改革，在行政审批制度改革等方面实现了改革突破。

三是招商亲商，宜居宜业。第一，构建"小政府，大社会"的格局。通过大部门机构改革，构建了大经济发展、大规划建设等大部门制工作格局，形成"五个一"的"一枚印章管审批、一支队伍管执法、一个部门管市场、一个平台管信用、一张网络管服务"基层政府治理架构。第二，提供"亲商"服务。推动一站式服务中心、企业发展服务中心等公共服务平台适应转型发展，严格依法规范处理经济社会事务，构建与国际接轨的营商环境。第三，创建"智慧园区"。统筹建立人口、法人、地理三大信息基础数据库及共享交换体系和数据服务平台。以"政务通、企业通、居民通"统一框架为引领，推动政务管理服务事项网上审批。第四，加大政策激励。从先进制造及科技研发、服务业、人才等3个方面，为入驻企业提供政策保障、资金支持等各类鼓励措施，不断持续推动发展创新。

云南省数字经济开发区作为全区经济转型、技术创新、开放发展的前沿阵地，要对标一流，深入学习借鉴苏州工业园区发展的有效做法与经验，不断提升持续创新能力、产业生成能力、资源整合能力、经济产出能力，努力在同类开发区中争先进位。

（二）园区发展启示

一要科学规划谋发展。充分发挥科学规划的引领作用，科学论证、深入研究、依法决策，有序推进开发区空间拓展和布局优化。坚持"多规合一"，突出前瞻性、系统性，高站位、高起点、高质量编制规划，厘清园区定位、产业布局、发展目标、创新举措等重点内容，推动产城联动、融合发展，深化产业链整合，发展产业配套支撑体系，推动以产业链为纽带、资源要素集中的产业集聚集群集约发展，打造集研发、生产、应用、投资、贸易于一体的区域产业集群，促进开发区高质量发展。

二要创新驱动强支撑。积极培育高新技术企业等创新主体，依托国家重点实验室、国家及省级工程技术研究中心等企业技术研发机构，打造创新驱动新引擎，辐射带动一批新的科技创新主体上水平；加强与院士专家合作交流，建立院士工作站、科技领军人才工作室，引进"候鸟式"高科技人才，促进科技成果转化落地，强化技术引进、输出，建设科技创新高地；完善创新体系，强化创新创业、电子商务、科技资源等公共服务平台建设，探索建立"创业苗圃+孵化器+加速器+产业园"的全链条孵化模式，提供低成本、便利化、全要素、开放式的创新创业创造空间。

三要紧盯政策促开放。牢牢把握上级政策导向，认真贯彻落实习近平总书记"云南经济要发展，优势在区位、出路在开放"重要指示精神，围绕党的二十大明确的目标任务和省委"3815"战略发展目标谋划，坚持把园区的发展放在国家、省、市、全区现代化建设大局中来审视，放在更好地服务和融入国家发展战略全局中来谋划，聚焦产业转型升级、基础设施建设、绿色低碳循环发展、创新驱动等重点工作，积极谋划重大项目，打造"产业高地、数字园区""投资沃土、温馨园区""辐射中心、创新园区""生态和谐、绿美园区""踔厉奋发、效能园区"。持续推进辐射南亚东南亚区域性国际数字经济产业示范园区建设。

四要强化招商引项目。精准对接粤港澳大湾区、长三角等数字经济先行区优质企业，全力以赴招引重大工业企业和重大工业项目，增强信息制造业占比，形成更多的增量，有力提升主导产业集群发展水平，构建现代化产业体系。建立主导产业链"链长制"，实施"建链、强链、补链"工程，补齐建强上下游短板和薄弱环节，打造一批具有较强竞争力的"链主"企业。坚持量质并举，既要确保引资总量的稳定增长，又要逐步调整优化招商引资导向、项目结构，争取引进标志性、高科技含量、高附加值、集聚带动效应强的投资项目，不断提高引资质量。

五要优化环境促改革。着力深化"放管服"改革，加快推行"模拟审批""容缺审批""多图联审""联合验收""区域评估"等工作，提高项目落地效率。深化"互联网+政务服务"体系建设，强化"保姆式"和"专员制"服务，建立开发区用地、能评、安评、环评等审批快速通道，打通信息孤岛，努力让"数据多跑路、企业少跑腿"，打通政府服务的"最后一公里"。要加强内部管理，限定办结时限，落实责任主体，从细处着手，从小事做起，全方位营造良好的营商环境。

六要深化合作促发展。积极寻求与国内先进园区结成友好开发区，建立交流合作机制，加强在互访合作、干部挂职、信息沟通、园区共建、创新创业等方面的交流合作，共同建设项目孵化、人才培养、市场拓展等服务平台和产业园区，发展"飞地经济"，把开发区打造成全市对外开放的先导区。

五、点评

在数字技术与实体经济加快融合的背景下，千行百业正加快数字化转型，云南省数字经济开发区以数字经济为主导产业，紧抓数字化、网络化、智能化发展机遇，围绕数字产业化、产业数字化方向积极谋划储备项目，大力发展数字经济产业链，向数字挖潜能，向智慧要效能，抢占数字赛道。云南省数字经济开发区是推进数字云南建设、数字活力释放、数字转型加快的具体体现，园区不但坚持创新发展，扩大研发投入，培育创新主体，而且重视引进标志性、高科技含量、高附加值、集聚带动效应强的投资项目，同时注重产业融合通过数字技术赋能产业。园区在研发投入方面，通过构建科技金融服务体系，不断提高投入占比，保障资金来源；在创新驱动方面，积极培育创新主体，完善创新体系，加大与社会机构的合作；在招商与项目引进方面，精准对接优质企业，全力以赴引进重点企业与项目；在产业融合方面，通过"互联网+"的形式与现代健康养老服务产业融合发展，同时运用到园区优化之中。可见，云南省数字经济开发区紧跟时代步伐，不断加快数字技术与实体经济的融合发展，推进园区创新驱动发展，加快推动数字产业化、产业数字化，为推动数字云南建设起到很好的模范带头作用。

第九节　砚山产业园区案例

一、案例背景

（一）园区发展优势

砚山县位于云南省东南部，文山州中西部，因"山势颇挺秀，其形如砚"得名，是清代抗法名将陆春和早期共产主义革命先驱、文山籍第一位共产党员王有德的故乡。全县总面积3822平方公里。砚山区位优越，交通便利，承接产业优势明显。砚山自古就是直通昆明的"特磨古道"和直通广西的"邕州古道"，素有"滇桂走廊"之称，是云南外接东盟、内联泛珠的主要通道。文山民用机场位于境内，距县城5公里。云桂铁路、广昆、平文、蒙文砚高速公路、323国道横贯全境，形成2小时到富宁港、3小时到昆明、5小时到南宁的快速交通格局。

云南砚山产业园区始建于2007年，位于砚山县城北片区，2012年3月8日成立砚山县工业园区管理委员会，2023年2月5日成立云南砚山产业园区管理委员会。砚山产业园区先后于2013年被云南省政府认定为省级工业园区，被省工信委认定为省级新型工业化产业示范基地，2017年被省政府认定为省级高新技术产业开发区，2018年被省知识产权局认定为省级知识产权示范园区，2022年7月被省工信厅授予"云南省优势性制造业集群"称号，2023年12月被评定为省级绿美园区。

云南砚山产业园区规划面积19.05平方公里，其中绿色铝创新产业园规划面积6.79平方公里；承接产业园规划面积5.29平方公里；三星坝片区规划面积5.03平方公里；二道箐片区规划面积1.94平方公里。空间布局为"一园三区"（布标片区、三星坝片区、二道箐片区）；产业布局为"4个产业园"（绿色铝创新产业园、承接产业园、建材产业园、化工产业园），产业发展以绿色铝材一体化产业、新型建材产业、新材料产业为主，电子信息产业、新型建材产业和新材料产业为辅。

（二）园区发展情况

2023年，云南砚山产业园区共有入园在统企业57户，其中规上工业企业22户，限额以上批发零售业10户。1—11月累计实现营业收入349.65亿元，同比增长64.6%，其中工业企业营业收入298.46亿元，同比增长91%；规上工业企业营业收入297.39亿元，同比增长90.8%。累计实现工业总产值302.86亿元，同比增长56.7%，其中规上工业总产值累计实现301.79亿元，同比增长56.5%，占全县规上工业总产值311.29亿元的96.9%；铝产业规上工业总产值累计实现275.78亿元，同比增长64.9%，占园区规上工业总产值的91.4%，占全县规上工业总产值的88.6%；固定资产投资累计完成55.01亿元，同比下降45.4%；从业人员数10367人，同比增长9.1%（工业企业从业人员数9528人，同比增长5.4%）。2023年度预计实现规上工业总产值340.98亿元，同比增长60.8%，占全县规上351.49亿元的97%；累计实现营业收入372亿元，同比增长59%（其中工业企业营业收入312亿元，同比增长78%）；固定资产投资累计完成57亿元，同比下降49%；从业人员数10100人，同比增长7%（工业企业从业人员数9200人，同比增长3%）。

（三）发展存在的问题

一是资金保障不足。云南绿色铝创新产业园基础设施建设计划投资70亿元，目前完成投资58亿元，实际到位上级专债及补助资金47.4亿元，县级财政临时拆借筹集资金8亿元，缺口资金14.6亿元。

二是下游企业电力供应存在风险。目前云南绿色铝创新产业园入驻并基本建成的下游加工企业共6家，除创新、创格外，其余4家都是由110kV干河变创新I回供电，当变电站出线开关故障或计划停运时，将导致企业生产异常终止，不能及时恢复供电或处置不及时将带来较大安全隐患。

三是园区招商引资和人才引进难。受运输条件限制，目前园区铝加工主要为铝棒、铝杆等初级材料加工，向高端化精深加工延伸困难。此外，园区人才引进困难。园区目前暂无科技研发人才、科技领军人才，人才留住难。

二、具体做法

一是抓实优化提升，规范完善园区管理机制体制。根据《中共云南省委机构编制委员会办公室关于文山州规范开发区管理机构方案的批复》文件精神，切实抓实优化提升工作。目前，云南砚山产业园区管理机构为中国共产党云南砚山产业园区工作委员会和云南砚山产业园区管理委员会，为中共文山州委、文山州人民政府派出机构，实行合署办公，一套机构，委托砚山县委、县人民政府管理。机构规格为副处级。下设综合科、产业发展科、规划建设科、投资促进科。机构编制30人，其中公务员编制10人，事业编制20人。2023年4月，所有岗位均得到了充实，园区管理体制不完善、长期班子成员缺额、人员不足等问题得到改善。

二是强化要素保障，改善园区建设资金短缺问题。针对县级财力困难实际，凝聚全力，全年向上级争取补助资金及专债资金14.56亿元，从土地、水、电、路、气等方面，加快园区基础设施建设。截至目前，绿色铝创新产业园基础设施二期建设项目已经完成2000余亩并移交企业建设，同时配套建设水、电、路及其他设施；三期基础设施建设项目于2023年6月开工，累计完成投资11.5亿元，正在开展施工围挡安装、地勘及场地平整；文山—砚山天然气管线项目已具备管道输气条件，园区天然气综合利用项目工程完工，正在开展竣工验收资料准备工作，砚山末站—园区天然气专线项目布管累计17200米，直管焊接约14250米，目前开展砚文高速顶管施工工作。

三是聚焦主导产业抓招商，全力推动产业链集群发展。以建设"绿色生态水电铝材一体化产业园"为总目标，以203万吨绿色铝为牵引，聚焦延链补链强链，重点引进发展以水电铝、铝型材、铝多元加工为一体的综合产业链，推动实现铝水100%就地转化和铝材100%就地精深加工。2023年以来，园区累计接待到砚考察企业（客商）40批次，党政"一把手"累计会见客商20批次，外出河南、山东等地开展招商活动10次。签约铝产业相关项目2个，计划总投资2亿元，预估年产值3亿元。全力推进承接产业园区标准化厂房的高效利用，盘活园区现有的标准化厂房，进一步提高工业园区集约化发展水平，助推园区经济高质量发展，结合实际，制定了《云南砚山产业园区标准厂房管理使用实施方案》，2023年标准化厂房新入驻企业4家，协议总投资2.2亿元，协议总产值10.2亿元，标准化厂房利用率达54.05%。

四是突出项目建设，抓实固定资产投资。2023年，云南砚山产业园区管委会、砚山县工信商务局固定资产投资目标任务88.8亿元，在建项目26个。其中，在库项目19个，待入库项目4个，开工未入库项目3个。2023年1—10月累计完成固定资产投资51.6964亿元，完成目标任务的58.22%。已经包装谋划入库500万元以上项目7个，正在包装谋划入库500万元以上项目4个。

三、主要成效

云南砚山产业园区2017年被省政府认定为省级高新技术产业开发区，2018年被省知识产权局认定为省级知识产权示范园区。园区现有高新技术企业7家，有专精特新中小企业和创新型中小企业6家，有省级企业技术中心1家、州级技术中心3家，省级工程技术中心1家。2022年，园区拥有有效专利220件（发明专利22件、实用新型专利172件、外观专利26件）。2023年，产业园区累计实现营业收入349.65亿元，建成面积10858亩，实现亩均营业收入322万元。

四、经验启示

（一）园区发展经验

1.科技创新发展经验

引导企业科技创新，推动企业转型升级。把发展高新技术产业作为调整产业结构、促进经济增长的重要目标和着力点，大力推进科技进步和自主创新工作。通过组织动员和指导，截至目前，园区现有高新技术企业7家，有专精特新中小企业和创新型中小企业6家，有省级企业技术中心1家、州级技术中心3家、省级工程技术中心1家。

2.亩均产值提升经验

紧紧围绕绿色铝重点主导产业，以云南宏泰为重点，加大招商力度，狠抓重点项目建设，全力推进重点项目投产见效，不断提高亩均产值。2023年，产业园区累计实现营业收入349.65亿元，建成面积10858亩，实现亩均营业收入322万元。

3.项目强化、招商引资经验

一是以落地项目为抓手，确保项目见效。截至目前，云南砚山产业园区和县工信商务局招商引资到位资金389703万元，居全州首位。二是以招商引资为抓手，坚持走出去。云南砚山产业园区2023年外出招商引资累计10次，园区累计签订招商引资项目协议12个（其中工业7个、农业1个、电力生产及供应1个、贸易3个），计划总投资8.35亿元，预估产值29.39亿元；现有在谈项目7个，计划投资10.7亿元。三是以绿色铝谷为抓手，坚持请进来。2023年以来，园区累计接待到砚考察企业（客商）40批次，党政"一把手"累计会见客商20批次，外出河南、山东等地开展招商活动10次。签约铝产业相关项目2个，计划总投资2亿元，预估年产值3亿元。四是以现有资源为抓手，盘活现有资源。为推进砚山县承接产业园区标准化厂房高效利用，盘活园区标准化厂房，进一步提高工业园区集约化发展水平，助推全县工业经济高质量发展，结合砚山县实际，制定《云南砚山产业园区标准厂房管理使用实施方案》，2023年标准化厂房新入驻企业4家，协议总投资2.2亿元，协议总产值10.2亿元，标准化厂房利用率达66.9%。五是以在建项目为抓手，抓实项目建设进度。不折不扣跟进创格年产38万吨新能源汽车轻量化等项目相继投产，创新年产120万吨合金棒项目（二期）、俊领新能源科技有限公司年产6万吨锂电池负极材料一体化项目、山东宝龙水晶饰品有限公司水晶钻石项目等重点项目相关行政审批进度、项目建设进度等工作，竭尽全力服务企业，及时帮助协调处理企业存在问题。

（二）园区发展启示

一要创新融资渠道，解决资金问题。除了积极争取上级资金扶持、地方专项债券外，要建立园区融资平台公司，充分利用国家的各类政策性贷款，解决园区建设和企业投资所需资金问题。同时，充分与商业银行进行合作，引进社会资本与民营资本，开发建设园区。

二要主导产业培育与转型升级相结合。坚持项目拉动、招商促动，以招大引强，继续实施产业招商、精准招商，大力提升招商引资的质量和水平，实现招商成效最大化，促进产业转型升级发展。加强调度，组织相关部门研究做好用地保障服务等工作，全面加快推进项目用地征收及用地报批工作，尽快完成土地供应，使已签约项目尽快落地建设入库纳统，形成有效到位资金支撑。

三要明确招商方向，把招商引资与产业转型发展结合。坚持优势产业与新兴产业双轮驱动，不断升级传统业态，发展新型业态，实施电子信息、化工新材料、先进装备制造、光电等产业集群培育计划，推动新兴产业集聚发展，加快构建现代化产业体系。

四要持续推进兑现承诺，确保取得阶段性成效。充分用足用好政策，在不突破政策和法律底线的基础上，对已清理出未兑现或未完全兑现的招商引资优惠政策兑现申请事项，加强请示汇报，分批分期，逐步实现兑现。通过不断优化服务环境，制定激励措施，鼓励现有企业对外合作，调动企业招商引资积极性。

五要推进园区共建。抓住国家促进产业转移的政策机遇，利用现有的招商引资平台，不断加强与沿海发达地区开发园区、大企业合作，促进园区共建，实现招商效益。

五、点评

在中国"北铝南移、东铝西移"的产业布局，造就了云南大力发展绿色铝产业的宝贵机遇，砚山产业园区便是云南发展绿色铝的实践。园区坚持绿色、创新、高效的发展定位理念，按照绿色能源、绿色制造、绿色发展的要求，推动园区经济绿色低碳高质量发展，是实现园区可持续发展的具体体现。在2023年8月的第七届中国—南亚博览会中，砚山产业园展馆处处诠释着创新、绿色、高效、低碳的理念，以产品、视频、现场介绍等多种方式，生动展示了前沿创新技术产品以及从汽车零部件、建筑材料到铝碗、餐用铝制容器、易拉罐等，越来越多地给工作生活带来的崭新变化，绿色低碳变革带来的新生活，节能环保与经济效益齐头并进的科技发展路径等。园区以云南宏泰公司203万吨绿色铝项目为依托，构建形成"绿色铝"全产业链，同时聚焦延链补链强链，开展多渠道招商引资，引进绿色铝上下游及配套项目，推动铝水100%就地转化和铝材100%就地精深加工，努力加快推进省级千亿级绿色低碳示范园区建设，园区在秉承绿色低碳发展理念的同时不断提高产业发展质量，完善产业链条，推动产业集聚发展，是园区经济绿色低碳发展的典范。

第十节　弥勒产业园区经济发展案例

一、案例背景

弥勒产业园区成立于2004年，同年2月19日成立工业园区管理委员会办公室，2005年12月5日更名为弥勒工业园区管理委员会，同年成为云南省首批重点建设的省级工业园区之一，为弥勒市政府副处级派出机构。2023年1月12日，经云南省委批准，更名为云南弥勒产业园区，成立云南弥勒产业园区党工委、管委会，为州委、州政府正处级派出机构，是红河州内6家省级开发区中，首家成为正处级的园区。

（一）园区发展优势

1.地理优势

弥勒市位于云南省东南部，地处泛亚铁路东线和"两廊一圈"西廊道，是"一带一路"建设、云南建设面向南亚东南亚辐射中心的重要前沿。云桂高铁建成通车，弥勒到云南省会昆明40分钟，到广西壮族自治区南宁3.5小时，到广东省会广州7.5小时，是"接轨滇中、连接两广"的重要节点。其位于红河州南部，弥蒙铁路、石蒙高速、弥泸高速建成通车，距河口口岸280公里，距越南海防段662公里，是"出境入海、辐射东盟"的重要节点。

2.资源优势

红河州是云南金属矿资源集中的地区之一，全州有矿种49种，已探明的有色金属储量达1300万吨，其中锡矿储量170万吨，居世界第一；铟储量745吨，居全省第一。目前，弥勒境内煤炭储量19亿吨，波斯灰大理石和米白天然莱姆石资源储量3940万吨，方解石储量2194.28万吨，磷矿石量1175万吨，菜、果、花、药种植面积66万亩，具有良好的资源和产业开发空间。

3.气候优势

锦屏、陀峨、咸和三山环拱，甸溪河湿地清流浸润，湖泉生态园、髯翁森林公园和太平湖、东风韵、可邑、红河水乡4个特色小镇享誉全国。年均气温18.8℃，负氧离子平均浓度2500—3000个/cm³，空气优良率99%以上，城市建成区30.7平方公里，景观水域3000余亩，是"国家园林县城""国家卫生城市""国家全域旅游示范区""中国天然氧吧城市"和"全国民族团结进步示范市"。

（二）园区发展情况

1.经济增长方面

园区自成立发展至今，持续优化产业布局，推动产业转型升级，产业经济体量持续增长。截至目前，入园企业59家，其中规模以上工业企业17家，从业人员3810人。2023年，完成营业收入248.69亿元，同比增长6.03%；完成工业总产值222.76亿元，同比增长6.97%；实现利润30.56亿元，税收131.63亿元。其中，规上工业总产值222.52亿元，同比增长6.91%；规上工业增加值增速为4.3%；营业收入241.75亿元，同比增长4.61%；实现利润30.17亿元，税收131.42亿元。

2.基础配套方面

园区建设至今，已累计投入资金约27.76亿元，建成道路26.6公里，2万立方/日供水规模自来水厂1座，5000立方/日处理规模污水处理厂1座，8蒸吨/小时供热站1座（在建120蒸吨/小时供热站1座），天然气分输站1座、标准厂房10.53万平方米，生活服务区6.75万平方米，企业服务中心1座，多样化实施景观绿化360亩，水、电、路、气、污水处理、生活服务等配套设施日趋完善。在全省89个开发区中，同时配套有集中供热、管道天然气、水库原水、污水处理厂、综合服务区的只有弥勒园区。园区在基础设施配套方面具有较强吸引力和竞争优势。

3.产业培育方面

近年来，园区紧紧围绕省委"3815"战略发展目标、州委"337"工作思路、市委"1377"发展思路，全面推行链长制，落实"六个大抓"，聚焦主导产业延链、补链、强链，加快上下游产业配套，以产业推动园区经济高质量发展。目前已发展形成以烟草及配套为主导，绿色食品及精深加工、生物医药、通用航空及无人机、绿色新型建材及新材料共同发展的产业格局。

烟草及配套产业以红河卷烟厂为核心，加快建设集初烟仓储、打叶复烤、烟叶醇化、卷烟生产、包装印刷、仓储物流和工商销售等一体的全产业链，打造全省现代烟草高质量发展示范园区。目前，红河卷烟厂、红河雄风异地技改、红河实业现代仓储物流中心、烟叶中心库项目已建成投产，红河打叶复烤易地技改和烟草工商一体化区域物流配送中心项目正在加快建设，优质特色烟叶醇化库项目正在开展前期工作。

绿色食品精深加工产业成功引入金锣、天同、隆祥等知名食品加工龙头企业，重点打造肉制品加工、果蔬深加工和酒类饮料加工等产业。目前，中央厨房、速溶咖啡已投产，山东金锣项目已建成试生产，山东天同、隆祥酵母、印象葡萄烈酒等项目有序推进。

生物医药产业已引入华润三九、云南生物谷等生物制药领军企业，推动红河州中药材向精深加工领域延伸。目前，云南生物谷大健康产业园已完成总部公司注册地变更登记，正在进行设备安装调试，计划2024年4月试生产；

华润三九三七高质量发展基地项目已开工建设，计划2025年投产。

绿色新型建材及新材料产业以浙江红狮、上海化工研究院、红河创新技术研究院为带动，全面扩展新材料产业链。目前，红狮绿色新型建材循环经济产业园项目正在加快用地、矿权出让等前期报批工作；上海化工研究院超高分子量聚乙烯耐磨滑块项目部分设备投入使用，超高分子量聚乙烯纤维项目计划2024年开工建设；红河创新技术研究院依托州产业投资集团资源积极开拓市场，提升项目市场竞争力；盛宵高纯度电子材料项目正在加快推进前期工作，将推动企业从单一产品向电子信息新材料领域延伸。

通用航空及无人机产业以弥勒东风机场和浩翔科技公司为带动，积极争取州级支持，助推浩翔科技公司扩大活塞式航空发动机、动力冲浪板、无人机生产规模，积极引进通用航空运输、培训、会展、体验等产业，全面谋划推动通用航空及无人机产业链发展。

（三）发展存在的问题

产业结构不优。园区除烟草产业外，其余产业均存在链条短、分布分散、规模实力不强等问题。现有59户生产经营主体中，规上工业企业17家，仅占园区经营主体的28.82%，规上企业数量少，纳规纳统支撑不够，示范引导产业集聚发展不足。

增长释放偏慢。园区虽然有总投资30.87亿元的在建项目8个，总投资48亿元的前期项目8个，但红狮、华润、隆祥、宇星等重点项目还未投产达产，推动园区提质增效的项目"龙头"作用未有效发挥，短期内不能支撑规上工业总产值高速增长。

要素保障压力较大。一是用地保障制约因素多，园区现有存量建设用地不足，有的分散面积小，项目用地报批政策限制条件较多，报批时间较长，在一定程度上影响承接重大产业项目落地。二是能耗政策限制较大，因全省能耗管控趋紧，对投资规模较大的项目能评报批造成较大影响。三是基础保障不足，园区电、气、污水处理等配套基础设施仍然存在短板，电力廊道建设和治污能力不足，为重点项目提供配套保障支撑仍需加强。

配套基建任务繁重。2024年涉及续建7个、新建16个基础设施项目，总投资13.5亿元，为满足重点项目投产需求，年内需筹集建设资金约6亿元。目前各项基础设施项目建设以申报专债、国债和上级预算内资金为主，省级开发区之间竞争大，到位资金有限，资金筹措压力较大。

二、基本做法

（一）持续优化产业布局

园区先后经历3次规划调整，从2005年最初的15.29平方公里（一园两区）、2011年的42平方公里（一园五区）、2018年的31.42平方公里（一园三区），到2022年优化提升后，按照三区三线划定政策调整为14.6平方公里，由"一园四区"组成，以现代烟草及其配套、绿色食品加工为主导产业，以生物医药、先进装备制造、新材料等产业为配套产业。其中，星田片区规划面积10.82平方公里，发展现代烟草及配套、绿色食品加工、生物制药、先进装备制造、新材料、消费品制造产业。朋普片区规划面积1.69平方公里，发展黑色及有色金属加工延压、冶金、建材产业。东风片区规划面积1.08平方公里，发展农副产品加工、新材料、金属制品加工、装备制造产业。巡检司片区规划面积1.01平方公里，发展建材、石材加工产业。4个片区各具产业特色，各种优势互补型产业分工明确，又相互依赖、相互支撑，形成特色鲜明、集聚效应显著的新型产业园区。

（二）逐步推动产业升级

一是规划引领借力。高起点抓好园区规划，以"园中园"建设模式推动资源要素高效配置、产业布局科学合理、区域功能协调联动。2011年规划1.85平方公里建设红河烟草产业园，建设集初烟仓储、打叶复烤、烟叶醇化、卷烟生产、包装印刷、仓储物流和工商销售等一体的全产业链，现已入驻项目7个（已投产4个、在建2个、前期1个），现有项目建成达产后，预计年产值可达240亿元以上。2016年规划3.65平方公里建设弥勒绿色食品加工园，重点发展肉制品加工、果蔬深加工和生物保健食品等主导产业，逐步构建原料保障、研发、生产、检测、展销"五位一体"的绿色食品加工产业园区，现已入驻项目23个（已投产15个、在建6个、前期2个），现有项目建成达产后，预计年产值可达100亿元以上。

二是产业培育聚力。坚持以制造业为主的发展方向，纵向延伸产业链，横向发展配套产业，加快实现项目扩园、企业满园、集群强园。做精烟草及配套产业，积极争取云南中烟公司支持，推动红河烟叶复烤、烟草工商一体化项目建成投产，烟叶醇化库项目开工建设，推进烟草新产品研发、辅料供应配套项目落地园区，全力打造全省烟草高质量发展示范园区。截至目前，聚集烟草及其配套企业7家，2023年完成工业总产值207.65亿元。做大绿色食品精深加工产业，加快推进金锣、天同、隆祥、印象等项目，全面带动园区肉制品、果蔬和酒类饮料加工等产业链发展。聚集绿色食品加工企业14家，2023年完成工业总产值1.14亿元。做强生物医药产业，通过发挥华润三九、云南生物谷等生物制药领军企业带动效应，推动中药材向精深加工领域延伸。聚集生物医药企业4家，2023年完成工业总产值2.08亿元。做优绿色新型建材及新材料产业，以浙江红狮、上海化工研究院、湖北宇星等企业为带动，积极承接绿色低碳铝材精深加工项目，全面扩展新材料产业链。聚集绿色新型建材及新材料企业4家，2023年完成工业总产值8.02亿元。谋划通用航空及无人机产业，以弥勒浩翔科技公司为带动，加快推进项目包装和融资，培育通用航空运输、培训、会展、体验等业态，推动通航产业实现突破，2023年完成工业总产值0.58亿元。

三是精准招商蓄力。坚持从招商向选商转变，持续强化产业链招商、精准招商，为上下游产业"填空"和产品"配套"。其中，绿色食品及精深加工产业重点跟进金锣肉制品深加工、果蔬加工、咖啡豆烘焙、农特产品集散和白酒产业园等项目；生物医药产业重点跟进华润三九慢性病领域项目、保健品、功能化妆品和万寿菊精深加工等项目；新材料及装备制造产业重点跟进魏桥下游绿色铝精深加工和电子信息等项目；新能源产业重点跟进新能源电池、电化学储能等项目。2020年以来，共签约引入25个项目，累计协议签约金额73.47亿元，以项目支撑园区产业集群发展。

（三）着力提升创新能力

一是培育壮大科技创新企业。围绕科技创新企业"培育""提升"两大主题任务，通过建立激励机制、完善梯度培育、健全公共服务体系等措施，推动浩翔科技、生物谷药业、金普乐材料等企业与高校院所深度合作，着力培育壮大一批高新技术企业、专精特新企业、企业技术中心等科技创新载体。截至目前，园区拥有国家科技型中小企业1家、省级高新技术企业6户、省级科技型中小企业1家、创新型优质中小企业3户、专精特新型优质中小企业2户、省级技术中心平台1个。

二是加快推进产学研用深度融合。加强与浙江大学、昆明理工大学等高校产学研合作，共建研发创新孵化平台，力争在半导体、新能源、高端装备等战略性新兴产业研发创新与应用上取得新突破，加快形成新质生产力。深化与上化院、省农科院等科研院所研发合作，聚焦新材料、烟草、生物医药、绿色食品精深加工等领域，加大关键共性技术研发和转化力度，进一步推动相关产业链条向高附加值延伸，以科技赋能园区产业创新发展。截至目前，通过成果转让、委托开发、联合开发、共建研发机构或科技型技术企业实体等形式，与浙江大学签订科技合作协议，并落地建设红河创新技术研究院数字化彩印钢板中试线厂房项目；与上海化工研究院合作共建云南省高性能材料研究中心暨产业基地项目，现一期项目已建成投产，年产值约3000万元，二期项目建成达产后预计可实现产值1亿元以上；与省农业科学院签订科技合作协议，并成立云南现代农业高新技术产业研究院，将加快推进农业关键核心技术攻关，构建"政产学研金服用"一体化的协同创新体系，打造全省现代农业制高地、高原特色农业高质量发展引领示范区。

（四）全力构建开放经济

园区主动服务和融入国家、省、州发展战略，积极推动园区与国家自由贸易区红河片区联动发展，签订弥勒市与河口县产业创新联动合作协议，在河口设立弥勒开放发展中心，建立干部互派、产业互补、招商共抓、活动共办、成果共享的合作机制，大力发展跨境经济、飞地经济。借助自贸试验区红河片区平台，在烟草制品、浩翔科技无人机、上海化工研究院高分子聚乙烯管材等产品出口方面给予协调支持，将产品销售至越南、缅甸、老挝等东南亚国家。探索"口岸进口+园区加工"的有效途径，力争在咖啡豆加工贸易、肉制品、糖蜜、药材进口等领域取得新进展，以口岸经济带动园区原料进口。近年来，浩翔科技航模航空类发动机和动力冲浪板等产品远销海外，占航模发动机全球市场占有率60%以上，仅2022年就出口5000多台发动机、冲浪板，出口额达1400万元。云南金普乐、泰贤咖啡、红河云牧乳业等企业率先开展面向老挝、缅甸等南亚东南亚的进出口业务。

（五）加快提升服务效能

一是抓改革增动力。构建"党工委（管委会）+职能部门+公司（市产发集团）"的管理运行机制，党工委（管委会）履行组织领导、发展规划、协调服务、招商引资等职能，职能部门履行环境保护、安全生产、市场监管、治安维稳等职能，市产发集团履行园区开发建设、投资运营、专业化服务职能，实现政企分开、政资分开、优势互补、高效协同。二是抓保障优服务。建成企业服务中心，提升园区与市级公共服务设施、交通设施、市政基础设施的互联互通能力，实现政务服务一对一、商务办公屏对屏、产品展销面对面。深入实施领导干部挂钩园区重点项目、企业制度，强化协调服务职能，一企一策专班推进，形成市级统筹、部门协同、园区联动的良好格局。大力推进"放管服"改革，聚焦园区经济管理职能，重点围绕项目落地涉及的项目审批、规划环评、土地保障、市场监管等行政审批事项，积极争取更多权限下放至园区，目前已承接省州市赋权事项8项。三是转作风提效能。坚持"说话算话、换位思考、合作共赢"的营商服务理念，深入推进作风革命效能革命，全面推行"一事一议、一企一策"工作原则，出台财政、税收、教育等惠企措施，专人对入园企业进行全流程跟踪服务，积极搭建政银企协作平台，2023年帮助企业解决困难和帮办代办服务400余件次，兑付招商引资扶持资金及各级产业扶持资金4110万元，协助园区企业申请融资1.06亿元，有力推动产业项目早投产早见效。

三、主要成效

招商吸引力不断增强。园区牢固树立"产业兴则经济兴，产业强则经济强"的发展理念，充分发挥弥勒及周边生态优势、资源优势、区位优势和开放优势，对标国内一流企业，精准制定招商引资扶持优惠政策，实行州市联动招商、市级各部门合力招商，全力引进一批带动性强、关联度高、影响力大的企业和项目落地。红河卷烟厂、山东金锣、广东温氏、山东天同、华润三九、日本隆祥、浙江大学红河创新技术研究院和上海化工研究院等全国知名企业入驻园区。

运营管理不断优化。结合实际，在园区推行"管委会+公司"模式，工业园区管委会作为开发园区的管理机构，承担园区政策制定、发展规划、行政审批、社会事务管理等行政管理职能，持续推进人员、资源向招商、服务一线聚集。市产业发展集团作为园区建设发展的市场主体，承担园区基础设施建设、资产管理市场化和专业化运营，两个"主体"分工明确、优势互补、高效协同。同时，通过盘活园区砂石料、标准厂房、供热供气站等优质资源，做强产发集团资产配置，不断提高产发集团营业收入，有效降低资产负债风险，确保园区建投运管有序推进。

营商环境不断改善。持续在提升服务保障水平上下功夫，全面推行"会议协调、并联审批、互不前置、负面清单管理"项目审批和管理模式，健全完善项目落地的协调服务机制，做到"一个项目、一名领导、一套班子、一套方案、一抓到底"，专人专班跟踪服务项目建设。投资5000万元建成园区企业服务中心并投入使用，制定《红河州弥勒绿色食品加工园"一站式"审批服务中心建设运行方案》，按照"一颗章入园、一站式审批、一条龙服务"的总体要求，为入驻企业提供全程代办服务。

四、经验启示

坚持规划引领，跑好园区发展接力赛。秉持"先规划后建设"理念，结合园区资源禀赋、发展现状、发展潜力等因素，高质量、高标准编制控制性详细规划，为后续产业发展腾挪空间、蓄势聚能。要做好产业布局规划，精准开展选商招商，做到园区产业定位一张网，推进产业延链补链强链，力争实现产业集聚、集群发展格局。

坚持配套先行，夯实园区产业承载力。推进园区高质量发展，要分期分批完善园区道路、供电、供气、供水、治污、消防等基础设施配套建设，提升园区综合承载力、招商竞争力。要大力推进产城融合，分片区配套建设社区化公共服务设施，以市场化手段加大服务业布局，使园区既有产业支撑以聚集财气，又有生活功能以聚集人气。

坚持开放创新，打通对外开放新通道。推进园区高质量发展，要借助国务院支持云南加快建设我国面向南亚东南亚辐射中心的政策机遇，借船出海、借梯登高，撬动国内国外两个市场、两种资源向园区聚集，提升园区开放合作层次和水平。要积极推动园区与国家自由贸易区红河片区合作，重点在涉外农产品加工贸易、跨境电商等领域取得实质性进展，全力将园区建成省内特色鲜明的开放型园区。

坚持统筹联动，提升园区核心竞争力。推进园区高质量发展，要把各方面、各要素的资源整合，高起点规划、高标准统筹。要提高站位，跳出园区看园区，清楚优势、找出劣势，找准政策、借力发展。要发挥领导干部的示范带头作用，积极为企业解难纾困，发挥企业党员的先锋模范作用，党员示范、真抓实干，以企业核心竞争力的增强，实现园区综合竞争力的提升。

坚持"三化三法"，跑出园区发展加速度。推进园区高质量发展，要把作风革命、效能革命体现在园区工作的各个环节。要坚持"任务项目化、项目清单化、清单具体化",始终推行"一线工作法、项目工作法、典型引路法",把优化管理模式、优化服务方式、优化营商环境作为推动园区高质量发展的重要手段,以优质、高效、便捷的服务,让企业进得来、留得住、发展好。

五、点评

弥勒产业园区是全面落实云南"3815"(3年上台阶、8年大发展、15年大跨越)战略发展目标和资源经济、口岸经济、园区经济的具体实践,也是打造"庆来故里、福地弥勒"城市品牌的具体体现。园区充分利用其资源优势,形成了以现代烟草及其配套、绿色食品加工为主导,以生物医药、先进装备制造、绿色新型建材、新材料产业等为辅的产业集群。同时,园区以打造成为全省烟草全产业链高质量发展示范园区和绿色食品精深加工示范园区、全省航空装备制造重要基地为目标,以提高产业集中度、专精特新企业占比、亩均效益、绿色低碳发展水平为抓手,全面落实"链长制"要求,巩固发展主导产业,培育壮大新兴产业,实现园区经济蓬勃发展,为弥勒经济发展建设不断发力,为云南绿色低碳、高质量发展贡献自身力量。

结　语

习近平总书记两次考察云南时都强调，云南要主动服务和融入国家发展战略，闯出一条跨越式发展的路子来。在"加快形成以国内大循环为主体、国内国际双循环相互促进的新发展格局"背景下，园区是经济双循环的重要载体，发展壮大园区经济是云南主动融入国家发展战略、实现云南经济高质量跨越式发展的关键一招。

本书紧紧围绕云南园区经济进行研究，"绪论"部分探讨了发展园区经济的研究背景、意义与国内外研究情况，认真学习宣传贯彻党的二十大精神，以壮大园区经济为云南实现高质量发展持续注入新动能。"理论"部分梳理了园区经济的相关概念、内涵及理论，为全书园区经济的研究提供理论框架。"历程"部分概况了全国和云南园区经济的发展历程，并对园区的类型进行分类，有利于读者对园区经济的发展脉络有初步的了解和认识。"政策"部分围绕国家和云南省发布的有关园区的政策文件，聚焦政策的背景、意义与相关保障等方面，为云南各地区制定政策提供指引和支撑。"现状"部分从园区的发展情况、分布情况、投入情况、前景分析等入手，探讨云南园区经济当前的发展情况，为后续云南园区经济问题、对策等方面奠定研究基础。"优势"部分主要从整体和局部两个角度阐明云南园区经济的发展优势。"问题"部分则是深挖云南园区经济发展的问题根源及成因，厘清制约因素，并以现实问题的针对性、实践的有效性为战略思路，为对策的实施提供方向。"对策"部分主要聚焦园区规划、资金、人才、土地、营商环境、产业发展、创新驱动、环境污染八大方面，深入分析并提出针对性的解决路径。"案例"部分主要聚焦在云南省产业园区、经济技术开发区、综保区，以及经济合作区，从中获得丰富的经验启示，为云南园区经济发展发挥示范功能和典型带动作用。

面对全球经济的不断变革和国内发展的新形势，未来云南的园区经济将以创新驱动为核心，实现绿色转型和可持续发展为目标，深化开放合作、拓展发展空间为基础，优化服务环境、提升承载能力为保障，努力打造高质量发展的新引擎，为云南省乃至全国的经济社会发展做出重要贡献。

致 谢

本书在撰写过程中，得到了相关领导和同志们及云南人民出版社相关人员的大力支持，在此表示衷心的感谢！

在撰写的过程中，本书相关案例得到了云南省发展和改革委员会等单位领导和同志们给予的特别帮助，在此表示衷心的感谢！

西南林业大学经济管理学院的学生张晋豪、胡顺盼在假期间和平时休息时间投入了大量时间进行研究、调研、写作，为他们的辛勤付出表示特别感谢！

由于时间仓促，加之笔者水平有限，书中难免有不足之处，恳请各位给予指正和谅解为谢！

谭 鑫

参考文献

[1]刘勇. 园区经济循环与低碳的冲突与协调：基于对贵港国家生态工业园的案例研究[J]. 福建论坛（人文社会科学版），2015,（10）：39-44.

[2]汪淑芳，陈晓剑. 我国园区经济发展的激励约束因素分析[J]. 科技进步与对策，2003,20（13）：49-51.

[3]武盈盈，陈俊科，周衍平. 园区经济的有效产业组织形式：企业集群：两个案例的启示[J]. 乡镇经济，2004,（03）：34-36.

[4]潘传青. 关于发展园区经济的调查与思考[J]. 乡镇经济，2004,（04）：33-34.

[5]赵吟佳. 园区经济模式的战略调整：基于集群产业组织制度的分析[J]. 浙江社会科学，2003,（05）：61-65.

[6]马丽，严汉平. 产业聚集与园区经济发展相关性分析[J]. 西北大学学报（哲学社会科学版），2015,45（01）：118-123.

[7]向世聪. 园区经济与城市经济互动发展研究文献综述[J]. 湖南社会科学，2010,（02）：123-128.

[8]韩云，刘捷. 苏州整合园区经济新模式[J]. 中国改革，2005,（11）：70-71.

[9]常婕. 关于发展城市园区经济的思考[J]. 商场现代化，2006,（29）：206-207.

[10]向世聪. 基于产业集聚的园区经济运行效应分析[J]. 湘潭大学学报（哲学社会科学版），2006,（03）：62-67.

[11]陈晓红，周源，许冠南，等. 产业集群向创新集群升级的影响要素和路径研究：以广东昭信科技园区为例［J］. 中国管理科学，2013,（S2）.

[12]文婷，李继华. 技术创新表征与园区产业集聚的关联度［J］. 改

革，2013，（5）．

[13]类骁，韩伯棠．基于EG指数模型的我国制造业产业聚集水平研究[J]．科技进步与对策，2012，（8）．

[14]魏江．产业集群：创新系统与技术学习[M]．北京：科学出版社，2003．

[15]林淞，袁智勇，何鹏鹏．支持云南口岸经济和园区经济融合发展新模式[J]．农业发展与金融，2023，（12）：40-44．

[16]夏安玲．创新和开放双轮驱动云南经济高质量发展[J]．社会主义论坛，2020，（02）：34-35．

[17]刘杰，刘振中，李璇．以云南园区跨境合作带动中国—中南半岛经济走廊建设[J]．时代金融，2017，（24）：329-331．

[18]李保林，可顺祥，卫光辉．打造千亿产业园区建设美丽宜居新城：国家级曲靖经济技术开发区产城融合发展的经验与探索[J]．创造，2015，（08）：36-41．

[19]殷雷．云南打响园区转型升级攻坚战[N]．昆明日报，2015-07-22（A09）．

[20]靳晓彤．优化科技企业金融服务营商环境思考[J]．河北金融，2019（06）：46-48．

[21]蔚鹏．应用钻石模型理论提升苏州工业园竞争力的战略对策研究[D]．东南大学，2005．

[22]马文军．中国农业科技示范园区可持续发展研究[D]．西北农林科技大学，2003．

[23]程工，李捷．工业科技园区融资平台的构建[J]．理论学刊，2004（04）：40-42．

[24]刘兴邦．治理理论框架下经济开发区治理模式研究[D]．西南政法大学，2013．

[25]田新豹．我国高新区经济发展影响因素的实证分析[J]．宏观经济研究，2013（06）：72-76+103．

[26]李然，张哲婧．河北省农业科技园区指标体系综合评价研究[J]．中国农业资源与区划，2018，39（01）：225-230．

[27]徐凯，孙利华．我国生物医药产业园区发展现状及存在问题[J]．中国新药杂志，2019，28（20）：2440-2446．

[28]余晓钟，刘利．"一带一路"倡议下国际能源产业园区合作模式构建：以中亚地区为例[J]．经济问题探索，2020，（02）：105-113．

[29]王慧．开发区与城市相互关系的内在肌理及空间效应[J]．城市规划，2003（03）：20-25．

[30]徐梦周，潘家栋．特色小镇驱动科技园区高质量发展的模式研究：以杭州未来科技城为例[J]．中国软科学，2019，（08）：92-99．

[31]李庆生，周长城，唐学用，马溪原，张裕，高华，何向刚．产业园区综合能源技术发展方向研究[J]．南方电网技术，2018，12（03）：3-8．

[32]章慧，杜小强，单金，闻人羽芳．现代农业产业园发展国内外经验借鉴研究[J]．农业经济，2023，（10）：11-13．

[33]马从越，任芳．构建化工园区高质量发展评价指标体系的研究[J]．现代化工，2023，43（09）：11-15．

[34]甄杰，任浩，唐开翼．中国产业园区持续发展：历程、形态与逻辑[J]．城市规划学刊，2022，（01）：66-73．

[35]石钰，王兴平，戴宜顺．"一带一路"沿线中国境外资源型产业园区发展研究[J]．国际城市规划，1-18．

[36]何寿奎，薛琼琼，王俊宇．科技园区高质量发展评价、驱动机理及路径研究[J]．资源开发与市场，2022，38（03）：328-336．

[37]何丹，徐鑫．园区经济四十年[J]．中国中小企业，2022（04）：9-13．

[38]李松龄．园区市场化高质量发展的理论逻辑与制度选择[J]．兰州学刊，2021，（08）：17-29．

[39]郭新茹，沈佳，陈天宇．文旅融合背景下我国文化产业园区高质量发展路径研究：以江苏为例[J]．艺术百家，2021，37（05）：52-58+75．

[40]刘恒江，陈继祥．基于动力机制的我国产业集群发展研究[J]．经济地理，2005（05）：607-611．

[41]冯燕妮．山西省高新技术产业园区发展绩效研究：基于三阶段DEA模型的分析[J]．技术经济与管理研究，2021,（10）：20-25．

[42]钱政成，吴永常，王兆华．扶贫工作中农业科技园区的作用探究[J]．东北农业科学，2020,45（05）：121-125．